组织与管理研究中的元分析方法

卫旭华 著

科学出版社
北京

内 容 简 介

本书是国内管理学领域第一本系统介绍元分析方法的专著，涉及元分析选题、文献检索与编码、发表偏差、双变量和多变量关系、中介效应和调节效应等基本内容，并系统介绍了曲线关系元分析、基于结构方程模型的元分析、被中介的调节和被调节的中介效应元分析、基于多水平模型的元分析及横断历史元分析等前沿内容。为便于读者全面掌握元分析方法，本书既有通俗的理论介绍，也有生动的软件操作演示。本书注重元分析方法的应用，通过大量的实际操作案例，手把手地带领读者快速重现元分析的整个过程。

本书可作为管理学、心理学、教育学、社会学、经济学等领域元分析研究者的参考用书，也可作为这些领域本科生、硕士和博士研究生方法类课程的参考用书。

图书在版编目（CIP）数据

组织与管理研究中的元分析方法 / 卫旭华著. —北京：科学出版社，2021.3

ISBN 978-7-03-067221-6

Ⅰ. ①组… Ⅱ. ①卫… Ⅲ. ①组织管理学-有限元分析 Ⅳ. ①C936

中国版本图书馆 CIP 数据核字（2020）第 265305 号

责任编辑：刘英红 / 责任校对：严 娜

责任印制：赵 博 / 封面设计：华路天然工作室

科学出版社 出版

北京东黄城根北街 16 号

邮政编码：100717

http://www.sciencep.com

北京科印技术咨询服务有限公司数码印刷分部印刷

科学出版社发行 各地新华书店经销

*

2021 年 3 月第 一 版 开本：720 × 1000 1/16

2025 年10月第五次印刷 印张：14

字数：274 000

定价：128.00 元

（如有印装质量问题，我社负责调换）

本书由兰州大学“中央高校基本科研业务费专项资金”项目（2019jbkyzx018）、兰州大学“双一流”建设资金人文社科类图书出版经费、国家自然科学基金项目（71972093）和甘肃省自然科学基金项目（20JR5RA239）资助出版。

作者简介

卫旭华，管理学博士，兰州大学管理学院教授、博士生导师，加拿大西安大略大学（University of Western Ontario）访问学者。研究领域包括组织权力与地位层级、团队断层与多元化、团队冲突、薪酬差距、关系型人力资源管理实践等。

先后在 *Behavior Research Methods*、*Group Dynamics: Theory, Research, and Practice*、*Asia Pacific Business Review*、《南开管理评论》、《管理科学学报》、《心理学报》、《科研管理》、《管理评论》、《管理科学》、《心理科学》、《心理科学进展》、《系统管理学报》、《科学学与科学技术管理》、《商业经济与管理》和《财贸研究》等国内外重要学术刊物和会议上发表论文 40 余篇，其中 SSCI/SCI/EI 检索论文 6 篇、CSSCI 检索论文 28 篇、CSCD 检索论文 11 篇。撰写的元分析论文曾发表在《南开管理评论》《心理学报》《心理科学》《心理科学进展》等期刊上。

主持了国家自然科学基金面上项目、青年项目、教育部人文社会科学研究基金、甘肃省自然科学基金等科研项目 9 项，参与国家、省部级科研项目及政府和企业横向课题 10 余项。曾获全国民族工作优秀调研报告二等奖、甘肃省哲学社会科学优秀成果二等奖、中国信息经济学理论贡献奖等科研奖项。

目前是亚洲管理学会、中国管理研究国际学会会员，并担任《中国人力资源开发》编委，以及 *Asia Pacific Journal of Management*、*Asia Pacific Business Review*、*Cross Cultural & Strategic Management*、*International Journal of Conflict Management*、*Frontiers of Business Research in China*、《南开管理评论》、《管理评论》、《管理学报》、《心理科学》、《心理科学进展》、《商业经济与管理》和《财贸研究》等十余个期刊的匿名审稿人。

前　　言

早在 2016 年，我就萌生了写一本元分析专著的想法，并构思了初步的写作框架。一直到 2018 年兰州大学校庆前夕，社会科学处策划了校庆学术丛书出版项目，我的这本方法类图书才进入实质性的撰写阶段。历时近两年的时间，终于完稿。经历了这一过程，自己对元分析有了更加深入的认识。

目前市面上关于元分析的书籍大多是临床医学或者教育学领域的学者编撰的，深度结合组织与管理领域的元分析专著并不多。由于学科的差异，这些元分析专著与管理学研究论文的范式和体例有较大差异。当然，元分析起源于西方，相关的经典英文专著有不少，但这些专著的作者注重元分析理论和统计原理的讲解，较少结合组织与管理背景来阐述如何开展元分析，这无疑降低了组织与管理研究领域读者对元分析方法的接受度。考虑到这些因素，本书的定位有两个：一是结合组织与管理研究的特点，撰写一本符合管理学和应用心理学研究范式的元分析专著；二是注重元分析方法的应用和实际操作，因此本书中有大量的实际操作案例，能够让读者快速重现元分析的整个过程。

本书按照元分析的基本步骤来组织章节，首先从元分析问题的提出开始，再到文献检索与编码、发表偏差检验、各种类型变量关系的检验，最后是元分析研究报告和理论创新方面的内容。本书的很多实例都是应用 CMA（Comprehensive Meta-Analysis）软件来进行演示的。该软件是目前为数不多的专门进行元分析的软件，其最大的特点是菜单式操作，无须编程即可实现常见的元分析功能。该软件支持主流的效应值形式，操作简单，能够实现发表偏差检验、异质性检验、双变量关系元分析、分组比较、调节效应元分析、元回归等功能。在展示基于结构方程模型元分析的实例时，本书以 Mplus 和 LISREL 学生版软件作为演示软件。它们是目前较为流行、应用较广泛的两个结构方程模型软件。在展示基于多水平模型的元分析实例时，本书以 HLM 学生版软件为演示软件。当然，还有部分元分析过程可以通过 Excel、SPSS 等软件来实现。本书第五章所列的元分析推导结果为计算机运算结果，由于小数位数保留问题，与手动计算结果会有一定的出入。感兴趣的读者可以结合作者提供的元分析计算表格（Excel 格式）进一步熟悉这些推导过程。读者可以发送邮件至 weixh@lzu.edu.cn 获取各章节配套数据。

第一次接触元分析是在 2006 年读硕士的时候，距今已经过去了将近十几个年头。在这期间得到了我的导师刘咏梅教授和 Natalie Jean Allen 教授的悉心栽培，还得到了管理学和心理学领域诸多专家、学者和审稿人的指导，自己才得以成长。本书的完稿与他们的无私指导和帮助是密不可分的。非常感谢中央高校基本科研业务费校长基金专项项目（校庆学术丛书出版项目，编号 2019jbkyzx018）、兰州大学“双一流”建设资金人文社科类图书出版经费、国家自然科学基金项目（71972093）和甘肃省自然科学基金（20JR5RA239）对本书提供的资助，感谢科学出版社刘英红编辑、兰州大学社会科学处李树军老师及管理学院吴建祖教授对本书的大力支持。在本书成稿的过程中，我指导的研究生杨焕、黎英明、汪光炜、张怡斐、陈天华、王涑译在元分析文献收集、整理及本书的校对方面做了诸多工作，我的家人给我创造了良好的写作空间，在此一并表示感谢。

由于本人学术水平有限，本书难免存有一些不足之处，希望各位专家和读者批评指正。

卫旭华

2020 年 2 月于兰州大沙坪

目　录

第一章　元分析概述

管理学界关于员工薪酬差距的看法主要有两种。一种观点认为薪酬差距大的企业倾向于采用多劳多得的评价体系，这有助于激发员工的潜能，从而增加企业的产出；另一种观点则认为薪酬差距会产生薪酬不平等，导致员工的不满和消极怠工，进而给企业带来负面的影响（卫旭华，2016）。这两种观点都得到了大量实证研究的支持，但也给管理研究者和实务工作者带来了困惑——我们究竟应该听信于谁的研究结论？差异化薪酬制度是否需要？何时需要？

不单单是在管理学界，自然科学领域也存在诸多相矛盾的理论，尤其是在临床医学领域（Borenstein et al.，2009）。20 世纪美国著名儿科医师本杰明·斯波克在其畅销书《斯波克育儿经》中曾经推荐宝宝宜采取俯卧的姿势睡觉。该书在 20 世纪 50 年代至 20 世纪 90 年代累计销售了近 5000 万册。虽然从 20 世纪 70 年代有不少研究已经发现了俯卧睡姿对婴儿的危害，但直到 20 世纪 90 年代初，研究者才真正意识到，与俯卧相比，仰卧可以使婴儿的死亡风险降低一半。如果研究者能够在 20 世纪 70 年代开展整合性的综述研究，或许可以避免数以万计的婴儿死亡。

近年来，不少学者发现单个科学研究结论的可重复性并不高（Gilbert et al.，2015），其中的原因非常复杂。科学界的一些学者认为，仅仅依靠一个独立的研究是不可靠的，不足以揭示这个复杂的世界。研究者需要整合大量的科学证据，并对以往的实证证据进行全面的核查，才可能更加接近真理。元分析（meta-analysis）方法则有助于达成这一目标。

第一节　元分析思想的历史沿革

一、西方元分析思想的历史沿革

有关元分析的思想可以追溯到 400 年前的数学和天文学研究（O'Rourke，2007）。早在 17 世纪，法国数学家布莱士·帕斯卡（Blaise Pascal）就曾提出了计算赌局概率的数学方法。通过这些数学方法，人们可以确定潜在赌局的价值，并由此开创了定量处理不同观测数据的先河。此后，该思想逐步应用到天文学领域，研究者通过该方法来比较和整合不同天文学家的观测结果。这些思想最终被收录在1861年出版的《观测误差和整合观测结果的代数与数值理论》一书中，该书是由英国著名的天文学家、数学家乔治·比德尔·艾里（George Biddell Airy）编撰完成的。不过，在那个时期，统计学上的*P*值和显著性水平的概念还没有成型，人们对观测数据的比较并不像今天这样严谨和精确，但该时期的数学家和天文学家的初步研究为后来元分析思想的成熟奠定了良好的理论基础。

进入20世纪，研究者开始对如何整合已有的研究结果产生了兴趣。目前有据可查的首次使用元分析思想分析数据的科学家是英国著名的统计学家卡尔·皮尔逊（Karl Pearson）。皮尔逊应用了艾里书中记载的思想，并于1904年在《英国医学杂志》上发表了题为《血清接种预防肠热病的统计报告》论文。该论文首次对数篇肠热病接种研究的数据进行了汇总，其也是科学界首次使用元分析思想来汇总多个临床研究结果的学术成果。1920年，英国著名的统计学家罗纳德·费雪（Ronald Fisher）提出了"合并*P*值"的思想，并建议科学家对已有的、尽可能多的研究结果进行比较和整合，这为元分析的发展提供了重要的方法论支撑。到了1940年，五位心理学家对1882—1939年的145篇关于超感官知觉（extrasensory perception）的实验研究进行了定量分析，并估计了未发表论文对总体效应的影响（即发表偏差问题）。这是科学界首次运用元分析方法对同一主题的实验研究进行定量分析。1955年，临床医学领域第一篇元分析论文问世，不过当时并没有采用元分析的表述，而是使用的"系统综述"（systematic review）一词。从源头来讲，"元分析"一词是由美国教育心理学家吉恩·格拉斯（Gene Glass）于1976年首次提出的。随后，元分析方法开始广泛应用于教育学、心理学、管理学等社会科学领域，以及流行病学、循证医学等自然科学领域，经过多年发展逐步形成一套规范的方法论。

二、元分析在中国的发展与应用

中国的研究者大约于20世纪80年代末开始关注元分析的方法。早期的研究者将其翻译为Meta分析（邢最智，1990）、荟萃分析（王心青，1990）及综合分析（赵宁和俞顺章，1994）等。不过，在管理学、心理学与教育学等人文社会科学领域，元分析的译法较为普遍。在组织与管理研究领域，中国研究者从2005年之后才开始逐步使用元分析的方法进行定量文献回顾，其主要原因在于中国组织管理领域的实证研究起步较晚，研究者对于元分析方法并不熟悉，且有关元分析的文献数量不多。然而，随着国内组织管理者对实证研究方法的掌握及实证研究数量的积累，越来越多的研究者开始使用元分析方法对以往文献的研究结果进行定量回顾。

图 1.1 展示了管理学与心理学领域中元分析论文数量的变化情况（检索关键词为“元分析”）。由图 1.1 可以看出，我国心理学领域的元分析论文发表时间更早，而管理学领域的元分析论文发表于 2008 年。近年来，心理学与管理学领域的元分析论文数量基本持平。

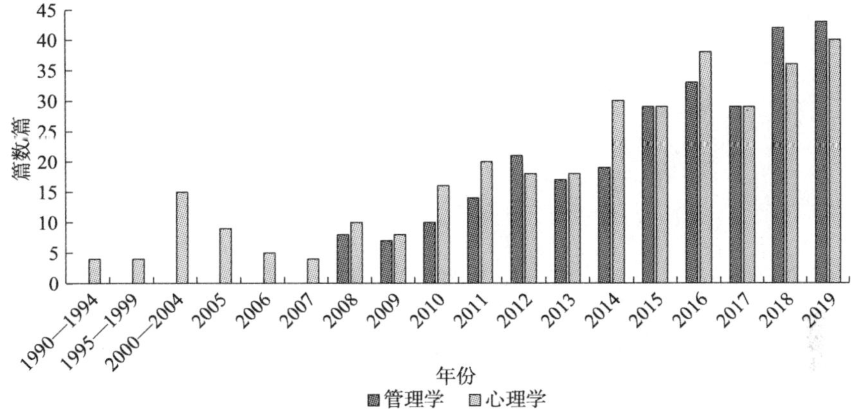

图 1.1　管理学与心理学领域中元分析论文数量统计

第二节　元分析的相关概念界定

一、元分析的概念界定

元分析的英文单词是 meta-analysis。“meta”一词起源于希腊语，包含“超越”的意思。在英语中，以“meta”为前缀的单词多遵循以下规则：meta-X 意味着关于 X 的 X（meta-X equals X about X）。从这个含义上来讲，元分析意味着“关于分析的分析”，这可能是元分析最通俗的解释了。事实上，元分析是将以往实证研究中的数据分析结果抽取出来进行二次分析处理的方法。从这个角度来讲，元分析类似于二手数据分析，即从以往的实证研究中提取一手数据，然后再进行整合分析。

在学术研究领域，元分析本质上是一种遵循同一规则的、严谨的定量文献综述方法，是对大量实证研究效应值进行有效整合的定量方法（Glass，1976）。实证研究者认为，基于单一样本的实证研究结论往往是不可靠的，因为单一样本可能是有偏的样本，不足以代表总体。在学术研究过程中，研究者经常会发现不一致的实证研究结论，这些不一致的结论也给研究者和实践者带来了困惑。因此，增加实证研究的样本量可以在一定程度上化解结论不可复制的风险。然而，更多的样本意味着需要更多的经费投入和更高的科研成本，并不是所有的研究者都有充足的经费来支撑大样本调研所产生的费用。虽然单个实证研究所涉及的样本量非常有限，但是当研究者围绕某一主题开展了大量研究之后，研究者可以对这些系列研究的样本进行汇总。此时，汇总后的样本与总体的匹配程度将会大大提升。元分析就是这样一种定量整合方法，其试图通过增加观测样本的数量来提高统计的精确性（图 1.2），进而改善对特定变量关系估计的准确性（Fagard et al.，1996）。

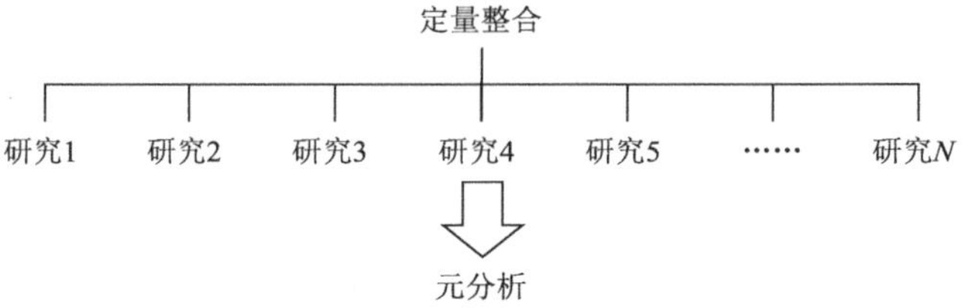

图 1.2　元分析的基本思想

二、元分析过程中常见的概念与术语

（一）效应值

效应值（effect size）是元分析过程中最核心的概念。在统计学中，“效应”一词通常是指两个变量关系的强弱程度，而效应值则是对效应程度的定量测量。在调查研究中，两个变量之间的相关系数（r）是效应值的典型代表。在实验研究中，Cohen's d 统计量或者标准化的均值差是常见的效应值形式。除了 r 和 d 统计量外，t 和 F 等统计量也可以作为效应值的重要来源。虽然这些效应值的表现形式不同，但研究者可以通过特定的公式将它们进行转换（转换公式详见本书第三章）。在效应值统一后，研究者就可以利用样本量等指标对不同研究的效应值进行加权平均。研究者通常将样本加权平均后的效应值作为总体真实效应值的近似无偏估计。表 1.1 展示了八位研究者的研究结果，并给出了样本量信息，由此可以快速地通过样本量求出样本加权后的效应值。

表 1.1　元分析定量整合示例

作者（年份）	变量 X 与变量 Y 的相关系数（r）	样本量（N/篇）
A 学者（2008）	–0.18	321
B 学者（2018）	–0.03	234
C 学者（2017）	0.48	128
D 学者（2010）	0.37	678
E 学者（2013）	0.13	1289

续表

作者（年份）	变量 X 与变量 Y 的相关系数（r）	样本量（N/篇）
F 学者（2012）	0.45	198
G 学者（2016）	0.38	245
H 学者（2015）	−0.11	391

（二）编码

编码（coding）是元分析过程中的重要环节之一，也是定量元分析区别于定性文献综述的显著特点之一。编码是指按照事先约定的规则将实证研究中有用的定性信息和定量数据抽取出来的过程。比如，某位研究者想探析个体情绪智力与绩效之间的关系，就需要查找相关的文献，记录每一个研究中情绪智力与绩效的相关系数，形成跟表 1.1 较为类似的表格，这就是一个最简单的编码过程。需要指出的是，编码过程并不完全是定量数据的搜集，研究者还可以根据需要搜集一些定性数据和资料。比如，研究者可以记录样本类型（学生 vs 员工）、行业类型（制造业 vs 非制造业）、测量类型（主观测量 vs 客观测量）等定性编码数据，同时可以将这些定性资料作为潜在的情境调节变量。

为了保证编码工作的质量，在元分析的过程中，通常需要有两名或者两名以上的编码者，各自按照编码规则独立完成编码工作。然后，再来观察他们编码结果的一致性程度。对于不一致的编码，编码者可以再次检查核对文献，并通过讨论达成一致。通过这一步骤，研究者可以最大限度地降低人为编码误差，提升元分析数据的质量。关于编码的详细操作过程，可以参考本书第三章的内容。

（三）发表偏差

元分析需要对包含在分析中的实证研究结果进行精确的数学分析。如果涵盖的研究样本是有偏的，不能够准确反映总体，那么基于这些有偏样本计算的加权平均效应值就会反映这种偏差。已有证据显示，与报告较低效应值的研究相比（如不显著的变量关系），报告较高效应值的研究（如显著的变量关系）更容易发表。同时，公开发表的研究更容易被包含在元分析当中，因此这种偏差很容易在元分析中显现出来，这一问题通常被称为发表偏差（publication bias）。发表偏差不仅会在元分析中出现，也很容易在定性文献回顾研究中出现。

要想消除发表偏差，研究者就必须进行全面的文献检索，涵盖尽可能多的文献类型。除了常见的已发表的期刊论文之外，已录用或者优先出版的期刊论文（in press 或 online first）、会议论文、著作章节、博硕士学位论文、工作论文等都可以作为元分析潜在的文献来源。这就需要研究者不单单关注常见的中英文期刊数据库，还要在一些学术社区（如 ResearchGate、SSRN）或者学术搜索引擎（如谷歌学术、百度学术）查找尽可能多的文献。

虽然上述努力不能完全消除发表偏差，但是能在一定程度上降低出现偏差的概率。在随后的元分析过程中，研究者可以通过特定的检验指标来评估发表偏差的严重程度。常见的发表偏差检验方法包括漏斗图（funnel plot）、Egger 线性回归检验、Begg 和 Mazumdar 秩相关检验、失安全系数（fail-safe number）及剪补法（trim and fill method）等（Borenstein et al.，2009），具体内容读者可以参考本书第四章。

（四）异质性

元分析通常是对效应值的样本加权整合的结果。当不同研究样本的效应值较为一致时，研究者只需要关注整合后的整体效应值。但是，当不同研究样本的效应值存在较大差异时，研究者就需要关注效应值存在差异的原因。这种不同研究样本效应值存在显著差异的现象，我们将其称为异质性。如果效应值的异质性程度较高，探索不同研究样本背后的情境调节变量就显得尤为重要。效应值异质性检验是元分析过程中经常会用到的一种分析方法。

（五）抽样误差与测量误差

在开展元分析的过程中，研究者还经常会遇到两个名词——抽样误差（sampling error）和测量误差（measurement error），它们的含义是完全不同的。关于两个变量的关系，在现实中是真实存在的。研究者开展实证研究时抽取的样本不同，造成我们观测到的变量关系与真实关系之间存在一定的偏差，这种偏差通常称为抽样误差。样本量是决定抽样误差的重要因素。样本量越大，样本与总体越接近，抽样误差就越小。抽样误差对变量相关关系的影响是一种加成式的影响，即

$$r = \rho + \varepsilon$$

其中，ε 为抽样误差；r 为样本相关系数；ρ 为真实相关系数。

此外，在开展实证研究时，没有哪个研究构念（construct）的评价量表（scale）是完美的[①]。这些研究所采用的量表观测值与构念真实值之间都或多或少地存在

① 构念是为了特定的研究目的或者理论而创造出来的抽象想法，通常是具有科学界定的管理学概念，是管理学研究中与概念化（conceptualization）相关的术语。与构念较为类似的表达是变量（variable），变量更强调构念的可测量和可变性，是管理学研究中与操作化（operationalization）相关的术语。实际上，构念与变量二词的含义是类似的，构念更强调抽象界定，而变量更强调具体测量。比如，情绪智力是一个管理学研究中常见的构念，当我们用收集到的情绪智力数据开展数据分析时，它也是一个变量。

一定的偏差，这种偏差通常称为测量误差。测量误差会对相关关系产生倍乘式的影响，即

$$r = a\rho$$

其中，a 为测量误差，通常用 α 信度系数的平方根来衡量。由于信度系数是小于 1 的，因此样本相关系数 r 通常是小于真实相关系数 ρ 的。

抽样误差和测量误差都是研究结论存在差异的重要原因，这就需要研究者在开展元分析时依据相应的方法对相关系数进行修正。比如，在计算真实效应值时，我们需要用样本量对样本相关系数进行加权，并需要用信度系数对相关系数进行修正。

第三节　元分析的优点

在科学研究领域，研究者经常会得出相矛盾的结论。一些研究发现变量 X 与 Y 是呈正相关的，另外一些研究却发现它们是呈负相关的，还有一些研究会证实二者是不相关的，甚至是呈 U 形或者倒 U 形的非线性关系。对于学界而言，发现有悖于传统研究结论的观点往往被视为是新颖的、有趣的、独到的发现。然而，对于实践者来说，在面对大量不一致的结论时，应当如何做出判断呢？这个时候就需要研究者对已有的研究结论进行有效的整合，从而提出新的、有助于解释这些不一致的整合理论模型。定性文献综述和元分析都是进行理论整合的重要方法，但与传统的定性文献综述相比，元分析具有一些独有的优势，具体表现在客观性、精确性和经济性三个方面。

一、客观性

如果你读过有关定性文献综述的文章，可能会发现绝大多数综述论文并没有介绍文献检索的方法。在进行定性文献综述的时候，研究者通常是基于自己的经验主观地决定哪些文献应该涵盖进来，或者仅仅是基于自己阅读过的论文来进行文献综述。因此，定性文献综述对于研究样本的筛选缺乏一个公认的、严格的、客观的标准。

元分析方法可以克服定性文献综述的局限性，有效地避免研究者个人经验的误导及主观偏见的影响，进行更为客观的定量文献综述。元分析一般需要围绕特定的变量关系来检索文献。为了避免发表偏差，研究者会限定文献检索的时间、规则和关键词，广泛检索可能涉及的文献类型，从而扩大文献检索的范围，降低漏掉一些重要研究数据的概率。在检索实证文献的过程中，只要是相关矩阵中涉

及的变量关系，都可以用于元分析。这将会极大增加研究者进行文献综述的样本量，从而最大限度地保证所涵盖的样本接近总体的真实分布。

元分析的客观性还体现在调节变量的选择与判断上。不同实证研究的效应值千差万别，研究者为了识别不同研究效应值存在差异的原因，往往会通过调节变量来解释以往研究的异质性。定性文献综述对调节变量的识别往往是较为武断的，其主要是根据研究者的经验判断来确定，缺乏客观和准确的判断规则。由于每个人对已有文献的认识不一样，这些调节变量的选择可能是正确的，也可能是错误的，有待于今后研究做进一步的探索和检验。与之相反，元分析所选择的调节变量是可以检验的，它可以明确告知研究者某个变量能够发挥调节作用，而另一个变量不能发挥调节作用。这些客观的规律总结能为未来的研究者提供更加清晰可行的建议。

二、精确性

元分析在效应值整合、中介和调节变量识别等方面都具有较高的精确性。研究者在进行定性文献综述时，往往是依赖已有实证研究统计上的显著性来进行评价和比较研究的。然而，定性文献综述忽视了变量关系的显著性要依赖于样本量。如果样本量足够大，一个很小的效应值也可以是非常显著的，若不借助特定的统计推断和分析方法，研究者很难对这些效应值进行有效的整合。尤其是当已有的研究文献数量巨大的时候，很少有研究者能够准确归纳出所有研究的精华。元分析则能够通过规范的文献检索，增加样本量和统计效力，克服小样本的局限性，提高效应值估计的准确性（Fagard et al.，1996）。

三、经济性

虽然定性文献综述也可以提出很多有见地的思想，但是这些思想仍然需要借助大量的实证研究来验证，且需要研究者投入大量的精力、物力和财力进行探索和检验。从这点上来说，定性文献综述往往是告诉读者“可能是什么”。比如，定性研究者认为国家文化是造成任务冲突与团队绩效关系不一致的重要因素，并指出当前研究都是基于单一文化的研究，缺乏跨文化对比的实证研究，未来研究需要在此方面进一步加强。然而，元分析研究者却可以直接将已有的实证研究作为元分析样本，以检验国家文化对任务冲突与团队绩效关系的调节作用。无论冲突与绩效的关系在不同国家是否存在显著差异，元分析研究者都可以为未来研究者提供更深层次的建议。因此，与定性文献综述不同，元分析主要是告诉读者“是什么”及“未来怎么做”。在元分析过程中，研究者的很多思想不需要再进行额外的大样本实证检验，仅仅通过对已有实证文献结果进行统计分析，就可以判断研究者所构思的变量关系是否成立，这在实践中有重要价值。此外，在进行元分析的过程中，相关矩阵中的任何变量关系都可以作为元分析的依据，这为研究者提供了大量的、可以用于分析的数据，从而提高了元分析的经济性。

第四节 对元分析的质疑与回应

一、元分析与精确的错误

（一）质疑

由于管理现象的复杂性，几乎所有通过数字来表示变量关系的定量研究都会面临同样的质疑——管理研究不是数字游戏，不能通过一个简单的数字来概括，元分析也不例外。一些研究者认为，元分析的效应值整合思想忽视了研究间的差异，并指出那些试图通过一个精确的数字来归纳管理规律的研究，往往会得出错误的结论。

（二）回应

如果研究者忽视了不同研究之间的异质性，仅仅依靠元分析方法来得出一个精确的效应值，的确可能会导致一些错误的结果。然而，元分析并不单单是效应值的整合。当不同研究之间的差异很小时，元分析首先告诉我们变量关系的方向（即正相关、负相关），然后才是平均效应值。更重要的是，元分析并不排斥权变思想，相反，元分析非常注重探索不同研究结论不一致的原因。当不同研究之间的结论存在很大差异时，识别潜在的调节变量成为元分析的一项重要任务。很多元分析软件都提供了效应值的异质性检验，研究者可以通过统计方法来判断以往不同研究结果是否存在显著的差异。

在组织与管理研究过程中，只有当某个小领域的实证研究数量积累到一定程度时，研究者进行元分析的样本才可能接近总体。然而，总是有一些研究者为了抢先发表某个领域的第一篇元分析，等不到积累足够多的实证研究，就开始着手进行元分析。对于这类元分析而言，极有可能会由于样本积累不够而得出有偏结果。虽然这类研究可以得出一个精确的效应值，但这些结果可能是片面的，甚至可能是错误的。我们不主张研究者纯粹为了发表论文而进行元分析，或者仅仅是数量上的堆积，没有任何理论上的贡献。一个好的元分析往往能够对以往文献进行较好的定量总结，能够解释变量之间的作用机理，能够对以往相矛盾的理论进行有机整合，能够解释先前不一致结果产生的原因，能够发现以往实证研究方法上的缺陷，进而推动管理理论、管理方法的创新和发展。

二、元分析与“七拼八凑”

（一）质疑

元分析面临的另一个批判是——元分析将“苹果”和“橘子”进行了加总，存在“七拼八凑”的嫌疑。此类研究者通常认为，不同研究的效应值是否能够整合是一个值得商榷的问题。比如，研究者尝试分析外向性与创新之间的关系。由于创新的表现形式很多，研究者可能会将创造力、创新行为、创新绩效、新设想数量、方案的新颖性等含义与创新较为接近的变量均纳入元分析。虽然这些变量均与创新具有一定的关联度，但原作者在对这些变量进行概念化和操作化的过程中，或多或少地存在一些差异。倘若研究者通过元分析方法对其进行不加区分的合并，可能会产生一些有偏甚至是错误的结论。

（二）回应

无论是定性文献综述，还是元分析，其研究的目的都是在差异的基础上进行一般化。元分析通常是为了解决某一类问题，其涉及的问题范围往往比单个研究更为宽泛。元分析所要解决的是一个共性问题，如苹果和橘子都是水果，对这类问题进行分析，将有助于研究者对更为广泛的水果产生一般性的认识（Borenstein et al.，2009）。不可否认，元分析可能会出现过度一般化的现象，将不相关的内容和样本涵盖进来。

为了避免“七拼八凑”的问题，元分析方法设定了严格的评价体系，以最大限度地避免将“苹果”和“橘子”进行错误的加总。元分析需要多名有经验的研究者对不同研究的变量按照事先设定好的标准进行定性编码，如果“苹果”和“橘子”不能合并，研究者在编码过程中会及时发现，并剔除这些不合适的样本；如果研究者对“苹果”和“橘子”合并问题产生了分歧，就需要他们讨论协商解决。规范的元分析通常会报告不同研究者编码结果的一致性程度，如果编码者间一致性信度系数较低，说明元分析编码过程或者编码标准设定存在较大问题，需要研究者核查其中的问题并进行改进。因此，通过合理的编码标准设定及规范的编码程序，元分析可以在一定程度上避免“七拼八凑”的问题。

此外，如果“苹果”和“橘子”之间确实存在差异，研究者可以将二者编码为调节变量，比较二者之间的不同。比如，有研究者想要探索团队冲突对团队绩效的影响，但团队冲突包括关系冲突和任务冲突，且这两种类型的冲突结果具有一定的差异（图 1.3a），如果贸然将两者合并，可能会得出错误的结果（图 1.3b）。此时，研究者可以考虑将冲突类型作为调节变量，比较两种冲突与团队绩效之间的关系是否存在显著差异（图 1.3c），从而避免错误地将“苹果”和“橘子”进行合并，得到错误的效应值。

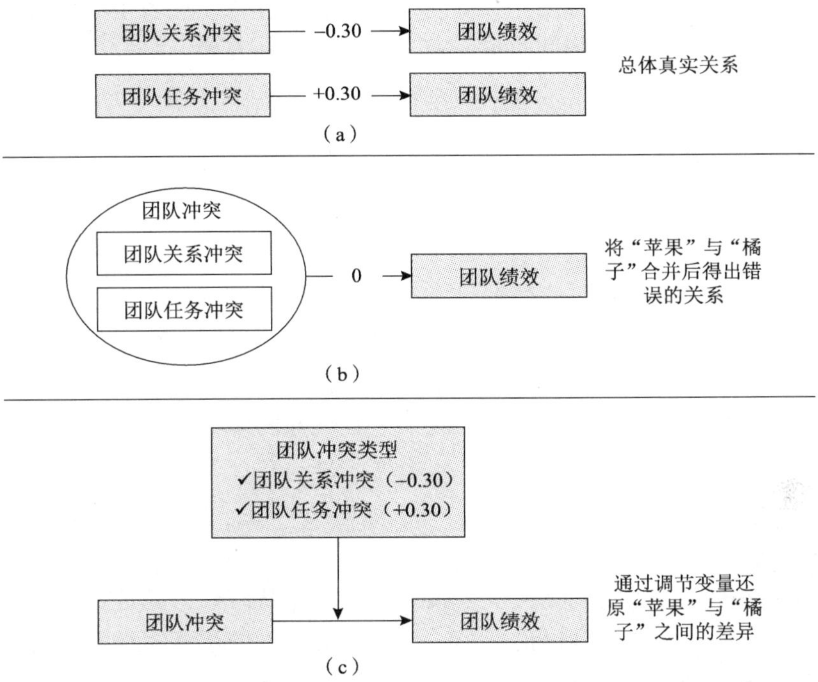

图 1.3　通过调节变量识别不同研究间的差异

三、元分析与 GIGO 错误

（一）质疑

一些研究者认为元分析会出现垃圾进、垃圾出（garbage-in，garbage-out）的现象，即 GIGO 错误。GIGO 原则是计算机科学领域的重要原则，用来描述输入决定输出的现象。一旦输入的数据是垃圾数据，那么经过计算机处理后，输出的数据也必定是垃圾结果。GIGO 错误实际上是对元分析所涵盖研究质量的质疑。如果已有研究质量很低，我们可以认定这些研究结论是低质量的变量关系，那么我们对这些低质量的变量关系进行整合，得到的结论也必定是低质量的。

（二）回应

元分析的确存在 GIGO 的风险。不过与低质量的定性文献综述相比，低质量的元分析更容易识别，因为元分析更加有章可循，其质量更容易评判。由于定性文献综述更多来自研究者的经验和主观判断，复制一篇定性文献综述比复制一篇元分析要困难得多。此外，研究者还可以通过元分析方法将研究质量（如论文引用情况、期刊影响因子或者期刊分级）编码为调节变量，比较不同质量研究之间的差异。如果高质量研究和低质量研究之间的确存在差异，我们可以将低质量研究剔除。

四、元分析与发表偏差

（一）质疑

发表偏差是元分析饱受质疑的另一个重要问题。由于显著的变量关系更容易被学术期刊接受，因此当研究者遇到不显著的研究结果时，往往会放弃发表。元分析研究者在文献检索的过程中很难获得这些未公开发表的研究结果，进而导致元分析的最终整合结果是有偏的。因此，发表偏差问题会导致元分析得不出有效的结论。

（二）回应

不可否认，元分析的确存在发表偏差问题。这就需要研究者寻找尽可能多的文献形式，如期刊论文、会议论文集、工作论文、著作章节等。虽然这些努力不可能消除发表偏差，但能够在一定程度上缓解发表偏差的问题。此外，研究者还可以通过漏斗图及一些统计指标来识别发表偏差问题的严重程度，进而判断元分析结果的可信性。事实上，与元分析相比，定性文献综述的发表偏差问题可能更严重。定性文献综述通常没有固定的文献搜索程序，甚至可能仅仅是基于研究者研读过的经典文献来下结论，其产生发表偏差问题的可能性更高。

第五节　元分析的基本流程

在了解了元分析的基本概念与特点之后，读者可能非常关心如何实施元分析。在运用元分析方法开展研究的过程中，通常包括如下几个步骤（图 1.4）：初步的资料收集、研究问题界定、理论框架与研究假设、实证文献检索、编码、发表偏差检验、结果分析及撰写报告（王永贵和张言彩，2012）。本节对这些步骤进行简要的介绍，后续章节也基本是按照元分析的步骤来展开的。

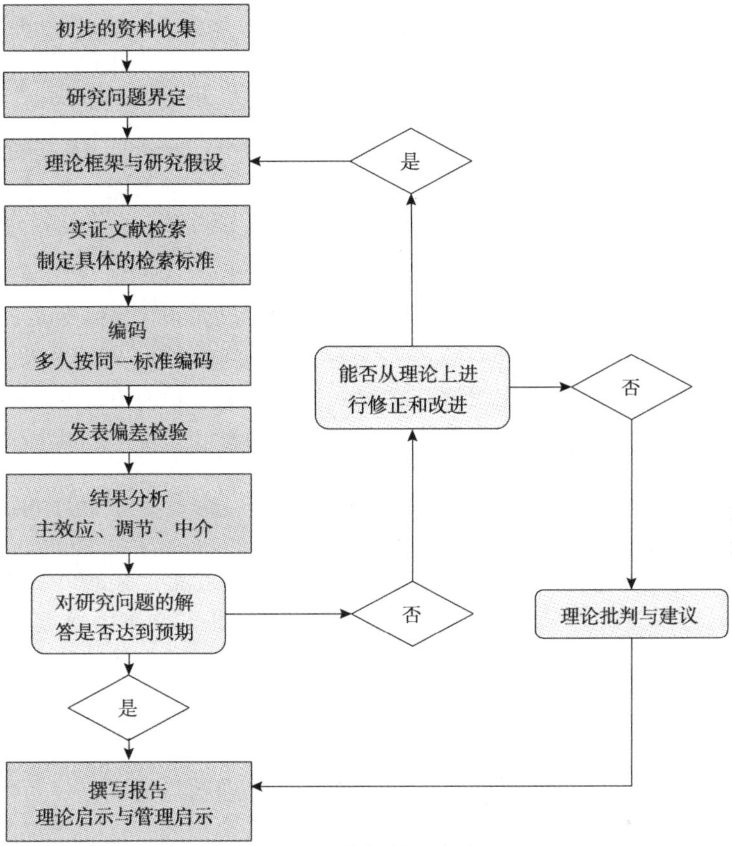

图 1.4　元分析的基本流程

一、初步的资料收集

与管理学中的实证研究类似，研究者在开展元分析之前必须熟悉某个研究领域的文献资料。“站在巨人的肩膀上”开展研究工作是做出一个高质量的元分析的前提条件。研究者总是希望能够在经典研究的基础之上做出新的理论贡献，但做出理论贡献并不是一件容易的事情。当前不仅仅是中国学者，西方学者也面临着理论困境。有学者对管理学顶级期刊 *Academy of Management Journal* 于 1963—2007 年发表的 667 篇论文进行了分析总结，结果发现这些文章所采用的理论大多开发于 20 世纪 60～80 年代（Colquitt and Zapata-Phelan，2007）。这个时期正是欧美国家工业化快速发展的时期，经济迅速增长，诞生了一大批管理学理论和思想（Barkema et al.，2015）。然而，随着欧美经济增长速度放缓，欧美企业的创新思想和创新实践也逐步放缓。由于缺乏独特的实践案例，研究者基于文献对已有理论进行修补，忽视了理论与实践之间的联系，导致欧美国家的理论创新陷入了瓶颈。以上例子说明单纯研读学术文献是不够的，还要结合管理实践开展研究。中国是目前全球经济发展较快、较稳定的经济体之一，未来中国学者一定会在强有力的经济发展实践中创造出具有中国特色的管理学理论。

需要指出的是，当前一些初学者（如研究生）有着一种“初生牛犊不怕虎”的精神，还没读几篇文献，脑海中就迸发出了无数经不起推敲的想法，并试图通过元分析或者实证研究方法来检验自己的想法，这种做法往往是不可取的。我们开展文献阅读是希望了解一个领域的发展现状和趋势，如果没读几篇文献就展开研究，往往会犯“坐井观天”的错误。或许你的想法是正确的，但是可能已经有一些研究验证了你的想法，只不过是你没有读到他们的研究文献而已。另外，匆匆展开研究设计也会导致研究理论基础薄弱、逻辑关系没有真正梳理清楚，进而验证不了自己的设想。虽然研究者投入了不少精力，却可能会以失败而告终。

二、研究问题界定

在围绕一个领域积累了一定的文献之后，研究者可能会发现一些感兴趣的内容。此时，研究者就需要结合自己的兴趣点从大量的研究文献中提炼出研究问题。提炼研究问题的方法有很多种，不同的研究方法类教科书也给出了很多思路，但并不是所有的研究问题都适合采用元分析方法。当研究者围绕某个研究领域或者研究问题开展了大量的实证研究，但研究结论存在诸多不一致的时候，开展该领域的元分析就显得非常有必要了。此时，你的研究问题将变成——为什么两个变量之间的关系存在如此多的不一致？其背后的原因是什么？是否存在调节变量或者曲线效应机制来解释这些不一致？接下来，研究者可以通过元分析的方法来解决这些研究问题。元分析不仅适合解决存在争议的研究问题，也可以用来解决潜在的中介机制问题，此时需要运用基于结构方程模型的元分析方法来展开研究（具体内容详见本书第七章和第九章）。

一些研究者认为元分析是对已有研究结论的整合，不适合做探索性的研究问题，事实上这种看法并不完全正确。由于管理学领域的元分析主要是从相关矩阵中提取效应值（相关系数），而原作者为了证明自己的贡献，通常会在相关矩阵中列出大量的控制变量，证明自己关注的核心变量能够在控制变量基础上产生新的解释力。实际上，这些控制变量也是可以用于元分析的。比如，几乎所有的员工绩效类研究都会列入员工性别、年龄等控制变量，但很少有研究者将性别和年龄作为其研究的核心变量。如果研究者对性别、年龄与绩效的关系非常感兴趣，且此类研究非常有意义，完全可以开展性别、年龄与绩效关系的元分析。然而，开展此类探索性研究对于文献检索工作的要求是非常高的，因为如果研究者关心的变量不是研究的核心变量（如在题目、摘要和关键词中没有出现），就很难通过主题词精确检索到所需要的文献，进而可能会产生较为严重的发表偏差问题。

如果一个研究问题非常重要也非常有意义，但以往研究从未涉猎该问题，或者在相关矩阵及实验结果中不存在相关的效应值，或者有相关的实证研究，但研究数量甚少，这类研究问题就不适合开展元分析。

三、理论框架与研究假设

读过元分析体例文章的读者一定会发现，元分析研究论文的结构跟实证研究论文并无太大差异。在组织管理研究领域，元分析类研究论文通常包括引言、文献回顾、研究假设、研究方法、研究结果、讨论与结论等几个部分。因此，在开展元分析研究之前，研究者需要先经过缜密的逻辑思考，依据理论和文献演绎出一套行之有效的理论框架与研究假设。一个好的元分析框架可以找到以往理论的边界、可以将几个相悖的理论有机地整合起来、可以拓展理论的“黑箱”、可以探索以往单个研究很难进行检验的研究难题，甚至还可以对以往研究的理论和方法进行批判。除了提出研究假设之外，一些研究者还会做一些探索性的工作。此时，研究者可以抛出一些探索性的研究问题，并借助元分析的技术和手段来探索这些问题的结果（Bell et al.，2011）。

四、实证文献检索

实证文献检索是元分析过程中的关键一环。当元分析所涵盖的实证文献太少或者研究者漏掉了很多重要的实证文献时,元分析样本就可能是一个有偏的样本，进而大大降低了元分析结论的可信性。因此，研究者在进行实证文献检索前，需要制定一套切实可行的文献检索标准。比如，研究者需要明确所要检索的关键词和文献类型，需要从尽可能多的期刊、会议和学位论文数据库中检索相关文献，需要借助一些学术搜索引擎来检索文献，还需要从相关的综述或实证论文的参考文献中查漏补缺。此外，文献检索工作也可以由多名研究者同步展开，这样也可以在一定程度上降低漏掉重要文献的可能性。

五、编码

元分析编码是一项较为烦琐的工作，需要研究者在第一轮编码的过程中收集尽可能多的数据，防止反复返工增加编码者的工作量。在进行编码前，研究者首先要根据自己的研究框架设置规范的编码框，包括作者名称、发表年份、发表期刊、效应值、样本量、潜在的调节变量等。尤其是对于那些定性编码，研究者要事先对这些定性编码进行明确的界定，防止概念不清晰导致编码者的理解出现偏差。在编码过程中，规范的元分析通常需要多名编码者同时编码，并做好沟通与反馈工作。对于编码过程中出现的问题，研究者和编码者需要及时沟通，并尽快协商解决。在编码工作完成后，研究者需要比较多名编码者编码结果的一致性，当编码结果出现不一致的时候，研究者和编码者需要及时核对，查找不一致的原因，确保编码工作准确无误。

六、发表偏差检验

发表偏差是元分析结果不可信的重要原因之一。因此，编码工作彻底完成之后，研究者需要检验核心效应值是否出现了较为严重的发表偏差问题。本书已在第二节和第四节介绍了发表偏差的相关问题，在本书的第四章，我们还会对发表偏差问题进行更为详细的介绍。

七、结果分析

元分析包含多种形式。从变量的个数来看，元分析包括双变量关系分析和多变量关系分析（借助结构方程模型的元分析方法）。双变量关系分析是当前元分析的主要形式，但随着特定领域实证研究数量的积累，多变量关系分析也逐渐流行起来。从变量的类型来看，元分析包括主效应分析、中介效应分析和调节效应分析。从变量关系是否线性来看，元分析可以分为直线关系元分析和曲线关系元分析，其中曲线关系元分析主要是检验两个变量之间是否存在U形或者倒U形关系。从变量的分析层次来看，元分析可以是一个层面变量关系的检验，也可以涉及多个层面变量关系的检验。另外，还有一些研究者会将时间维度考虑进来，对以往的实证研究进行横断历史元分析，检验变量关系随时间的变化趋势。本书在第六章至第十二章分别介绍上述元分析方法。

八、撰写报告

元分析研究报告与实证研究报告的撰写结构大同小异。在撰写元分析研究报告时，研究者需要提出明确的研究问题，进行严密的假设论证，详述元分析的整个流程，展示相关的研究结果，并讨论研究结果的理论和管理启示。需要指出的是，元分析的最终目的并不是简单的数据汇总和报告，研究者应当仔细思考自己的元分析在理论上的贡献。因此，对于元分析研究报告而言，一个好的研究框架远比一个数据分析报告更重要。

第二章　研究问题的选择与转化

爱因斯坦曾指出，伟大的科学家不在于他们是否具备解决问题的能力，而在于他们是否具备创造问题的能力。作为一个研究的起点，研究问题选择的好坏直接决定着研究贡献的大小。研究问题通常有四种来源，即个人兴趣、文献阅读、实践经验和同行交流（陈晓萍，2018）。首先，我们要选择一个感兴趣的研究问题，只有如此，才能够看到所做元分析的价值所在。其次，我们需要阅读大量的相关文献，从已有的研究中梳理出值得研究的问题，这往往是初学者进行研究选题最主要的途径。再次，我们要选择一个具有较强现实指导意义的选题，这就需要我们从组织实践中获取灵感。很多期刊和学者主张做"顶天立地"的研究，选题既要有理论高度，又要脚踏实地，能够真正服务于企业实践。正如 Barkema 等（2015）所指出的那样，早期的管理学大师本身就是实践家，他们要么在企业内部身居要职，要么担任企业的顾问或者经营自己的研究咨询机构。大量的实践经验积累为他们探索新理论提供了丰富的素材。最后，我们还需要与同行进行交流，克服自己小团队思维的限制，了解其他研究者正在关注的议题，向他人展示自己的研究设想并征求他人的建议。需要注意的是，元分析作为一种较为特殊的研究设计，并不是所有宽泛的研究问题都适合做元分析。本章主要介绍适合和不适合元分析的研究问题、如何利用元分析做一些探索性的工作及如何将研究问题转化为适合元分析的议题。

第一节　不适合元分析的研究问题

一、实证研究数量过少的研究问题

由于元分析是对以往实证文献的定量整合，因此元分析对整合文献的数量有一定的要求。从理论上来讲，只要有两篇实证文献，就可以开展元分析（Valentine et al.，2010），但对于一个高质量的组织与管理领域的元分析而言，需要整合的文献数量要远远高于这个标准。比如，国内学者郭春彦等（2002）通过计算机仿真方法检验了样本数与元分析结果准确性、可靠性和一致性的关系，结果发现元分析的最低样本数应当在 30 篇以上，理想的样本数应当在 70 篇以上。此外，王永贵和张言彩（2012）对国内外经济管理领域 1990—2010 年发表的元分析论文进行统计分析，结果发现绝大多数元分析论文所包含的样本数在 30 篇以上，这与郭春彦等（2002）的计算机仿真结果是较为类似的。因此，当某个领域实证研究数量过少时，研究者开展元分析的结果的可信度可能较低。

由于上述研究的统计范围较为宽泛，并不一定能够反映出组织与管理领域元分析所涵盖的实证研究数量，因此本书对 2014 年 1 月至 2019 年 5 月发表在组织与管理研究领域顶级期刊上的元分析样本量进行了统计，结果如图 2.1 所示。本书所统计的组织管理领域顶级期刊包括 *Academy of Management Journal*（*AMJ*）、*Academy of Management Review*（*AMR*）、*Administrative Science Quarterly*（*ASQ*）、*Journal of Applied Psychology*（*JAP*）、*Journal of International Business Studies*（*JIBS*）、*Journal of Management*（*JOM*）、*Organization Science*（*OS*）、*Organizational Research Methods*（*ORM*）、*Personnel Psychology*（*PP*）、*Strategic Management Journal*（*SMJ*）十种期刊。

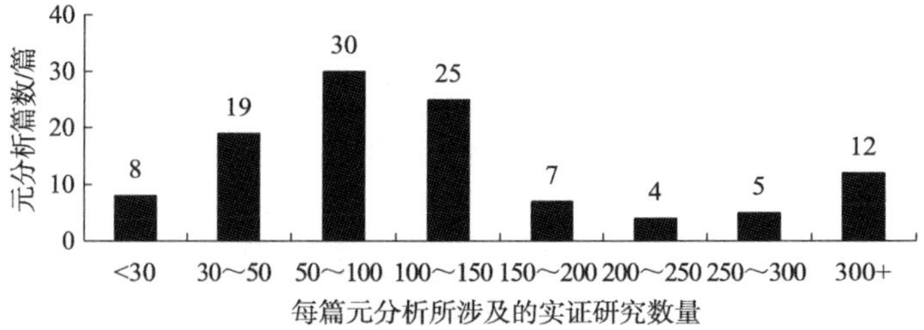

图 2.1　2014 年 1 月至 2019 年 5 月组织与管理领域顶级期刊元分析类研究所涉及的样本数量分组统计

由图 2.1 可知，92.7%的顶级期刊元分析文章所涵盖的实证研究样本量在 30 篇以上，这些元分析文章所涵盖实证研究数量的中位数和均值分别为 99 和 132。这意味着在组织与管理领域顶级期刊发文章，通常需要足够的（100 篇以上）实证积累。这也意味着当一个研究问题或者研究领域的实证文章数量过少的时候，该领域可能并不适合做元分析。一方面，实证研究数量过少，用于元分析的样本可能是有偏的，导致结论的可信度降低；另一方面，实证研究数量积累不够，研究者不足以探索变量关系的影响机制（即中介变量）及其边界（即调节变量），进而降低了元分析的理论贡献。

二、无法提取合适效应值的研究问题

效应值是展开元分析的基础数据，如果无法提取合适的效应值，那么元分析也就无从开展。无法提取合适效应值的原因有很多，归结起来主要有如下两个。

一是很少有实证研究关注你感兴趣的研究问题，或者有研究关注你感兴趣的研究问题，但这些研究多是定性研究（如案例研究、扎根理论研究）或者是定性综述。显然，定性研究和定性综述很难提取到合适的效应值数据。二是有很多实证研究关注你感兴趣的研究领域，但是这些研究并没有报告能够转化为效应值的统计量。比如，调查研究或者二手数据研究中缺少相关矩阵、实验研究缺少转换为相关系数的均值和标准差。

可能有读者会提出质疑，实证研究即使没有报告相关矩阵和相关系数，但至少有回归系数。那么，回归系数是否可以用于元分析呢？对于这个问题，研究者之间存在一定的分歧。Peterson 和 Brown（2005）认为元分析研究者可以通过回归系数来估算缺失的相关系数取值，并通过数据有条件地验证了他们的观点。然而，笔者认为，实证研究中的回归系数通常是非常不稳定的，回归系数通常取决于研究者在回归方程中放置了哪些变量。如果你对完全中介效应熟悉的话，你可能会发现，如果 M 变量完全中介了自变量 X 与因变量 Y 之间的关系，那么当只考虑 X 与 Y 的关系时，二者的回归系数是显著的；但如果 X 和 M 同时进入回归方程时，X 对 Y 的预测作用将会消失（温忠麟和叶宝娟，2014a）。由这个例子可知，当回归方程中包含的变量发生变化时，同一变量间的关系可能会发生非常大的变化。Roth 等（2018）的蒙特卡洛仿真研究结果也并没有支持 Peterson 和 Brown（2005）的主张。因此，他们呼吁研究者使用相关系数而不是回归系数来进行元分析。本书也逐一检查了 2014 年 1 月至 2019 年 5 月发表在组织管理研究领域顶级期刊上的元分析效应值类型，发现这些顶级期刊上的元分析并没有采纳回归系数作为元分析的基础数据。因此，本书也不推荐将回归系数纳入元分析的范畴。

三、研究模型过于复杂的研究问题

最简单的元分析通常被用来检验双变量之间的线性关系（主效应），复杂一些的元分析往往用来识别双变量关系中的中介变量、调节变量或者曲线效应，再复杂一些的元分析可能会通过结构方程模型来识别多变量之间的关系。由于元分析本质上是一种二手数据分析方法，模型越复杂，涉及的变量关系也越多，而已有的实证研究数据可能满足不了研究者的需要，从而影响元分析的可实施性。根据笔者的经验，研究模型越简单，元分析的可实施性越高；研究模型越复杂，元分析的可实施性越低。

以基于结构方程模型的多变量关系元分析为例（详见本书第七章），基于结构方程模型的元分析需要估计元分析所包含变量的相关矩阵。假定研究者试图厘清团队薪酬水平（$X1$）和团队薪酬差距（$X2$）对团队创新（$Y1$）与团队离职率（$Y2$）

的影响（图 2.2），那么研究者需要依据已有的实证研究估计这四个变量中任意两个变量关系的效应值。如果以往研究缺失了其中任意一组变量关系，如没有研究曾报告过团队创新（*Y*1）与团队离职率（*Y*2）之间的关系（表 2.1），则基于结构方程模型的元分析将无法进行下去。

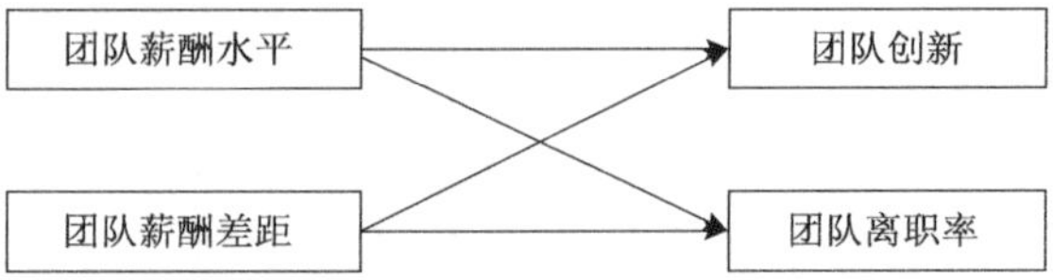

图 2.2　研究模型示例

表 2.1　基于结构方程模型的元分析相关矩阵示例

变量	团队薪酬水平	团队薪酬差距	团队创新	团队离职率
团队薪酬水平	1			
团队薪酬差距	√	1		
团队创新	√	√	1	
团队离职率	√	√	×	1

注：√表示可以根据以往实证研究得到有关数据；×表示无法根据以往研究得到有关数据

四、存在发表偏差的研究问题

有研究指出，显著的实验结果被发表的概率是不显著结果的三倍（Dickersin et al., 1987），这可能导致纳入元分析的实证研究结果是存在偏差的。《自然》杂志曾针对 1500 余名科学家开展调查，结果显示，实验结果不可复制是科学研究领域的一个常态（Baker，2016）。在化学、生物学、物理学、工程学、医学、地球与环境科学等领域，近七成的科学家表示曾经有无法复制他人实验结果的经历，且有一半的科学家表示曾经有无法复制自己实验结果的经历（Baker，2016）。然而，在现实中，识别有偏差的实证研究往往是非常困难的。尽管有很多方法可以辅助检验发表偏差问题的严重程度，但也不可能完全消除发表偏差的问题，这也是元分析遭到一些研究者批判的重要原因之一。虽然发表偏差问题往往在数据分析阶段才能够被识别，但当某一研究主题过分集中在少数几个研究者时，也需要引起研究者的高度重视。

因此，在开展元分析前，研究者需要审视以上几个方面的问题，判断自己的研究领域是否适合用元分析的方法来进行定量文献回顾。表 2.2 对这些不适合元分析的研究问题进行了总结。

表 2.2　不适合元分析的研究问题

判断标准	不适合的情形	注意事项
实证研究数量	实证研究数量少于 30 篇	高水平元分析纳入的研究数量在 100 篇左右
效应值数据	已有研究多为定性研究或者无法提取合适的效应值数据（如 r、Mean 和 SD、d、t、F）	通常回归系数不能用于元分析
研究模型	模型中变量间的关系错综复杂	模型越复杂，元分析的可实施性越低
发表偏差	已发表研究集中在少数几个研究者	包括尽可能多的文献类型，并开展发表偏差检验

第二节　适合元分析的研究问题

一、理论导向的研究问题

研究者可以利用元分析来检验已有理论，也可以通过元分析来拓展已有理论或者探索新的研究主题（Barkema et al.，2015；Colquitt and Zapata-Phelan，2007）。

（一）理论验证类研究问题

当研究者围绕一个理论或构念开展了大量实证研究之后，则可以利用元分析的方法来检验已有研究结果与相关理论的匹配程度，这就是典型的理论验证类元分析。这类元分析通常旨在探索核心研究构念的前因（antecedents）与后果（consequences），也可以比较元分析结果与最初理论模型的吻合程度。比如，Allen 和 Meyer 于 1990 年首次将组织承诺划分为情感承诺（affective commitment）、持续承诺（continuance commitment）和规范承诺（normative commitment）（Allen and Meyer，1990）。Meyer 等于 2002 年通过元分析的方法对这三种组织承诺的前因、关联因素及后果进行了定量整合（Meyer et al.，2002）。这类元分析在组织与管理领域非常普遍。当一个新构念或者新理论诞生若干年后，理论和构念的创建者或者其他学者总会对该主题进行较为全面的元分析，并为未来研究指明新方向。

一些读者可能会问，如果其所关注的主题已经有元分析了，还可以继续做该主题的元分析吗？元分析的目的是填补知识的空缺，如果别人的元分析已经填补了这个知识空白，那额外的元分析可能是没必要的，除非你的元分析能够解答一个新的空白问题。

（二）理论拓展类研究问题

组织与管理研究中的实证结果往往会表现出较大的异质性。对于同一组关系，有的研究者可能发现二者呈正相关的关系，有的研究发现二者呈负相关的关系，还有的研究可能发现二者不相关或者存在曲线相关的关系。这势必会给研究者和实践者带来诸多困惑——究竟应该相信谁的研究结论呢？事实上，研究结论的不稳定可能并不是数据质量不可靠或者研究假设方面的问题，而是研究情境发生了变化。此时，研究者需要通过权变的思维来辩证地看待两个变量之间的关系，通过理论拓展或者理论整合来调和以往研究结果的不一致。对于这类饱受争议的研究问题，研究者需要找到导致以往研究结论不一致的原因，调节变量往往是这类研究的一个突破口。以中美文化为例，中国与美国的文化制度存在较大差异，这也决定了中美企业实行相同的管理实践可能会产生不同的后果。因此，有研究者将国家地域作为调节变量，并对中美企业的管理实践进行对比分析。比如，卫旭华等（2015）关于团队多元化的元分析发现，国家地域可以调节团队多样型多元化与团队绩效之间的关系，多样型多元化在东方国家对团队绩效的促进作用大于西方国家；刘咏梅等（2014）关于团队冲突的元分析发现，国家地域可以调节任务冲突与团队绩效的关系，美国组织中的任务冲突往往能够改善团队绩效，而中国组织中的任务冲突往往会给团队绩效带来负面影响。由这些例子可以看出，调节变量有助于调和以往相矛盾的研究结论，并提供新的理论视角。

除了通过调节变量对以往理论进行拓展之外，研究者还可以拓展两个变量发生关联的中间机制（即中介变量），拓展双变量之间是否存在非线性关系（如 U 形或者倒 U 形关系），甚至是拓展多变量之间的复杂关系。这些探索都可以使研究者对核心变量间的关系有更为深入的理解。

表 2.3 对 *AMJ*、*AMR*、*ASQ*、*JAP*、*JIBS*、*JOM*、*OS*、*ORM*、*PP*、*SMJ* 十种期刊在 2014 年 1 月至 2019 年 5 月发表的 105 篇元分析论文选题进行了统计。由表 2.3 可知，近七成的元分析涉及了调节变量，近四成的元分析借助结构方程模型技术开展了多变量关系分析，超过 1/4 的元分析检验了中介效应。相比较之下，曲线效应的元分析较为少见，仅有 5 篇，占这些顶级期刊近些年元分析发文量的 4.76%。

表 2.3 顶级期刊元分析类型统计

元分析类型	目标定位	篇数/篇	占比
调节效应元分析	探索变量发生关联的边界条件，解释以往研究不一致的原因	73	69.52%
基于结构方程模型的元分析	多变量关系分析	40	38.10%
中介效应元分析	探索自变量对因变量产生影响的中间机制	27	25.71%
曲线效应元分析	探索变量之间的非线性关系，如 U 形或倒 U 形关系	5	4.76%

另外，读者可能会发现自己的领域内存在若干相对立的理论，这些理论得到了很多实证研究的支持。除了前面所提到的调节因素之外，对核心构念或变量进行归类也是调和以往相对立理论的重要方式。比如，在薪酬差距研究领域，研究者开发出了两个相对立的理论，即公平理论和锦标赛理论。公平理论通常认为过大的薪酬差距会造成组织成员的不公平感，降低组织成员的投入和努力程度；而锦标赛理论则认为较大的薪酬差距能够更好地激励员工，他们会为了获取更高的薪酬而更加努力。事实上，这两个理论并不是对立的。如图 2.3 所示，公平理论强调的比较对象往往是跟自己薪酬较为接近的人，即同一部门或者岗位的员工，这类薪酬差距可以归为水平薪酬差距；而锦标赛理论强调的比较对象是不同职位或者不同层级的人，它主张通过竞争获取更高的层级来获取更高的薪酬，这类薪酬差距可以被归为垂直薪酬差距（Ridge et al.，2015；卫旭华，2016）。因此，在区分了水平和垂直两类薪酬差距之后，我们会发现公平理论与锦标赛理论之间的对立将不复存在了。这些相对立的理论有各自适用的范围，若超出适用范围，这一理论将会失效。随后，我们可以通过元分析的方法来验证这一设想的合理性。如果元分析结果验证了我们的设想，相当于拓展了若干理论的边界，这也是一种重要的理论贡献。

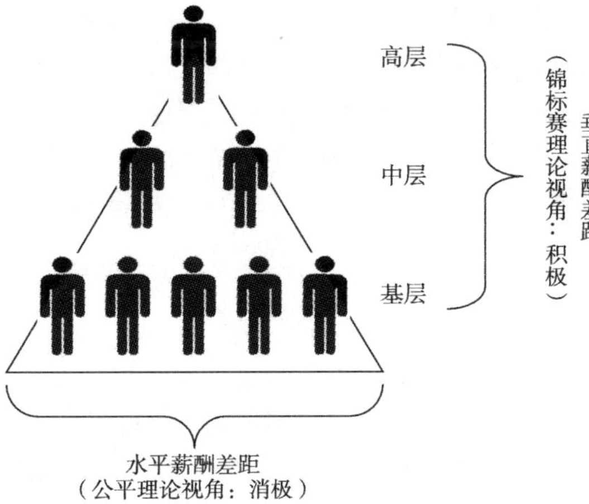

图 2.3　构念分类示例

（三）自由探索类研究问题

相比较而言，构建新的理论比验证或者拓展已有理论要困难得多。构建新的理论往往需要研究者做大量探索性的工作和前瞻性的思考，这是元分析面临的一个巨大的挑战。

元分析可以做探索性研究吗？没有做过元分析的大多数读者可能会持否定态度。的确，每个研究都有它关注的核心变量，我们对研究结论的阐释主要来自这些核心变量关系。然而，很多读者都忽视了一点，即对于组织与管理领域的研究来说，调查类研究和二手数据类研究占据相当大的比例（Scandura and Williams，2000），这类研究通常都提供了相关矩阵的数据，其中涉及大量的非核心变量——控制变量。这为我们开展探索性研究提供了大量的原始素材。

虽然组织与管理领域多数研究的重心不在这些控制变量上，但我们可以利用这些控制变量做一些新的探索。比如，多数个体层面的研究都会把人口统计特征（如性别、年龄、任期）作为重要的控制变量。如果某位离职领域的研究者想关注性别与离职的关系，其完全可以检索以往所有与个体离职主题相关的实证研究，然后从这些实证研究的相关矩阵中提取性别与离职关系的效应值，并开展一个完整的元分析研究。可以想象，对于一个单一样本的实证研究来讲，性别与离职的关系的可信度不高，且很少有研究者会专门做此类研究。即便多数实证研究者在他们的研究中控制了性别因素，他们也很少去讨论性别与离职之间的关系。然而，当我们按照规范的程序开展严谨的元分析时，样本量会得到极大的提升，或许这个主题更值得我们进行探索。比如，国内学者段锦云等（2016）通过元分析的方法对员工人口统计特征与员工建言行为的关系进行了探索，从而为员工建言的人口统计前因提供了较为精确的整合结论。

研究中的控制变量有很多，供探索的数据也有很多，但我们需要牢记：运用元分析方法来做探索性研究的前提是——你对已有文献足够熟悉，能够敏锐地发现一些以往研究忽视的问题，能够从已有研究中获取足够的数据，并最终上升到理论贡献的高度。如果单纯为了发表而贸然在自己不熟悉的领域开展探索性的元分析，其研究报告的深度和对研究问题方向的把握都将大打折扣。

二、方法导向的研究问题

（一）比较理论的方法差异

元分析本质上是二手数据分析，其所能解决的问题必须是以往实证研究中“有数据”的研究问题。由于各个研究的初衷都不相同，所以涉及的变量可能也有很大差异，这给元分析的自由探索带来了诸多障碍。此时，大多数研究都会涉及的研究方法信息将会成为元分析的一个重要突破口。在实证研究中，研究方法部分是大多数研究者都会详细报告的部分，其中涉及很多可以编码为情境变量的信息，这为研究者开展不同情境间的比较提供了便利。

研究方法特征在元分析中通常被作为调节变量。研究者只需要将这些研究方法特征按照一定的规则进行编码，就可以比较不同研究方法特征下，研究结论是否有显著的变化。比如，研究者可以比较员工类研究结果与学生类研究结果之间是否存在差异。常见的研究样本特征包括：研究设计（如实验研究、调查研究）、参与者类型（如企业员工、高校学生）、任务特征（如常规任务、非常规任务）（de Wit et al., 2012）、变量测量方式（如客观测量、主观测量）（卫旭华等，2015）、文献类型（如期刊、会议、学位论文、工作论文）、发表时间（Luo et al., 2012）、样本回收率（刘咏梅等，2014）、所属行业、所属国家（卫旭华，2016；卫旭华等，2015）等。研究者可以根据自己的需要选择感兴趣的研究方法特征，并检验其是否会影响最终结果。当研究者准备将研究方法特征作为元分析的核心贡献时，一定要仔细思考它对未来研究的理论和方法贡献，否则元分析就成了一个没有任何思想的数据罗列报告，不会引起其他学者的共鸣和关注。

（二）关于方法的理论

前面的研究问题多是跟组织与管理研究中的变量关系有关，除此之外，元分析还可以进行纯粹的方法整合研究。比如，卫旭华和张亮花（2019）利用元分析的方法来比较单题项测量与多题项测量的聚合效度、辨别效度及效标关联效度的差异，并发现单题项测量与多题项测量在这三种效度上的差异并不明显，从而为单题项测量方法的合法性提供了一定的支撑。当研究者试图展开纯粹的方法研究时，文献检索范围要比我们做一个变量关系的文献检索宽泛得多。因为这个时候，任何变量关系都可以涵盖进来，而我们更需要关注的则是方法效应究竟有多大，究竟会对研究结果造成什么样的影响？

因此，在开展元分析选题时，研究者需要思考元分析潜在的理论贡献或者方法贡献（表 2.4），从而使自己的元分析更有意义。

表 2.4　元分析研究问题总结

问题大类	问题细分类别	特点
理论导向问题	理论验证类	通过元分析验证理论，多关注构念的前因及后果，总结进展，提出展望
	理论拓展类	通过元分析拓展调节、中介、曲线效应及多变量关系，调和理论上的矛盾或者打开理论“黑箱”
	自由探索类	通过实证研究中的控制变量做探索性研究，从非核心变量中挖掘有趣的现象
方法导向问题	理论的方法差异	通过元分析考察研究设计和样本特征对变量关系的影响，多将方法特征作为调节变量
	关于方法的理论	通过元分析对比不同方法，确定理想的方法，或者给出走出方法误区的建议

第三节　研究问题的转化

与实证研究类似，当研究者确定了研究问题和研究方向之后，接下来需要把研究问题转化为可以检验的研究假设和研究模型。当然，对于一些不便提假设或者纯方法类的元分析，也可以直接抛出需要研究的问题（图 2.4）。

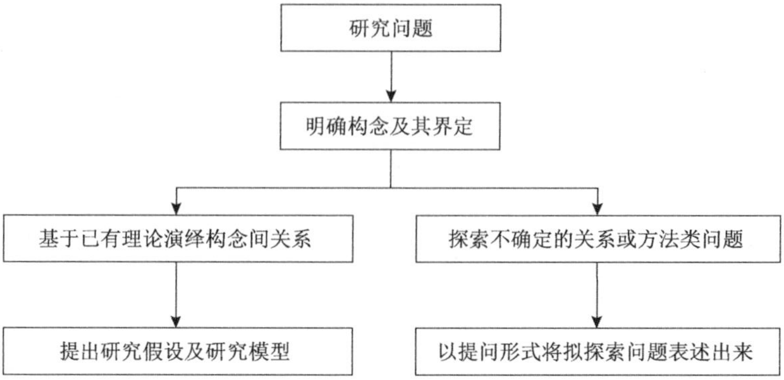

图 2.4　研究问题的转化

一、从研究问题中提取界定清晰的构念

在这一阶段，研究者需要梳理研究问题可能会涉及的构念，并对这些构念进行清晰的界定。在第一章中，我们已经指出很多批判者认为元分析将“苹果”与“橘子”进行了加总。为了避免这一问题，研究者在确定了研究问题之后，一定要给出研究构念的清晰界定。这类似于实证研究中的概念化过程，能够为后续分析过程中变量的操作化提供标准和依据，也能够避免研究者在元分析编码阶段错误地将“苹果”与“橘子”合并。

二、将研究问题转化为研究假设和研究模型

在这一阶段，研究者需要借鉴相关理论来演绎研究假设和研究模型，把感兴趣的研究问题转化为可以量化的关系，进而通过元分析的方法对这些关系进行整合验证。在提研究假设的时候，除了双变量之间的线性关系之外，研究者还需要找到潜在的中介变量和调节变量，以及潜在的曲线关系。需要注意的是，在将研究问题转化为研究假设和研究模型时，切忌毫无逻辑，避免将研究问题变成杂乱无章的关系罗列。在定位元分析的时候，研究者需要构建一套较为系统、合理的分类体系和逻辑架构，即便一些假设或者研究问题得不到已有实证研究数据的检验，也依然能够为未来研究提供有价值的思考。比如，卫旭华等（2018）在研究团队断层与团队过程的关系时，通过对以往团队过程文献的梳理，把团队过程划分为团队行为过程、团队认知过程和团队情感过程，并给出了这三类团队过程的明确定义。同时，他们还借鉴相关理论，阐述了团队断层如何与这类团队过程发生关联，从而使他们的研究模型层次更为分明。

三、探索性研究问题的处理

对于一些探索性的议题，或许基于现有理论并不能提出明确的假设，还有一些方法类议题也不太适合提出相关假设，此时研究者可以直接抛出自己的研究问题，并通过探索性的数据分析来解答研究者心中的疑惑。比如，Bell 等（2011）在关于团队多元化的元分析中就提出了概念化与操作化方面的研究问题，尝试探索操作化与概念化的匹配程度对研究结果的影响；Luo 等（2012）在关于关系与组织绩效的元分析中也提出了若干个方法类调节变量，但他们并没有提出明确的假设，而是试图通过元分析来看这些方法类调节变量会如何影响变量间的关系。

第三章　文献检索与编码

从本章起，本书将介绍元分析实操性的内容。元分析实施阶段的第一步通常是文献检索，再从检索到的文献中挑选出符合自己需求的实证文献，并进行编码，建立元分析的基础数据库。文献检索和编码将直接决定元分析基础数据的质量，但这一阶段通常是一个非常烦琐的过程。研究者需要制订详细的计划和严格的标准，才能够保证找到尽可能多的实证研究和有用数据。如果研究者在这一过程遗漏重要文献，后期返工的工作量将是非常巨大的，也可能会导致元分析结果出现较为严重的偏差。

第一节　文 献 检 索

一、文献筛选标准

（一）关键词筛选标准

由于元分析需要从实证研究中提取效应值等数据，因此，研究者需要查询各种数据库来检索自己需要的文献。多数读者想到的第一点肯定是“关键词”检索。在学术研究中，对于同一现象，往往有很多种不同的表达；对于一些英文构念，也存在很多种不同的译法。这给我们通过关键词检索相关文献带来了一定的挑战，也需要我们制定合理的关键词检索标准。比如，当某位研究者对薪酬差距研究比较感兴趣，他可能会首先发现英文中代表“薪酬”的词汇有“pay”“income”“compensation”“wage”等，而中文中代表“薪酬”的词汇有“薪酬”“工资”“收入”“薪水”等不同的表达；随后他可能会进一步发现“差距”一词在中英文当中可能也会存在不同的表达，如西方研究者会用“dispersion”“gap”“disparity”“inequality”“variance”“difference”等词代表差距，而中国学者则可能会翻译为“差距”“差异”“不平等”等。那么，这位研究者在检索薪酬差距文献的时候，需要将这些词依次组合，才可能找到尽可能多的文献。

在通过关键词检索文献的时候，研究者应采取多种方法，将所有可能的组合都要尝试检索一遍。这种方法虽然比较烦琐，但也能够降低研究者遗漏重要文献的概率。为了防止研究者检索文献时存在个人偏好，导致文献检索不充分，我们需要制定严格的关键词筛选标准，然后要求多名研究者在同一标准的要求下同时检索文献，从而最大限度增加检索到的文献数量。此外，我们还可以从检索到的实证论文的参考文献中逐条检查是否遗漏掉一些重要的参考文献，并思考出现遗漏的原因，进而改进此前制定的筛选标准。

（二）时间跨度标准

在检索文献的时候，研究者通常会限定具体的文献检索时间。关于时间的跨度标准，研究者通常有两种考虑：第一种是从该领域第一篇文献发表的年份开始检索，这样可以确保检索到的文献是完整的；第二种是关注特定时间段的文献，如近二十年、上一篇元分析发表年份至今的时间段、特殊事件发生前后的特定时间段。如果研究者限定了特定的时间段，一定要给出合适的理由，告知他人你选择这一时间段的确切原因。

（三）文献筛选标准

在检索文献之前，研究者还要思考自己需要检索哪种类型的文献：顶级期刊的论文还是所有期刊的论文？是否包含会议论文？是否包含学位论文？是否包含工作论文？从发表偏差的角度来讲，显著的结果比不显著的结果更容易发表，因此仅包含已发表的文献可能会导致有偏的结果。本书建议研究者应当包含尽可能多的文献类型，甚至可以联系那些持续做某个领域研究的作者，询问他们是否有未发表的实证研究（Curran and Hill，2019），并将其纳入自己的元分析中。如果研究者后期的分析发现这些不同类型的文献存在显著差异，且有充分的删除理由时，可以决定是否要删除特定类型的文献。

（四）研究样本筛选标准

组织与管理领域的研究大多关注的是企业内部的现象，因此，当研究者开展元分析的时候，通常要将样本限制为企业情境下的研究。除此之外，研究者还需要根据自己研究的需要，挑选特定的样本。比如，有的研究者会将自己的元分析定位为中国情境下某个领域的研究，那么他在检索文献的时候，不仅需要检索涉及中国样本的中文实证文献，也需要检索涉及中国样本的外文实证文献。同时，在纳入相关实证文献的时候，一定要识别研究样本当中是否有重复样本。一些研究者会用同一个样本发表多篇论文，且论文变量有一定的重叠度，此时如果不加识别地全部纳入元分析当中，势必会人为增加这个样本的权重，导致元分析结果出现偏差。因此，研究者在检索文献的时候，要去除那些重复的样本，确保每个样本仅在元分析中出现一次。

二、检索数据库

（一）外文数据库

在查找外文文献的时候，我们可以借助一些索引数据库展开检索，也可以直接登录期刊数据库进行检索。常用的外文索引数据库有 Web of Science（WoS）和 Ei Compendex（Ei）。Web of Science 涵盖了社会科学引文索引、科学引文索引扩展版及会议录引文索引收录的文献基本信息（图 3.1），而 Ei 则是工程索引数据库，收录了工程类重要期刊的文献基本信息。由于 WoS 和 Ei 数据库都无法下载全文，因此研究者还需要借助一些专业的期刊数据库来检索文献，如 AOM、APA、Annual Reviews（综述期刊库）、EBSCO、Elsevier、Emerald、INFORMS、JSTOR（过刊数据库）、Oxford Journals、ProQuest（含博硕论文库）、Sage、Springer、Taylor & Francis、Wiley 等期刊数据库。这些数据库均收录了组织与管理领域的部分重要期刊。如果你对期刊所属的数据库或者期刊官网非常熟悉，则可以直接登录相应的网站检索自己需要的文献。对于一些外文会议论文和工作论文，通过专业的期刊数据库通常很难查到，这时候需要借助百度学术、谷歌学术等搜索引擎或者 ResearchGate、SSRN 等学术社区平台进行检索。

图 3.1　Web of Science 数据库中 SSCI、SCI 及 CPCI 论文检索示例

在检索文献的时候，研究者往往会遇到一些文献无法下载的情况，此时需要借助一些技巧和外部资源来减少不可下载文献的数量。首先，研究者可以通过一些学术搜索引擎来检索文献，如百度学术或者谷歌学术，如果公开资源可以检索到全文，这些学术搜索引擎也都会附上下载全文的链接。其次，研究者可直接通过百度、谷歌等搜索引擎展开搜索。为了提高命中率，可在搜索的关键词前面加上“filetype:pdf”（pdf 也可以替换为其他文档格式），这样可以确保研究者检索到的是特定格式的文档。再次，很多高校都会订购中国高等教育文献保障系统，即 CALIS 文献传递系统，研究者可以利用该系统来协助下载文献。这类系统都是按篇收费，比购买数据库的费用要少很多，且很多图书馆都会承担单篇文献的购买费用。此外，如果是由于没有数据库下载权限而无法下载文献，且通过前面几种方法仍然找不到文献全文，研究者可以向那些已经购买了该数据库的其他高校教师、同学和朋友发起求助，也可以借助一些论坛（如人大经济论文文献求助专区）或者学术类 QQ 群和微信群的同行，让他们帮忙下载自己需要的文献。最后，研究者也可以注册一些学术社区网站账户（如 ResearchGate 或者 SSRN），在这些学术社区中检索文献全文，也可以向原作者发送 E-mail 求助。

（二）中文数据库

中文数据库包括索引数据库和期刊数据库。常用的引文数据库为中国社会科学引文索引（Chinese Social Sciences Citation Index，CSSCI），研究者可以登录 CSSCI 数据库官网进行检索，也可以通过中国知网的相关功能实现 CSSCI 文献的检索。进入中国知网官网后，依次点击“高级检索”“期刊”按钮即可进入图 3.2 所示页面，随后在“来源类别”中选择“CSSCI”选项即可检索相应的论文。当然，研究者也可以通过此方法搜索被北大中文核心期刊或者中国科学引文数据库（Chinese Science Citation Database，CSCD）数据库收录的期刊论文。

图 3.2　CSSCI 期刊文献检索方法示例

常用的中文期刊数据库有中国知网、万方和维普数据库，其收录了各类期刊、会议和博硕士学位论文。此外，研究者可以登录各期刊官方网站、国家哲学社会科学文献中心或者科研之友（scholarmate）平台免费下载相关文献，也可以通过CALIS文献传递系统、学术论坛、作者E-mail、学术类QQ群或者微信群求助论文。

表3.1对这些组织与管理研究领域常见的索引数据库、全文数据库及学术交流平台进行了总结。

表3.1　组织与管理研究领域常见的文献检索库

数据库大类	文献数据库名称	简介
索引数据库	Web of Science	SSCI、SCI 检索期刊、CPCI 会议论文
	Scopus	全球最大的文摘和索引数据之一
	Ei Compendex	Ei 检索工程类期刊和会议论文
	CSSCI	主要收录中文社会科学核心期刊论文
英文期刊数据库	AOM	美国管理学会官方数据库
	APA	美国心理学会官方数据库
	Annual Reviews	高水平综述期刊数据库
	EBSCO	旗下的 BSP 子库及 PsycARTICLES 子库涵盖了众多管理学和心理学期刊
	Elsevier	荷兰爱思唯尔出版集团全文数据库
	Emerald	英国 Emerald 出版集团全文数据库
	INFORMS	运筹学和管理学研究协会全文数据库
	JSTOR	全球最大的过刊数据库
	Oxford Journals	牛津电子期刊全文数据库
	ProQuest	包括 ABI/INFORM 商业信息数据库、PQDT 博硕论文全文数据库
	Sage	英国 Sage 出版集团全文数据库
	Springer	德国施普林格出版集团全文数据库
	Taylor & Francis	英国泰勒-弗朗西斯出版集团全文数据库
	Wiley	美国 Wiley 出版集团全文数据库
中文期刊数据库	CNKI	中国知网期刊、会议和博硕论文数据库
	万方	万方期刊、会议和博硕论文数据库
	维普	维普期刊论文数据库
学术社区平台	ResearchGate	科研社交平台
	SSRN	社会科学领域在线论文和预印本论文开放获取平台
	科研之友	中国科研人员交流平台

续表

数据库大类	文献数据库名称	简介
搜索引擎	谷歌学术	谷歌旗下的学术搜索引擎
	百度学术	百度旗下的学术搜索引擎

第二节　数 据 编 码

一、确定编码范围

元分析需要包含哪些关系的效应值？需要收集哪些样本特征或者变量作为调节变量？这些都需要研究者事先做好严密精细的规划和思考。虽然在研究问题阶段我们已经确定了研究假设和模型，但元分析并不单单具有验证功能，也具有探索功能。因此，在做元分析的时候，研究者通常都会搜集尽可能多的数据，并开展一些探索性的工作。如果漏掉了几个重要的特征变量，后期补数据也是一项相当繁重的工作。

通常来讲，在元分析编码过程中，我们需要收集如下几类信息：①论文基本信息，如作者、论文名称、发表年份、期刊名称等；②样本量和效应值数据，如相关系数、均值和标准差、t 统计量、F 统计量、d 统计量等；③量表信度数据，如果双变量关系中至少有一个变量采取了主观评价的形式，则需要记录这个（些）变量的 α 信度系数；④调节变量信息，如定类调节变量所属的类别及连续型调节变量的取值；⑤研究设计和样本特征信息，如调查设计是实验设计、纵贯研究还是横剖研究、变量测量方式（自评 vs 他评、客观评价 vs 主观评价）、变量所采用的量尺（5 点或 7 点）、被试类型、样本回收率、数据回收年份、国家、行业、任务类型等；⑥文献来源分类，如期刊论文、会议论文、著作章节、工作论文等；⑦编码者信息，用于识别每条编码的录入者；⑧备注，主要是对前面编码的特别交代及提醒研究者在数据分析时的注意事项。

二、完成编码框和编码手册

在确定了编码范围之后，研究者就可以建立编码框，即依据前面提到的八类内容构建编码表。编码过程中，研究者需要对每项研究和每个样本进行编号。由于有的研究拥有多个子样本，因此样本编号通常要大于或等于研究编号。表 3.2 给出了一个元分析简化版编码框示例。表 3.2 一共列出了 4 篇论文的编码情况，其中第一篇论文包括两个子研究，故样本编号多于研究编号。每一篇研究最简洁的表达形式为作者加年份的组合形式，如表 3.2 的第三列所示。如果研究者在同一年份有多篇论文，我们可以通过张三（2018a）、张三（2018b）的形式来进行区分。

表 3.2　编码框示例

研究 ID	样本 ID	作者（年份）	N	r	IV 信度	DV 信度	行业	文献类型	备注
1	1	李四（2018）	389	0.25	0.71	0.91	制造业	期刊	
1	2	李四（2018）	256	0.11	0.86	0.80	制造业	期刊	
2	3	王五（2018）	183	−0.09	0.75	0.79	服务业	工作论文	
3	4	张三（2018a）	211	0.19	0.69	—	制造业	会议	
4	5	张三（2018b）	432	0.22	0.77	1.00	服务业	期刊	

随后，研究者需要报告每个研究样本的样本量及相关系数，并报告自变量（IV）和因变量（DV）的信度系数。信度系数的主要功能是修正测量误差，将样本相关系数 r 转化为真实相关系数 ρ。在 *AMJ*、*AMR*、*ASQ*、*JAP*、*JIBS*、*JOM*、*OS*、*ORM*、*PP*、*SMJ* 十种组织管理领域顶级期刊于 2014 年 1 月至 2019 年 5 月发表的元分析论文中，73.1%的元分析论文对效应值进行了测量误差的修正。ρ 的转化公式为

$$\rho = \frac{r}{\sqrt{\alpha_x \alpha_y}}$$

其中，ρ 为经测量误差修正后的真实相关系数（也称总体相关系数）；r 为文献中原始样本的相关系数；α_x 和 α_y 分别为自变量 x 与因变量 y 的 α 信度系数，代表着 x 与 y 的测量误差。

需要指出的是，在组织与管理领域的研究中，有一些实证研究并未报告构念的信度水平。如果这些未报告信度的构念是通过客观测量的方式来评价的（如薪酬），这类变量的信度通常可以记为 1。如果主观测量构念的信度水平缺失，研究者需要估计该构念的样本量加权平均信度（sample size weighted average reliability），并以此加权平均信度作为该构念的近似信度估计值（Joshi et al.，2015；Lee et al.，2000；Leslie et al.，2014）。表 3.3 展示了测量误差修正的例子。由表 3.3 可知，第三个研究变量 A 的信度缺失，研究者可以用其他四个研究的样本量加权平均信度 0.731 作为其估计值，并计算出第三个研究的真实相关系数为 0.370。同样，第四个研究变量 B 的信度缺失，研究者可以将其他研究的样本量加权平均信度 0.842 作为其估计值，并计算出第四个研究的真实相关系数为 0.521。

表 3.3　测量误差修正示例

研究	N	A 信度	B 信度	A 与 B 的样本相关系数 r	真实相关系数 ρ
研究 1	200	0.900	0.700	0.200	0.252
研究 2	300	0.800	0.800	0.300	0.375
研究 3	400	—	0.900	0.300	0.370
研究 4	500	0.700	—	0.400	0.521
研究 5	300	0.600	0.900	0.200	0.272
加权平均信度	—	0.731	0.842	—	—

如果研究者认为变量的测量形式可能会影响最终结果，也可以在表 3.2 中增加相关内容，以表明自变量和因变量是主观测量还是客观测量。最后，我们可以梳理出一些潜在的调节变量，表 3.2 列出了两个潜在的调节变量，一个调节变量是行业类型，包括制造业和服务业两类；另一个调节变量是文献类型，包括期刊、工作论文和会议等。在梳理潜在调节变量的时候，研究者应当记录尽可能多的变量，以防后期返工增加工作量。如果编码人员在编码过程中发现一些可能造成混淆的事项或者需要事后讨论的事项，都可以在备注栏进行描述，在随后编码核对过程中加以讨论和解决。

当研究者开展的元分析涉及多个变量关系的效应值时，建议研究者将所有变量关系整合在一张原始表格内，并在表 3.2 中增加相应的关系说明列，而不是将不同变量关系建立在不同的表格中。尽管前文反复强调研究者应当仔细思考元分析应当涉及的元素，但在实际操作过程中，研究者可能会出现漏文献、漏变量的情况，甚至元分析成果反复被拒后，研究者可能要补充不少最新文献。此时，如果所有变量关系都在一张原始表格内，我们补充新的研究或者变量就比较省时省力，可以避免一些共性因素在不同表格之间反复录入，对整体文献数量、样本数量、效应值数量的统计也相对比较方便。在后期的数据分析阶段，我们可以再对元分析原始编码表进行拆分。

此外，研究者还需要根据每一个编码字段的特点撰写编码标准和注意事项，编写翔实的编码手册，从而为编码者提供编码依据。比如，表 3.2 中哪些行业可以归为制造业，哪些行业可以归为服务业，研究者应当在编码手册中进行明确的说明。再比如，当一个研究通过多种形式测量某个变量的时候，将会包含多个相关系数，即一个研究样本中存在多个效应值。此时，是对这些效应值进行平均处理，还是逐一报告出来，都是研究者需要在编码手册中进行明确说明的内容。编码手册完成后，在后续编码过程中可能还会遇到一些问题，这就需要研究者根据后续问题不断修改完善编码手册，从而确保编码标准的统一性。表 3.4 给出了一个编码手册的示例。

表 3.4　元分析编码手册示例

项目	编码条目	编码说明	示例
研究信息	研究 ID	按顺序标注序号，每一篇文献一个编号	1、2、3
	样本 ID	按顺序标注序号，一篇文献可能有多个样本，均独立编号	1、2、3
	编码者姓名	填写编码者姓名	张三
	文献作者	填写文献所有作者的姓名，英文作者记录姓氏即可，中文论文记录全名，作者之间用逗号隔开	Zhang, Zhao, Wang 李四，王五
	发表年份	填写文献发表的年份	2020
	研究设计	（1）调查研究设计 （2）实验研究设计 （3）二手数据设计 （4）其他	研究为调查研究设计，编码为 1
样本信息	样本类型	（1）员工样本 （2）学生样本 （3）混合样本	样本为某综合性大学研究生，编码为 2
	国家	（1）东方国家（包括中国、日本、韩国、新加坡等） （2）西方国家（包括英国、美国、德国、法国等） （3）混合样本（既有来自东方也有来自西方国家的受访者） （4）未注明样本国家来源	样本来自韩国，编码为 1
	产业类型	（1）资金密集产业（包括冶金、石油、机械制造等） （2）技术密集产业（包括电子计算机、航空航天、原子能工业、高端医疗设备、精密机床等） （3）未注明产业类型 （4）其他产业类型	样本企业来自食品制造业，编码为 4
效应值信息	效应值类型	（1）相关系数 （2）均值、标准差 （3）Cohen's d （4）t 统计量 （5）F 统计量	效应值数据来自相关矩阵，故编码为 1
	效应值数据	记录效应值数据；当存在多个效应值时，请计算组合效应值，计算公式为×××	0.135
	样本量	记录样本量/份	298
	自变量信度	记录自变量信度，未报告则不填，客观变量（如薪酬）填写 1	0.782
	因变量信度	记录因变量信度，未报告则不填，客观变量（如薪酬）填写 1	0.891

三、招募和培训编码者

元分析通常需要两名或两名以上研究人员参与编码。研究者需要招募具有责任心且具有一定研究经验的编码者，并在编码工作开始之前对编码者进行培训。如果多名研究者通过合作的形式开展某项元分析，最好邀请这些合作者共同参与编码工作，从而确保编码工作的质量。培训内容主要结合编码手册展开，确保编码者能够理解编码范围、注意要点及编码工作中的一些细节性问题。在对编码者进行培训的过程中，研究者应当鼓励编码者对编码框和编码手册提出质疑，这是一个非常有用的对话过程，有助于研究者及时发现编码工作中存在的问题，并及时进行纠正。

四、预编码

当编码手册和编码者都已经就绪后，研究者可以让编码者尝试进行一些预编码，以检查他们对编码工作的理解是否有偏差。此时，可以要求编码者按照编码手册和培训内容对相同的 5～10 篇文献进行编码。随后，研究者对他们的编码结果进行检查核对，对出现的问题及时进行纠正。

五、正式编码

预编码工作完成后，研究者就可以要求编码者对所有文献进行正式编码。正式编码最好限定在一定的时间段内，防止编码者由于其他事情将编码周期拖得过长，从而造成编码前后阶段的理解存在偏差。在正式编码阶段，研究者也可以随时与编码者进行对话，对于编码者遇到的一些问题及时给予指导。

在编码的过程中，研究者可能会遇到同一研究针对某一变量的不同测量（如战略管理领域研究者会采用 ROA、ROE 或者 EPS 来衡量公司绩效），进而在同一研究中得到关于两个变量关系的不同效应值（如 CEO 薪酬与 ROA、ROE 或者 EPS 的相关系数）。由于来自相同的样本，这些效应值并非独立的。对于这种情形，通常我们会合并同一研究中具有相同含义的相关系数，获得这些相关系数的组合效应值（Borenstein et al.，2013；Joshi and Roh，2009；卫旭华等，2018），避免人为放大某个样本权重进而影响元分析的估计精度。

一个自变量与 n 个因变量测量关系的组合效应值（相关系数）的计算公式为

$$r_{xy} = \frac{\sum_{j=1}^{n} r_{xy_j}}{\sqrt{n + n(n-1)\overline{r}_{yy}}}$$

其中，r_{xy_j} 为 x 与第 j 个 y 的相关系数；$\bar{r}_{yy}$ 为因变量 n 个测量关系的均值。

表 3.5 展示了一个自变量（x）与三个因变量测量（y_1、y_2、y_3）的相关矩阵。可以看到，x 与 3 个因变量测量的相关系数分别为 0.2、0.3、0.4。此外，三个因变量测量关系的均值为 0.7，因此本例中的组合效应值为

$$r_{xy}=\frac{0.2+0.3+0.4}{\sqrt{3+3\times(3-1)\times 0.7}}=0.335\,41$$

表 3.5　一个自变量与三个相似因变量关系的相关矩阵

变量	x	y_1	y_2	y_3
x	1.0			
y_1	0.2	1.0		
y_2	0.3	0.8	1.0	
y_3	0.4	0.6	0.7	1.0

如果研究中变量多个测量之间的关系缺失，就会导致我们无法使用上述公式来估计组合效应值，这个时候我们也可以直接对自变量与因变量的多个相关系数求平均（Hunter and Schmidt，2004）。一般而言，相关系数的平均值会小于相关系数的组合效应值（Hunter and Schmidt，2004）。这是因为相关系数的组合效应值和相关系数的平均值存在如下转化形式

$$r_{xy}=\frac{\frac{\sum_{j=1}^{n} r_{xy_j}}{n}}{\frac{\sqrt{n+n(n-1)\bar{r}_{yy}}}{n}}=\frac{\bar{r}_{xy}}{\sqrt{\frac{1+(n-1)\bar{r}_{yy}}{n}}}$$

其中，若 $\bar{r}_{yy}\leqslant 1$，则 $1+(n-1)\bar{r}_{yy}$ 的最大值为 n，故 $r_{xy}\geqslant \bar{r}_{xy}$。

在实际操作过程中，计算相关系数组合效应值及相关系数均值的情况都存在，不过 Hunter 和 Schmidt 更推荐前者。

同理，m 个自变量的等价测量与 1 个因变量关系的组合效应值（相关系数）的计算公式为

$$r_{xy}=\frac{\sum_{i=1}^{m} r_{x_i y}}{\sqrt{m+m(m-1)\bar{r}_{xx}}}$$

其中，$r_{x_i y}$ 为第 i 个 x 与 y 的相关系数；$\bar{r}_{xx}$ 为因变量 n 个测量关系的均值。

m 个自变量测量与 n 个因变量测量关系的组合效应值计算公式为

$$r_{xy} = \frac{\sum r_{x_i y_j}}{\sqrt{m + m(m-1)\overline{r}_{xx}}\sqrt{n + n(n-1)\overline{r}_{yy}}}$$

其中，$r_{x_i y_j}$ 为第 i 个 x 与第 j 个 y 的相关系数，其他含义同前。

上述公式是 Hunter 和 Schmidt（2004）的组合效应值计算策略。如果按照 Hedges 和 Olkin（1985）的思想，研究者可将上面公式中的相关系数值换成其对应的 Fisher's Z 值（Borenstein et al.，2009），对 Fisher's Z 值求平均后（Borenstein et al.，2009），再将 Z 值转化为 r。相关系数 r 转化为 Fisher's Z 的公式为

$$Z = 0.5 \times \ln\left(\frac{1+r}{1-r}\right)$$

Fisher's Z 转化为相关系数 r 的公式为

$$r = \frac{e^{2z} - 1}{e^{2z} + 1}$$

六、评价编码者间一致性

正式编码工作完成后，研究者可以检查不同编码表结果的一致性程度，即评定者间信度（interrater reliability）。研究者可以使用一致性百分比或 Cohen's kappa 系数等方式来评定编码者间一致性信度。本书对 *AMJ*、*AMR*、*ASQ*、*JAP*、*JIBS*、*JOM*、*OS*、*ORM*、*PP*、*SMJ* 十种顶级期刊于 2014 年 1 月至 2019 年 5 月发表的 105 篇元分析论文的评定者间一致性信度计算指标进行了统计（图 3.3），结果发现单独使用一致性百分比来评价评定者间一致性信度的论文有 47 篇，单独使用 Cohen's kappa 系数的论文有 20 篇，同时使用 Cohen's kappa 系数和一致性百分比的论文有 2 篇，使用评定者间相关系数的论文有 1 篇，其他论文未报告评定者间一致性指标。

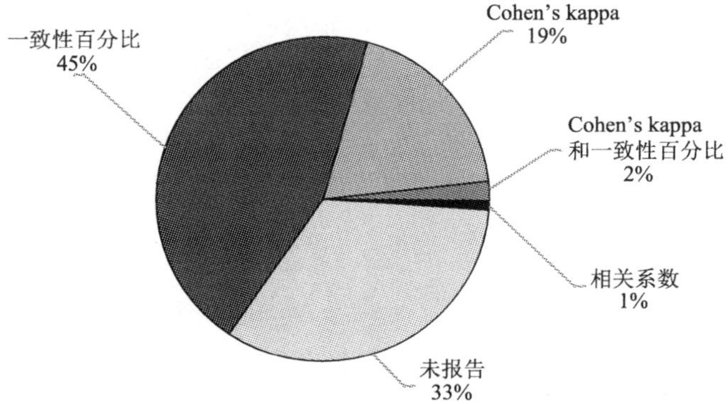

图 3.3　顶级期刊评定者间信度统计指标使用情况

研究者可以直接统计两名编码者一致数据条目占总数据条目的比例来表示评定者间的一致性。有的元分析通篇只报告一个整体一致百分比，而有的元分析则针对每一类数据均报告一个百分比，这样可以为元分析的严谨性提供更多的直接证据。Bachrach 等（2019）指出他们的元分析中两名编码者文献保留与剔除的编码一致率为 98.50%，样本量数据的一致率为 100%，交互记忆系统与团队绩效关系的效应值一致率为 93.42%，交互记忆系统与团队绩效二者信度数据的一致率为 94.74%。通过这种依次展示各类数据一致性的概率数据的方式，读者可以清晰地还原元分析编码过程，并体会到原作者对待科学的严谨态度。

研究者也可以使用 Cohen's kappa 系数来评估评定者间的信度，并可以在 SPSS 软件中进行相关计算。当研究者拿到两个编码者关于某类数据的编码结果时，可以利用 SPSS 交叉表提供的功能进行 kappa 值的计算。在 SPSS 软件中，研究者依次点击“分析”→“描述统计”→“交叉表”菜单，就会看到如图 3.4 所示的交叉表分析界面。在该界面中，研究者可以把两位编码者数据分别选择到右侧行（row）和列（column）栏内。随后，我们可以选择该界面右侧的“统计”选项按钮，在弹出的对话框中勾选“Kappa”选项（图 3.5），其他设置均为默认值，依次点击“继续”→“确定”即可得到评估编码者间一致性程度的 Cohen's kappa 系数。

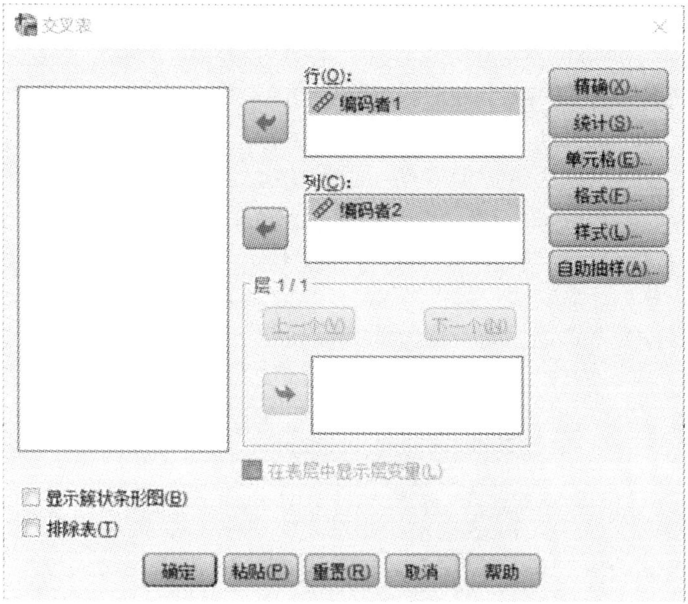

图 3.4　交叉表设置

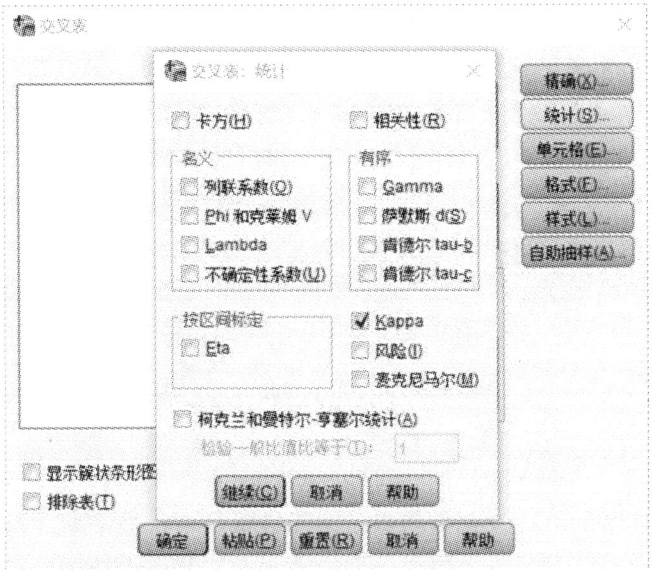

图 3.5　Kappa 选项勾选设置

Cohen's kappa 系数介于−1 到 1，系数越接近 1，说明一致性程度越高。关于 Cohen's kappa 系数应当达到的标准，目前学术界尚无定论，表 3.6 列出了一些研究者所制定的标准，但这些标准是较为武断的，没有证据能证明谁的标准更合理。在 *AMJ*、*AMR*、*ASQ*、*JAP*、*JIBS*、*JOM*、*OS*、*ORM*、*PP*、*SMJ* 十种顶级期刊于 2014 年 1 月至 2019 年 5 月发表的元分析论文中，kappa 值的最小值为 0.27（一致性百分比为 51%），最大值为 1，中位数为 0.91，均值为 0.83。从报告 kappa 值的研究来看，kappa 均值大于 0.6 的研究占比为 90%，大于 0.7 的占比为 85%，大于 0.8 的占比为 80%，大于 0.9 的占比为 60%。因此，从已有研究来看，学者普遍推荐的信度大于 0.7 的拇指法则也基本适用于 kappa 值的判断。

表 3.6　部分 kappa 值判定标准

Landis 和 Koch（1977）标准		McHugh（2012）标准	
取值范围	一致性强度	取值范围	一致性强度
<0	非常差（poor）	0～0.2	无（none）
0～0.2	轻微（slight）	0.2～0.4	非常低（minimal）
0.2～0.4	有点（fair）	0.4～0.6	弱（weak）
0.4～0.6	适度（moderate）	0.6～0.8	适度（moderate）
0.6～0.8	强（substantial）	0.8～0.9	强（strong）
0.8～1.0	近乎完美（almost perfect）	0.9～1.0	近乎完美（almost perfect）

可能有读者会比较好奇，上述一致性评价指标哪个更好？一致性百分比指标易于计算，解释起来比较直观，因此使用率较高。然而，一致性百分比指标没有考虑评定者对评分的猜测概率，可能会高估评定者之间的真实一致性。Cohen's kappa 指标虽然考虑了猜测概率，但是它可能会低估评定者间的一致性，且其判定标准也略显武断。因此，McHugh（2012）建议研究者可以在论文中同时报告这两个指标。

当然，评估完评定者间一致性并不是编码过程的终点。对于存在不一致的编码，研究者和编码者应再次核对，检查造成不一致编码的原因，并最终通过讨论达成一致。

第三节　效应值转换

在第一章中，我们已经指出效应值是对两个变量关系强弱程度的定量测量。在组织与管理实证研究中，调查研究、二手数据研究和实验研究是主要的研究范式。对于调查类和二手数据类研究，研究者通常用相关系数来衡量两个变量之间的关系。对于实验类研究，研究者则通常用实验组与对照组的标准化均值差或 Cohen's *d* 统计量来衡量两个变量之间的关系。此外，实验类研究者还常常通过显著性检验统计量（如 *F* 统计量和 *t* 统计量）来估计效应值。由于研究者要整合的变量关系通常会涉及不同的研究设计和不同类型的效应值，因此，在进行元分析时，研究者需要对不同研究设计中的效应值进行转换，按照统一的标准整合成最终的效应值。Scandura 和 Williams（2000）对 *AMJ*、*ASQ* 和 *JOM* 三种期刊上发表的论文进行了总结，发现近九成论文采用的是调查设计和二手数据设计。在这两种研究设计中，相关系数是研究者最常用的表示变量间关系的统计量。在 *AMJ*、*AMR*、*ASQ*、*JAP*、*JIBS*、*JOM*、*OS*、*ORM*、*PP*、*SMJ* 十种组织管理领域顶级期刊于 2014 年 1 月至 2019 年 5 月发表的元分析论文中，83.2%报告的效应值形式为相关系数 *r*，13.3%为 Cohen's *d*，相关系数在数量上绝对占优（图 3.6）。因此，本书着重讲解如何将其他统计量转化为相关系数（*r*）。

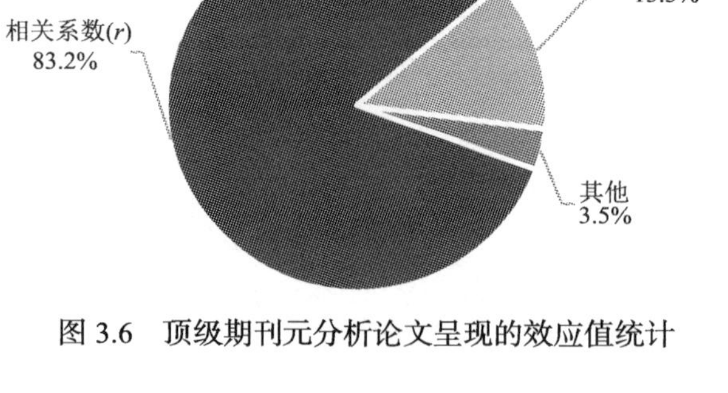

图 3.6　顶级期刊元分析论文呈现的效应值统计

一、均值/标准差→*r*

在组织与管理研究领域，调查研究具有较高的外部效度，但其结论往往只能得出相关关系，内部效度较低。除了调查研究设计之外，实验研究设计也是组织与管理研究者经常采用的实证研究设计之一，尽管其占比通常不足10%（Scandura and Williams，2000）。实验研究具有较高的内部效度，可以得出变量之间的因果关系。正是因为这方面的优势，近年来综合采用调查和实验研究设计的论文数量在不断增加。研究者希望以此能够弥补调查研究内部效度的不足，并克服实验研究外部效度方面的缺陷。

对于实验研究设计而言，研究者通常会报告实验组和控制组的均值及标准差，并比较实验组和控制组的均值差是否达到统计上的显著。实验组和控制组分别来自两个独立总体，且统计学家通常假定这两个总体拥有共同的标准差（common standard deviation）。为了增加不同总体的可比性，研究者可以根据总体的均值和标准差数据计算两个总体均值之间的标准化均值差（standardized mean difference），并记为 δ，其计算公式为（Borenstein et al.，2013）

$$\delta = \frac{\mu_1 - \mu_2}{\sigma}$$

其中，μ_1 和 μ_2 分别为两个总体的均值；σ 为总体标准差。σ 通常被假定与第一个总体的标准差（σ_1）和第二个总体的标准差（σ_2）是相等的。

然而，在现实中，总体的均值和标准差是未知的，因此研究者需要通过样本数据来估计 δ。研究者常常使用 Cohen's d 或者 Hedges' g 统计量来代表实验研究中不同组别均值的标准化差异。Cohen's d 统计量被定义为实验组均值（M_E）与控制组均值（M_C）的差除以组内标准差（SD_W），其计算公式为（Borenstein et al.，2013；Hedges and Olkin，1985）

$$d = \frac{M_E - M_C}{\mathrm{SD}_W}$$

其中，M_E 和 M_C 分别为实验组和控制组在因变量上的均值，可以直接从实验研究论文中找到，而组内标准差 SD_W 的计算公式为

$$\mathrm{SD}_W = \sqrt{\frac{(n_E - 1)\mathrm{SD}_E^2 + (n_C - 1)\mathrm{SD}_C^2}{n_E + n_C - 2}}$$

其中，n_E 和 n_C 分别为实验组和控制组的样本量；SD_E 和 SD_C 分别为实验组和控制组在因变量上的标准差，多数实验研究论文都会报告这些统计指标。由于实验

研究者在设计实验时通常会保证实验组和控制组的样本量是相等的，且一些实验研究论文并未报告实验组和控制组的具体样本量，此时研究者也可以使用简化的公式来计算组内标准差[①]（Hunter and Schmidt，2004），其计算公式为

$$\mathrm{SD}_W=\sqrt{\frac{\mathrm{SD}_E^2+\mathrm{SD}_C^2}{2}}$$

尽管 Cohen's *d* 被学者广泛采用，但对于小样本而言，Cohen's *d* 会高估 δ，造成 *d* 并非 δ 的无偏估计。这个小样本造成的偏差可以通过校正因子（*J*）进行修正[②]，从而可以得到 δ 的无偏估计，即 Hedges'*g*。因此，*g* 和 *d* 可以通过公式进行相互转换，其计算公式为

$$g=J\times d$$

$$J=1-\frac{3}{4(n_E+n_C-2)-1}$$

从校正因子的公式可以看到，随着样本量的增加，*J* 会越来越接近 1。对于组织与管理领域的实验研究，通常实验组和控制组的样本量均大于 30（统计学上的大样本界定），此时 *J* 大于 0.99，非常接近 1。因此，对于大样本研究而言，Cohen's *d* 与 Hedges's *g* 之间的差异非常小（郑昊敏等，2011）。Hedges 在其参编的 *Introduction to Meta-Analysis* 一书中也提到，由于 *J* 在多数情况下接近 1，因此除非样本量非常小，否则对 *d* 是否进行校正并不重要（Borenstein et al.，2013）。

一旦研究者得到了 *d* 值，就可以借助相关公式将 *d* 转化为相关系数 *r*（Borenstein et al.，2013；Hedges and Olkin，1985），计算公式为

$$r=\frac{d}{\sqrt{d^2+a}}$$

其中，*a* 为校正因素，其计算公式为

$$a=\frac{(n_E+n_C)^2}{n_E n_C}$$

① 不同研究者对 SD_W 的界定和计算方法略有差异，如 Webb 和 Sheeran（2006）论文中的公式，这些公式的差异类似于算数平均数与几何平均数的差异，结果之间的差异也比较小。不过一些研究者认为当实验组与控制组标准差分布存在差异的时候，本书所列的公式更加合理（Fritz et al.，2012）。

② 不同研究者或者同一研究者在不同时期对校正因子的界定不太一样，如 McGrath 和 Meyer（2006）论文中的公式与本书所列的校正因子略有差异。

如果实验组（n_E）和控制组（n_C）的样本量相等，或者论文中并未报告实验组和控制组的具体样本量（假定 $n_E = n_C$），则 d 转化为相关系数 r 的公式可以简化为（Hunter and Schmidt，2004）

$$r = \frac{d}{\sqrt{d^2 + 4}}$$

整体而言，如果实验研究论文中实验组和控制组的均值与标准差不存在缺失，那么将实验研究结果转化为相关系数的步骤包括如下三步（表 3.7）：①收集实验研究论文中实验组和控制组的均值（M_E 和 M_C）、标准差（SD_E 和 SD_C）、样本量（n_E 和 n_C）等数据；②根据计算公式得到标准化均值差 d 的取值；③根据公式将 d 转换为相关系数 r。

表 3.7　实验研究均值和标准差结果转化为相关系数的步骤

步骤	实验组和控制组样本量已知	实验组和控制组样本量未知（假定两组样本量相等）
第一步：获取数据	M_E 和 M_C SD_E 和 SD_C n_E 和 n_C	M_E 和 M_C SD_E 和 SD_C
第二步：计算 d	$d = \frac{M_E - M_C}{\sqrt{\frac{(n_E-1)SD_E^2 + (n_C-1)SD_C^2}{n_E + n_C - 2}}}$	$d = \frac{M_E - M_C}{\sqrt{\frac{SD_E^2 + SD_C^2}{2}}}$
第三步：$d \rightarrow r$	$r = \frac{d}{\sqrt{d^2 + \frac{(n_E + n_C)^2}{n_E n_C}}}$	$r = \frac{d}{\sqrt{d^2 + 4}}$

注：如果研究者直接报告了 d 统计量，则可以略过第一步；研究者也可以使用 g 来替代 d；在 CMA 软件中，无论实验组和控制组的样本量是否已知，均采用最后一列的计算公式

二、*t* 统计量→*r*

对于个别研究，研究者对实验组和控制组的均值与标准差报告不完整，因此无法通过标准化均值差的转换公式获得相关系数。因此，研究者需要获得其他统计量，并转化为最终的效应值形式，t 统计量和 F 统计量就是其中常见的可转化统计量。熟悉统计学的读者应该清楚，t 统计量和 F 统计量是实验研究与部分调查研究中常见的统计量，主要用于判断某个因变量在两个（t 或 F）或者多个（F）组别之间是否存在显著差异。对于两组均值差异比较的研究，t 值转化为相关系数 r 的常用公式为（Fritz et al.，2012；Hunter and Schmidt，2004）

$$r=\sqrt{\frac{t^2}{t^2+df}}=\frac{t}{\sqrt{t^2+N-2}}$$

其中，t 为研究中用于检验实验组与控制组均值差是否显著的统计量；df 为 t 统计量的自由度，即（n_E-1）与（n_C-1）之和；N 为实验样本量，即 n_E+n_C。当然，研究者也可以将 t 值转换为 d 统计量（Hunter and Schmidt，2004），其计算公式为

$$d=\frac{2t}{\sqrt{N}}$$

综上，将 t 统计量转化为相关系数 r，首先需要获取研究的 t 统计量取值及样本量 N，具体步骤详见表 3.8。

三、η^2 或 F 统计量→r

少部分实验研究检验实验组与控制组均值差异的统计量为 F，或者报告了效应值 η^2，它们转化为相关系数 r 的常用公式为（Fritz et al.，2012；Hullett and Levine，2003）

$$r=\sqrt{\eta^2}=\sqrt{\frac{df_{\text{between}}\times F}{df_{\text{between}}\times F+df_{\text{within}}}}=\sqrt{\frac{F}{F+df_{\text{within}}}}=\sqrt{\frac{F}{F+N-2}}$$

其中，η 等价于相关系数 r；F 为研究中用于检验实验组与控制组均值差是否显著的统计量。在统计上，$F(1, df_{\text{within}})$实际等于同自由度的 t^2，故该公式与 t 的转化公式实际上是等价的；df_{between} 为 F 统计量的组间自由度（k–1）；k 为实验操控水平数量（2），故 df_{between} 等于 1；df_{within} 为 F 统计量的组内自由度（N–1–df_{between}），即 N–2；N 为实验样本量，即 n_E+n_C。

因此，将 η^2 或 F 统计量转化为相关系数 r，首先需要获取研究的 η^2 或 F 统计量取值及样本量 N，具体步骤详见表 3.8。

表 3.8　实验研究 t、η^2 或 F 统计量转化为相关系数的步骤

步骤	$t\to r$	$\eta^2\to r$	$F\to r$
第一步：获取数据	t、N	η^2	F、N
第二步：转换计算	$r=\frac{t}{\sqrt{t^2+N-2}}$	$r=\sqrt{\eta^2}$	$r=\sqrt{\frac{F}{F+N-2}}$

研究者完成编码工作后，研究者应当将所有研究的效应值转化为统一的形式（如本书中的相关系数 r）。在不同研究领域，效应值的报告形式可能是不同的。在组织与管理研究领域，研究者通过元分析报告的效应值通常为相关系数 r；在心理学领域，相关系数 r 和标准化均值差 d 都是较为常见的。在完成这些转换后，研究者就可以进入数据分析环节了。

第四章　发 表 偏 差

元分析是对包含在分析中的研究进行精确的数学分析，如果所包含的研究是所有相关研究中的一个有偏样本，那么基于这个有偏样本计算的元分析平均效应值将会反映这种偏差（Borenstein et al.，2009）。已有证据显示，与报告较低效应值的研究相比，报告较高效应值的研究更容易发表（Hunter and Schmidt，2004）。同时，公开发表的研究更容易被包含在元分析当中，因此这种偏差很容易在元分析中体现出来，这会给科学研究带来不利影响。本章将详细介绍发表偏差问题及检验元分析发表偏差问题的方法。

第一节　发表偏差界定及成因

一、发表偏差的界定

发表偏差的英文为 publication bias，还可译为发表偏倚、出版偏差、出版偏倚或者文件抽屉，为了术语上的统一，本书采用发表偏差的译法。发表偏差是指已经发表的研究不足以代表研究总体而引发的偏差（Harrison et al.，2017；Kepes et al.，2012）。发表偏差问题既可能因为单个研究的系统抽样或者人为选择而引发，也可能因为研究者在文献检索过程中遗漏重要文献而引起。发表偏差会威胁到元分析结果、结论及基于元分析实践的有效性。也正是发表偏差问题，元分析方法受到了不少学者的质疑和反对。本书在第一章第四节对这些质疑已进行了回应。

二、造成发表偏差的原因

发表偏差往往是实证研究结果本身的偏差或者文献检索不全造成的。首先，抽样偏差会导致研究结论的偏差。在文献发表的过程中，与小样本研究相比，大样本研究更容易发表，这是因为人们相信大样本更能够代表总体。然而，无论是大样本还是小样本，都是总体的抽样，都不可避免地存在抽样偏差。图 4.1 展示了抽样问题造成发表偏差的例子。由图 4.1 中可知，总体中自变量与因变量呈现出较强的负相关关系。然而，如果研究者的抽样都是非随机抽样，就有可能导致样本中的变量关系与总体真实的变量关系是相反的（如 Study1 至 Study5）。如果我们基于图 4.1 中的六个研究的相关系数（5 正、1 负）来展开元分析，势必会产生与实际情况不符的结论。

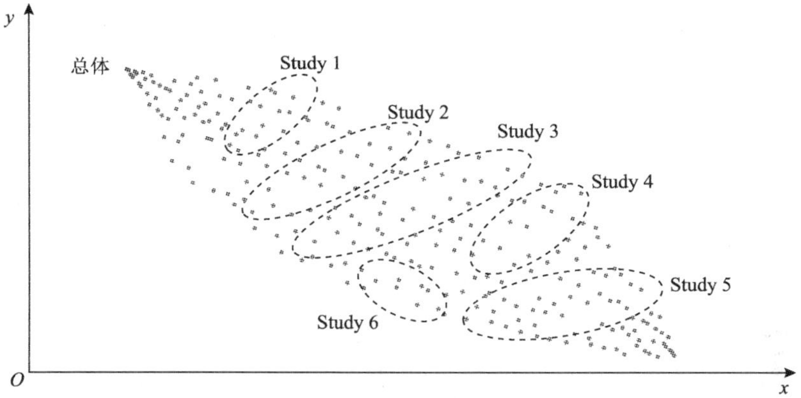

图 4.1　研究抽样造成的发表偏差

其次，与不显著或者效应值较低的研究结果相比，显著或者效应值较高的研究结果更容易发表。在此举一个自然科学的例子，那就是石墨烯领域的研究。在材料科学领域，很多研究者关注在石墨烯中加入其他物质是否能够增强电催化性能。于是，有大量研究者在石墨烯中加入了不同的元素，并证实了这些元素组合能够“显著”增强石墨烯的电催化性能。为了批判这种“灌水乱象”，华人学者 Wang 等在美国化学协会旗下纳米材料领域的顶级期刊 *ACS Nano* 发表了一篇论文“是不是把什么鸟粪加入石墨烯都能够提升它的电催化性能”（Wang et al., 2020），并通过实验得到了显著的结果，以此来讽刺石墨烯领域一些肤浅但显著的研究。在社会科学领域，研究者对显著性结果的偏爱也是一样的，虽然学者都承认不显著的结果也是一种贡献，但其面临的质疑可能会更大。我们可以将这种显著的结果看作一种“光环效应”，它会放大这些显著结果的实际贡献，导致我们开展元分析时出现偏差。

最后，若开展元分析的研究者文献检索不够全面，也会产生发表偏差问题。对于研究者而言，已发表的期刊论文往往容易被检索到，但全面检索到那些未发表的研究（如工作论文、学位论文、书中章节、会议论文）并非一件易事。此外，受语言限制，研究者往往只能在有限的语言中检索文献，导致其可能遗漏其他语言发表的重要文献。这些都会使我们纳入元分析的研究数量小于实际的研究数量，进而产生发表偏差，如图 4.2 所示。

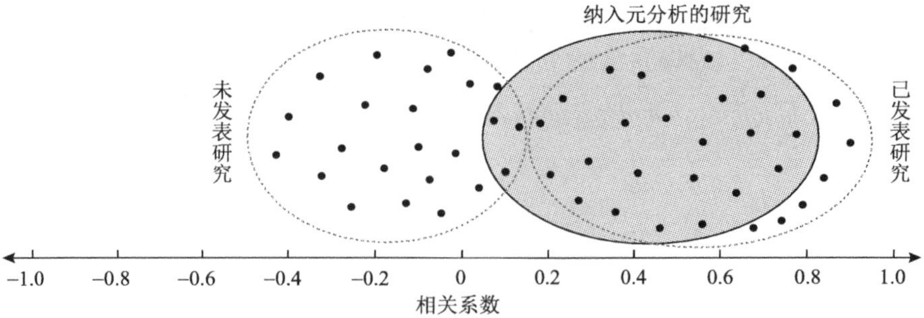

图 4.2　遗漏文献造成的发表偏差

显然，文献检索不全面会导致元分析的研究数据存在缺失，此时研究者需要采取一些补救手段。数据通常会有如下三种缺失方式：完全随机缺失（missing completely at random，MCAR）、随机缺失（missing at random，MAR）、非随机缺失（missing not at random，MNAR）（Baraldi and Enders，2010）。如果说元分析缺失的研究数据完全是非系统性的，即缺失的研究数据可以看成总体的随机子样本，这种缺失可以称为完全随机缺失。然而，完全随机缺失的假定过于严格，在现实中很难被满足。随机缺失术语中尽管有“随机”二字，但它并不完全是随机的，其描述的是系统缺失状态（沐守宽和周伟，2011）。比如，销售岗样本的员工通常需要经过情商测试和情商培训才能上岗，某个销售岗样本缺失对于所有销售岗人员而言可能是随机的，但对于整个员工样本而言却并不完全是随机缺失的。当数据存在缺失的时候，可以通过合理的缺失值插补方法来进行还原。目前，大多数缺失值插补方法都是针对原始数据的缺失值来进行插补，针对类似于元分析这种二手数据分析的缺失值插补研究尚处于发展阶段，如一些学者提出了有用信息缺失优势比（informative missingness odds ratio）方法来插补元分析的缺失数据（Higgins et al.，2008）。此外，针对完全随机缺失数据或者随机缺失数据的插补效果较好，而针对非随机缺失数据的插补效果并不是很理想。

第二节　常见的发表偏差评判与校正方法

虽然发表偏差问题会给元分析结论的效度带来挑战，但研究者可以通过一些方法来检验元分析发表偏差问题的严重程度，从而为元分析结论的合理性提供一些基础保障。常见的发表偏差评判方法包括漏斗图、线性回归法（linear regression method）、秩相关法（rank correlation method）、失安全系数及剪补法等（Dalton et al.，2012）。其中，漏斗图、线性回归法、秩相关法、剪补法都是基于漏斗图的检验方法（funnel-plot- based methods），即通过定性观察或者定量指标来检验漏斗图效应值分布的对称性（Lin and Chu，2018）。此外，剪补法还可以对存在发表偏差的结果进行校正。

一、漏斗图

漏斗图是一种通过散点图的形式来检验发表偏差的直观方法。这种散点图通常以效应值为横坐标，以样本量、标准误或者方差为纵坐标。大样本研究的效应值通常出现在漏斗图的顶部，并且集中在平均效应值周围；而小样本研究的效应值存在更多的抽样误差方差，更倾向于分布在漏斗图的底端，并且分布在一个较广泛的范围内（Borenstein et al.，2009）。这种散点图类似于一个倒漏斗形状，故称为漏斗图（图 4.3）。良好的元分析文献集可得到对称的倒漏斗效应值分布。一些研究者提出了评判漏斗图对称性的最小研究数量，比如，当元分析中的研究数量少于 10 篇的时候，检验效力会太低，进而导致无法区分漏斗图的对称性（Sterne et al.，2011）。因此，采用漏斗图来评判发表偏差问题时，研究数量不应低于 10 篇（Sterne et al.，2011）。

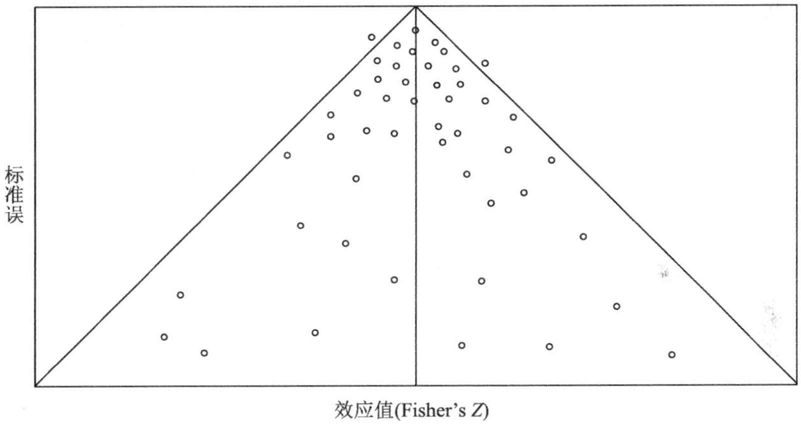

图 4.3　漏斗图

由于漏斗图对称性的评判具有较大的主观性，不同研究者在观察漏斗图的时候很可能会得出不同的结论，因此研究者提出了一些评判漏斗图对称性和偏差性的方法，如 Egger 线性回归检验（有学者将该方法简称为 Egger's 检验）、Begg 和 Mazumdar 秩相关检验（有学者将该方法简称为 Begg's 检验）。CMA 和 Stata 软件都可以非常方便地获取 Egger、Begg 和 Mazumdar 检验的结果。

二、Egger 线性回归法

Egger 及其合作者于 1997 年在临床医学著名杂志 *BMJ* 上首次提出通过线性回归法进行元分析发表偏差检验的思路。截至 2019 年底，该论文已经被引用

28 000 余次，是发表偏差领域被引用次数最多的文献之一。该方法通过线性回归模型来检验漏斗图的对称性。在 Egger 线性回归检验中，需要做标准化效应（效应值除以标准误）对精确度（标准误倒数）的回归。由于多数统计分析软件都内嵌了回归分析，所以该方法操作起来较为容易。Egger 线性回归检验主要通过回归方程截距项是否等于零来判断是否存在发表偏差问题。如果回归方程的截距项等于或者接近零，则说明发表偏差问题不严重；如果回归方程的截距不等于零（two-tailed $p<0.05$），则说明存在发表偏差问题。由于传统的线性回归方法对样本量有一定的要求，因此当元分析效应值数量较少时，Egger 线性回归检验易犯第一类错误。

三、Begg 和 Mazumdar 秩相关法

Begg 和 Mazumdar 于 1994 年在生物统计学领域的著名期刊 Biometrics 上提出了秩相关检验，该方法被认为是漏斗图的直接统计学模拟。截至 2019 年底，该论文已经被引用超过 10 000 次，说明该方法被广泛应用于发表偏差的检验。Begg 和 Mazumdar 检验通过标准化效应值与效应值方差（或者标准误）之间的秩相关（Kendall's tau）来判断发表偏差的严重程度。Kendall's tau（τ）越接近零，说明发表偏差问题越不严重。读者需要注意的是，这里的 Kendall's tau（τ）是秩相关系数，与第五章异质性检验所讲的真实效应值标准差 τ 不是一个概念，大家不要将二者混淆。如果 Begg 和 Mazumdar 秩相关检验达到显著（two-tailed $p<0.05$），则说明存在发表偏差。该方法易受效应值数量及发表偏差程度的影响。当元分析效应值数量较少时，Begg 和 Mazumdar 秩相关检验易犯第一类错误。

四、失安全系数

失安全系数是 Rosenthal（1979）提出的一种评判发表偏差程度的统计指标。由于显著的研究结果被期刊发表的可能性更大，这就会导致我们的元分析中可能会缺失一些未发表且不显著的研究结果。如果我们能够把这些不显著的研究结果补充完整，那么我们本来显著的元分析结果可能会变得不再显著。基于这一思想，Rosenthal（1979）提出用失安全系数来评估元分析的发表偏差程度。这一方法的核心思想是，当元分析结果显著的时候，至少需要多少个未发表的研究才能够使研究结论从显著变成不显著，这个未发表的研究数量即失安全系数。如果失安全系数很大，就意味着我们需要大量未发表且不显著的研究才能使结果发生逆转，这也意味着我们的元分析结果被改变的可能性较低，即发表偏差问题不严重。如果失安全系数很小，如小于我们元分析所涵盖的研究数量（k），此时就有理由怀疑元分析结果是不稳定的，只要再增加少量研究就可能使我们的研究结果从显著变成不显著，这就意味着元分析的发表偏差问题较为严重。不过，也有研究者认

为失安全系数并不是评价发表偏差严重程度的统计量，而是评价元分析效应值整合结果稳定性的指标（朱玲湘，2014）。

由于失安全系数计算的是使元分析结果从显著逆转为不显著的未发表研究数量，所以研究者通常只报告系数显著的效应值的失安全系数（Bell et al.，2011；Joshi and Roh，2009；卫旭华等，2018）。至于失安全系数的判断标准，不同研究者给出的标准也不太一样。一般而言，失安全系数与元分析纳入的研究数量（*k*）呈显著正相关，即元分析纳入的文献越多，失安全系数也就越大（石修权和曹博玲，2012）。因此，研究者不能单纯只看失安全系数的数值大小来判断发表偏差的严重程度。一些研究者认为失安全系数应当是 *k* 的函数，并提出失安全系数应遵循“5*k*+10”的标准（Rhoades and Eisenberger，2002；Rosenthal，1979），即失安全系数应当是元分析某一效应值所包含研究数量（*k*）的 5 倍再加上 10。如果满足这一标准，则说明元分析结果的稳定性较高，结果被逆转的可能性不大，发表偏差问题对研究结果的影响也较小。如果不满足这一标准，则应当慎重对待元分析的整合结果。虽然“5*k*+10”的标准是 Rosenthal 提出来的，但是这个标准仅仅是一个拇指法则，他本人也并不肯定这一法则一定是正确的。

以管理学两本顶级期刊 *AMJ*（Joshi and Roh，2009）和 *JOM*（Bell et al.，2011）上的两篇元分析论文为例，如果依照“5*k*+10”的标准，这两篇论文中分别有 87.5%和 100%的失安全系数不满足“5*k*+10”的标准（表 4.1）。由于计算失安全系数需要界定显著性水平（如<0.1、<0.05、<0.01），不同水平下的失安全系数会存在很大差异，而很多研究者会忽视这一点直接武断地采用“5*k*+10”的标准，也并不一定合理。另外，也有一些组织管理领域的研究者直接将失安全系数与元分析所涵盖的研究数量（*k*）进行对比，如果失安全系数高于元分析所涵盖的研究数量（*k*），则认为元分析所涵盖研究的发表偏差问题不严重（王震等，2012；卫旭华等，2018）。若按照这一标准，则两篇论文的达标率将明显提升（表 4.1）。

表 4.1 AMJ 和 JOM 上两篇元分析文章的失安全系数统计

Joshi 和 Roh（2009）				Bell 等（2011）			
k	Fail-safe *N*	*N*≥5*k*+10 否	*N*≥*k* 否	*k*	Fail-safe *N*	*N*≥5*k*+10 否	*N*≥*k* 否
69	118	否（355）	是	31	25	否（165）	否
21	48	否（115）	是	30	30	否（160）	是
48	73	否（250）	是	12	15	否（70）	是
20	65	否（110）	是	5	11	否（35）	是
12	20	否（70）	是	6	11	否（40）	是

续表

Joshi 和 Roh（2009）				Bell 等（2011）			
k	Fail-safe N	$N\geq 5k$+10 否	$N\geq k$ 否	k	Fail-safe N	$N\geq 5k$+10 否	$N\geq k$ 否
7	12	否（45）	是	3	10	否（25）	是
10	17	否（60）	是	6	9	否（40）	是
6	13	否（40）	是	17	7	否（95）	否
6	13	否（40）	是	9	15	否（55）	是
9	3	否（55）	否	31	31	否（165）	是
22	39	否（120）	是	16	23	否（90）	是
32	39	否（170）	是	16	23	否（90）	是
9	13	否（55）	是	9	13	否（55）	是
21	152	是（115）	是	38	8	否（200）	否
21	58	否（115）	是	27	11	否（145）	否
16	8	否（90）	否	23	14	否（125）	否
23	45	否（125）	是	4	2	否（30）	否
17	56	否（95）	是				
38	238	是（200）	是				
24	23	否（130）	否				
19	23	否（105）	是				
23	89	否（125）	是				
43	305	是（225）	是				
34	45	否（180）	是				
达标率		12.5%	87.5%	达标率		0%	64.7%

五、剪补法

如果通过前面的检验方法发现元分析存在发表偏差问题，则需要估计发表偏差对最终结果的影响，此时研究者可以使用剪补法来进行估计。剪补法是 Duval 和 Tweedie（2000）提出的一种非参数检验方法，截至 2019 年底，该论文被他人引用超过 1900 次。该方法也是基于漏斗图的对称性来评判和校正发表偏差问题。漏斗图的核心思想是出现在漏斗图中的数据点应当是对称的，如果漏斗图中的数据不对称，如数据集中在左侧或者右侧，那么我们就有理由认为另一侧的数据可能存在缺失，进而可以对不对称的漏斗图进行修剪和填补。该方法的核心是，当漏斗图出现不对称的时候，首先，“剪掉”漏斗图中不对称的数据，得到对称的漏斗图；其次，计算对称漏斗图的整合效应值，并将该整合效应值看作漏斗图的中心值；再次，根据得到的中心值在漏斗图的两侧“补上”（fill）被剪掉的效应值及不对称部分遗漏的效应值；最后，将填补后的效应值加权均值作为真实效应值的估计。有研究者指出，剪补法不适合检测高异质性效应值的发表偏差问题，且容易受到极端效应值的影响（朱玲湘，2014）。

图 4.4 展示了剪补法的基本思想，其中，空心点代表已有研究的观测值，实心点代表填补数据。由图 4.4 可知，实际观测到的数据点明显集中于右侧，这意味着左侧的效应值可能存在缺失。因此，研究者可以遵循剪补法的基本步骤，在左侧填补若干估计的数据点，从而使漏斗图恢复对称的特性。

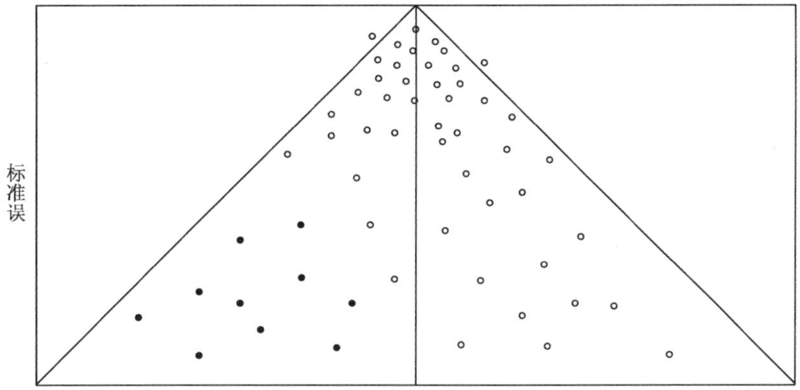

图 4.4 剪补法基本思想示例

表 4.2 对上述评判与矫正发表偏差的方法进行了总结。由表 4.2 可知，每一种方法都有其优点和缺点，因此研究者可以将多种方法结合使用，以期尽最大可能地减少评判与矫正发表偏差方法的缺点。

表 4.2 常见的发表偏差评判与校正方法

方法	发表偏差不严重的评判标准	优点	缺点
漏斗图	呈对称分布	简单、直观	研究者直接观察漏斗图的对称性太过主观
Egger 线性回归法	回归方程截距项不显著	计算简单，易于实现	不适用于效应值数量较少的情形
Begg 秩相关法	秩相关统计量不显著	漏斗图的直接统计学模拟	不适用于效应值数量较少的情形
失安全系数	失安全系数大于 $5k+10$	结果较为直观，易于理解	“$5k+10$”的判断标准并非黄金法则
剪补法	没有研究被“剪掉”	不仅可以识别发表偏差，还可以对发表偏差进行校正	不适合高异质性效应值，易受到极端效应值的影响

第三节　发表偏差检验实例

本节主要介绍如何把原始数据导入元分析软件中，并结合实例展示如何使用CMA 软件来开展数据的发表偏差检验，以及如何解读软件的数据分析结果。

一、原始数据录入

一般而言，在对数据进行编码的时候，Microsoft Excel 或者金山 WPS 均是不错的选择。这两个软件在数据整理和录入方面比较便捷，且两个软件都提供了很多函数和公式，便于研究者快速计算、转换或者合并效应值。表 4.3 的数据是本节范例所用到的数据，读者可以直接用本书的配套数据，也可以将这些数据录入 Excel 或者 WPS 软件中。在读者自己的元分析编码表中，数据信息往往比表 4.3 的内容要丰富得多。表 4.3 中 ID 的含义是文献的编码号；Study name 采取的是作者加年份的形式来标识该文献，如果一篇文献中涉及了多个子样本或者效应值，研究者可以在年份后边加上 a、b、c 等字母或者其他符号，以确保文献名的唯一性；r 为文献中原始的相关系数；N 为样本量；ρ 为测量误差修正后的真实相关系数，其计算公式为

$$\rho = \frac{r}{\sqrt{\alpha_x \alpha_y}}$$

其中，α_x 和 α_y 分别为自变量 x 与因变量 y 的 α 信度系数（变量信度缺失的填补方法详见本书第三章“完成编码框和编码手册”部分的内容），代表着 x 与 y 的测量误差。由于测量误差的存在，x 与 y 的真实相关系数 ρ 的绝对值通常会高于样本中的观测相关系数 r 的绝对值。在常见的元分析结果中，研究者会同时报告 r 和 ρ。

表 4.3　发表偏差实例数据

ID	Study name	r	N	ρ	α_x	α_y
1	name（2005）	–0.008	78	–0.010	0.816	0.801
2	name（2006）	0.490	24	0.615	0.885	0.718
3	name（2007）	–0.260	24	–0.333	0.703	0.868
4	name（2008）	0.240	79	0.270	0.889	0.890
5	name（2009）	–0.267	60	–0.286	0.928	0.942

续表

ID	Study name	r	N	ρ	α_x	α_y
6	name（2010）	−0.584	66	−0.700	0.893	0.779
7	name（2011）	0.300	40	0.368	0.878	0.758
8	name（2012）	−0.290	40	−0.324	0.979	0.817
9	name（2013）	0.070	32	0.076	0.936	0.900
10	name（2014）	−0.450	32	−0.588	0.807	0.725
11	name（2015）	−0.270	88	−0.332	0.849	0.778
12	name（2016）	−0.050	43	−0.066	0.779	0.736
13	name（2017）	−0.380	34	−0.437	0.759	0.994
14	name（2018）	−0.490	22	−0.538	0.928	0.894

注：该表格数据对应本书配套数据 C4-1.xlsx

由于本书侧重相关系数结果汇总，因此，下文将演示如何将 Excel 或者 wps 的数据导入 CMA 软件中，具体步骤介绍如下。

（1）打开 CMA 软件，软件默认会弹出欢迎（Welcome）对话框，里边有建立一个空白电子表格（Start a blank spreadsheet）、打开现有文件（Open an existing file）等选项。研究者可以选择自己想要做的操作，或者点击“Close”选项直接关闭这个对话框。如果你不喜欢这个欢迎对话框，可以不勾选欢迎对话框左下角的选项“Show this dialog when I start the program”，那么以后再打开 CMA 软件时，将不会再弹出这一对话框。

（2）如果你选择直接关闭欢迎对话框，那么接下来就可以构建 CMA 数据文档了。此时，你可以点击主菜单“Insert”，然后在弹出的子菜单中依次选择“Column for”→“Study names”。点击后，你会发现 CMA 数据表的第一列变成了“Study name”。

（3）依次点击主菜单“Insert”→“Column for”→“Effect size data”，这个时候会弹出增加效应值列的对话框，默认是选择“Show all 100 formats”，此时你可以点击“Next”。接下来，软件会询问你研究类型，默认的是“Comparison of two groups，time-points，or exposures（includes correlations）”，因为组织与管理领域的大多数研究都是采取的调查、二手数据或者实验法来展开，此时你可以选择软件的默认项，并点击“Next”。

（4）在接下来弹出的对话框中，读者可以依次选择“Two groups or correlation”→“Correlation”→“Computed effect sizes”→“Correlation and sample size”（图 4.5）。然后点击对话框右下角的“Finish”即可。这一步骤意味着你

选择了相关系数和样本量这一组织与管理研究中最常见的效应值形式，几乎所有的组织与管理研究论文都报告了这些数据，或者可以转化为相关系数的数据。

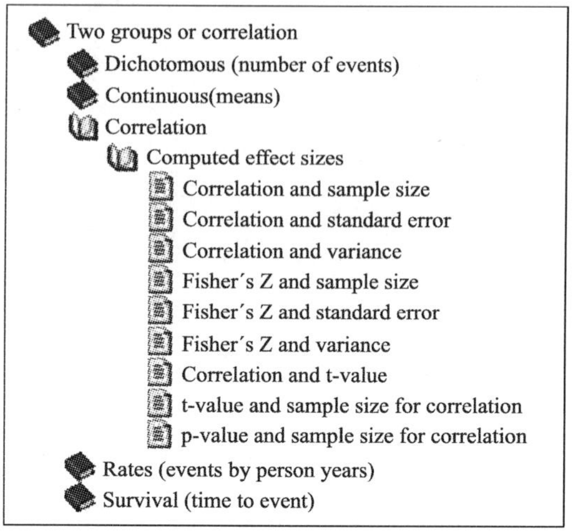

图 4.5　效应值类型选择

注：CMA 软件支持同时输入多种效应值格式，读者可自行尝试

（5）上一步完成后，你会发现 CMA 软件自动构建了若干列，如“Correlation”（相关系数）、“Sample size”（样本量）、“Effect direction”（效应值方向，即相关系数是正还是负）、“Correlation”、“Fisher's *Z*”及它们的“Std Err”。这里我们只需要把表 4.3 中的“Study name”、“Correlation”（即 r 或者 ρ）和“Sample size”（即 N）三列数据复制过来即可。由于我们在录入相关系数的时候，通常包含了正负号，所以这里可让软件按照录入的数据来识别效应值方向即可，因此“Effect direction”这一列大家可以选择“Auto”即可（Auto 选项是可以复制、粘贴的）。随后软件会自动生成“Correlation”、“Fisher's *Z*”及它们的“Std Err”数据。

由于本章数据分析暂时用不到调节变量，本书将在第八章再讲解调节变量是如何录入和界定的。完成以上步骤以后，我们可以点击“save”按钮保存文档。

二、发表偏差检验

数据录入完毕后，可以点击 CMA 软件的快捷按钮“Run analyses→”，随后点击主菜单“Analyses”中的子菜单“Publication bias”，CMA 软件会默认展示出漏斗图。若研究者想查看其他发表偏差分析结果，可以点击主菜单“View”中的子菜单进行切换。CMA 软件提供漏斗图、失安全系数、秩相关检验、回归检验及剪补法五种发表偏差检验结果。研究者也可以点击主菜单“View”中的子菜单“Show report”查看各种发表偏差检验结果的文本描述报告。下文逐一描述 CMA 软件各类发表偏差检验的结果。

（一）漏斗图检验结果

图 4.6 展示了表 4.3 数据的漏斗图。对于漏斗图而言，大样本研究通常聚集在顶端，且较为集中；小样本研究通常位于底端，且较为分散，从而形成倒置漏斗的形状。由于本例中的效应值数量较少（N=14），我们大致能够看到漏斗图呈现出围绕均值的对称分布，但无法看出明显的顶端聚集、底端分散的趋势。

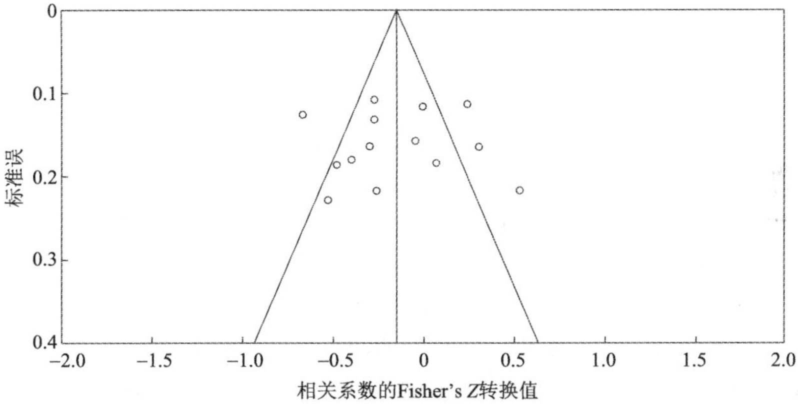

图 4.6　漏斗图结果示例

注：分析数据为本书配套数据 C4-1.cma

（二）Egger 线性回归检验结果

点击主菜单“View”中的子菜单“Regression test”，研究者就可以看到表 4.4 所示的 Egger 检验的结果。由表 4.4 可知，Egger 检验回归方程的截距项估计值为 0.013，其 95%的置信区间为[−5.459, 5.485]，截距项不等于零的双尾显著性水平为 p=0.996>0.05（t=0.005），没有达到显著，这说明该例子的发表偏差问题并不严重。

表 4.4　Egger 检验结果示例

指标	估计值	解释
截距	0.013	Egger 检验回归方程的截距项估计值
标准误	2.511	截距项的标准误
95%下限（双尾）	−5.459	截距项估计值 95%置信区间下限

续表

指标	估计值	解释
95%上限（双尾）	5.485	截距项估计值 95%置信区间上限
t 值	0.005	*t* 统计量=截距项/标准误，用于判断截距项是否显著为 0
自由度	12	*t* 统计量的自由度
P 值（单尾）	0.498	截距项≠0 的显著性（单尾）
P 值（双尾）	0.996	截距项≠0 的显著性（双尾）

注：分析数据为本书配套数据 C4-1.cma

（三）Begg 和 Mazumdar 秩相关检验结果

点击主菜单“View”中的子菜单“Rank correlation test”，研究者就可以看到如表 4.5 所示的 Begg 和 Mazumdar 检验结果。由表 4.5 可知，未经连续性校正和经过连续性校正的秩相关系数 Kendall’s tau 估计值分别为–0.066 和–0.055，tau 值不等于零的双尾显著性水平分别为 p=0.743（Z=0.329）和 p=0.784（Z=0.274），均没有达到显著，这说明该例子的发表偏差问题并不严重。可能有读者会问，当未经连续性校正和经过连续性校正的结果出现差异的时候，我们应该看哪个结果？从以往研究来看，与未经连续性校正的结果相比，经过连续性校正的结果在最大绝对误差上表现更优，其在大多数情况下拥有更小的最大绝对误差（Brophy，1986）。CMA 软件子菜单“Show report”中的文字描述也是默认报告的经过连续性校正的结果。因此，研究者可以参考经过连续性校正的结果作为评判发表偏差问题严重性的依据。

表 4.5　Begg 和 Mazumdar 检验结果示例

指标	估计值	解释
未经连续性校正的 Kendall’s tau		未经连续性校正的结果
tau 值	–0.066	秩相关系数
Z 值	0.328	秩相关系数对应的 *Z* 值
P 值（单尾）	0.371	秩相关系数≠0 的显著性（单尾）
P 值（双尾）	0.743	秩相关系数≠0 的显著性（双尾）
经过连续性校正的 Kendall’s tau		经过连续性校正的结果
tau 值	–0.055	秩相关系数
Z 值	0.274	秩相关系数对应的 *Z* 值
P 值（单尾）	0.392	秩相关系数≠0 的显著性（单尾）
P 值（双尾）	0.784	秩相关系数≠0 的显著性（双尾）

注：分析数据为本书配套数据 C4-1.cma

（四）失安全系数检验结果

点击主菜单“View”中的子菜单“Fail-safe *N*”，研究者可以看到如表 4.6 所示的经典失安全系数（Classic fail-safe *N*）分析结果。由表 4.6 可知，14 个研究效应值的整合结果是显著的，其对应的 *Z* 统计量估计值为–3.654，双尾 *p* 值为零。结果显示失安全系数为 35，这意味着我们至少需要 35 个未发表的研究才能够使我们的研究结果从显著（p=0）逆转为不显著（p>0.05）。如果按照以往的拇指法则“5k+10”标准，失安全系数应当大于 80，本例是不满足的。然而，结合其他指标（如 Egger 检验、Begg 检验、剪补法），我们可以看到发表偏差问题并不严重，因此“5k+10”标准也不一定是黄金法则，该标准的合理性也有待未来研究做进一步探索。

表 4.6 经典失安全系数结果示例

指标	估计值
观测研究的 *Z* 值（Z-value for observed studies）	–3.654
观测研究的 *p* 值（P-value for observed studies）	0
显著性水平(α=0.05)	0.050
尾数（tails，1 代表单尾，2 代表双尾）	2
α 对应的 *Z* 值（Z for alpha）	1.960
观测研究数量（Number of observed studies）	14
失安全系数（Number of missing studies that would bring p-value to > alpha）	35

注：分析数据为本书配套数据 C4-1.cma

在失安全系数分析结果界面，大家会看到另一种失安全系数——Orwin 失安全系数。与经典失安全系数不同，Orwin 失安全系数用于判断当元分析结果显著的时候，至少需要多少个未发表的研究才能够使效应值整合结果变成一个相对较小的临界值（≠0）。该方法在临床医学领域应用较多，但在管理学领域的意义并不突出。如果需要计算 Orwin 失安全系数，读者可以点击“Criterion for a trivial correlation”，设定你要设置的效应值参考标准（需要小于原来的整合相关系数），再点击“Compute”，即可得到 Orwin 失安全系数。

（五）剪补法检验结果

点击主菜单“View”中的子菜单“Trim and fill”，可得表 4.7 所示剪补法的分析结果。由表 4.7 可知，采用剪补法调整后的分析结果中，没有研究被“剪掉”（Studies Trimmed=0）。因此，使用剪补法之前和之后的固定效应结果 r=–0.150

（95%CI=[–0.226, –0.072]）与随机效应结果 r=–0.150（95%CI=[–0.315, 0.025]）都没有发生任何改变。这说明本次元分析所涵盖的效应值没有受到发表偏差问题的影响。

表 4.7　剪补法检验结果示例

	去除研究数	固定效应			随机效应			Q 值
		点估计	下限	上限	点估计	下限	上限	
观测值	—	–0.150	–0.226	–0.072	–0.150	–0.315	0.025	61.182
调整值	0	–0.150	–0.226	–0.072	–0.150	–0.315	0.025	61.182

在分析发表偏差问题时，研究者可以结合以上指标综合分析，从而为发表偏差的诊断和校正提供更多的证据。此外，上述分析是以未经测量误差修正的样本相关系数（r）为基础展开的，研究者也可以采用经过测量误差修正后的样本相关系数来进行发表偏差分析（ρ），且多数元分析结果都是以修正后的 ρ 为基础分析得来的。

第五章　效应值估计模型与整合策略

本章主要介绍元分析中常见的分析模型、常用的效应值整合策略及效应值异质性的检验。这些内容是后续章节内容的基础，也是研究者在开展元分析的过程中不可回避的几个问题。在进行具体的效应值整合之前，研究者需要首先弄清楚如下问题：①选择固定效应模型还是随机效应模型；②选择 Hunter 和 Schmidt（2004）的效应值整合策略还是 Hedges 和 Olkin（1985）的效应值整合策略；③效应值之间是否存在很大的异质性？如何来评估这些异质性？遇到异质性之后应该做些什么？

第一节　固定效应模型与随机效应模型

元分析模型的选择是所有研究者不可回避的一个问题，即研究者在开展元分析时，应当选取固定效应模型还是选择随机效应模型。两种模型对不同研究效应值的分布做出了不同的假定。

一、固定效应模型

固定效应模型假定用于元分析的每一个研究都具有相同的真实效应值（ρ）。虽然真实效应值是未知的，但它是客观存在的。每个研究在抽样过程中都存在随机抽样误差，导致每个研究的观测效应值（r）与真实效应值之间存在一定的偏差（ε）。图 5.1a 展示了固定效应模型的基本原理。由图 5.1 可知，三个研究的真实效应值都是 ρ，即 $\rho_1=\rho_2=\rho_3=\rho$。虽然三个研究的观测效应值 r_i 都不一样，但这是它们各自的抽样误差 ε_i 造成的，观测效应值、真实效应值及抽样误差间的关系为

$$r_1 = \rho + \varepsilon_1$$

$$r_2 = \rho + \varepsilon_2$$

$$r_3 = \rho + \varepsilon_3$$

因此，固定效应模型的观测效应值等于真实效应值与抽样误差之和，即

$$r_i = \rho + \varepsilon_i$$

在现实中，研究者很难从完全同质的总体中进行抽样，也就不存在相同的真实效应值，这意味着固定效应的前提假定过于理想化。因此，研究者又提出了随机效应模型。

二、随机效应模型

随机效应模型假定不同研究拥有不同的真实效应值，即每个研究的真实效应值（ρ_i）是随机的。此时，真实效应值服从某种均值（$\bar{r}$）分布，每个研究的真实效应值是这一均值分布中的随机抽样。一般而言，不同研究的样本是不同质的，研究者很难假定这些研究拥有相同的真实效应值，因此随机效应模型与现实的吻合程度更高一些。

在随机效应模型中，效应值的随机抽样误差可以分为两个部分（Borenstein and Higgins，2013），即研究间的抽样误差（sampling error between studies，即组间抽样误差）和研究内的抽样误差（sampling error within studies，即组内抽样误差）。首先，由于每一个研究的真实效应值（ρ_i）都是总体均值（$\bar{r}$）的随机抽样，所以每一个研究的真实效应值（ρ_i）与总体均值（$\bar{r}$）之间会存在差异。这种差异是无法避免的，代表了各个研究之间的异质性，故将其称为研究间的抽样误差（ζ_i）。其次，对于每一个研究而言，其样本观测效应值（r_i）是该研究总体真实效应值（ρ_i）的一个抽样。如果研究者抽取的样本量足够大，能够与总体重叠，那么观测效应值（r_i）与真实效应值（ρ_i）之间没有差异，否则观测效应值（r_i）与真实效应值（ρ_i）之间会存在一定的偏差，这种偏差可称为研究内的抽样误差（ε_i）。因此，随机效应模型效应值的变异是由研究间的抽样误差和每项研究内部的抽样误差两部分组成的。

图 5.1b 展示了随机效应模型的基本原理。由图 5.1 可知，观测效应值 r_i 与总体均值$\bar{r}$之间的差异包括研究间的抽样误差 ζ_i（即总体均值$\bar{r}$与第 i 个研究真实效应值 ρ_i 之间的差值）及研究内的抽样误差 ε_i（第 i 个研究真实效应值 ρ_i 与其观测效应值 r_i 之间的差值）两部分。观测效应值 r_i、总体均值$\bar{r}$、组间抽样误差 ζ_i 及组内抽样误差 ε_i 的关系为

$$r_1 = \bar{r} + \zeta_1 + \varepsilon_1$$

$$r_2 = \bar{r} + \zeta_2 + \varepsilon_2$$

$$r_3 = \bar{r} + \zeta_3 + \varepsilon_3$$

因此，随机效应模型的观测效应值等于总体均值$\bar{r}$、组间抽样误差 ζ_i 及组内抽样误差 ε_i 之和，即

$$r_i = \bar{r} + \zeta_i + \varepsilon_i$$

研究者通常将组内抽样误差 ε_i 的方差记作 σ^2（可以简称为研究内方差），组间抽样误差 ζ_i 的方差记作 τ^2（可以简称为研究间方差）。在实际操作过程中，研究者通常用观测效应值 r_i 来估计总体均值$\bar{r}$，本书将在第二节介绍其估计方法。

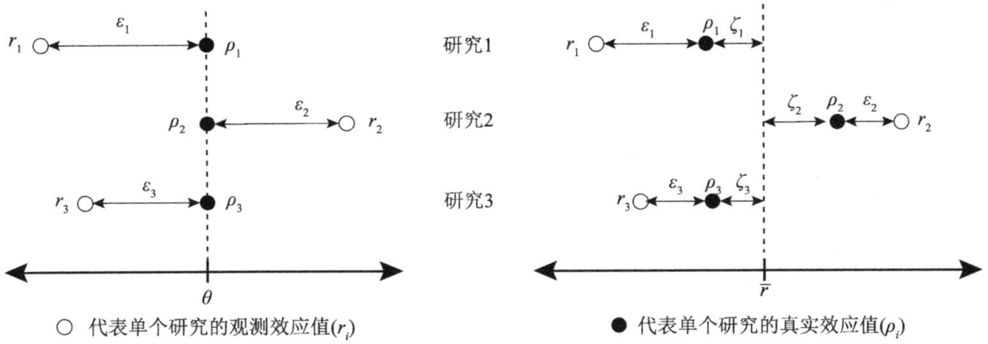

(a) 固定效应模型　　(b) 随机效应模型

图 5.1　固定效应模型与随机效应模型

三、两种分析模型的选择

有一些研究者通过效应值的异质性检验(本章第三节将会介绍异质性的内容)来决定选择固定效应模型还是随机效应模型。这类研究者通常首先采用固定效应模型展开元分析，如果该模型估计结果显示不同研究的效应值存在显著差异（即 Q 统计量对应的 p 值是显著的），那么接下来他们会选择随机效应模型来估计元分析结果。如果异质性检验结果不显著，说明不同研究的效应值并不存在显著差异，他们则会继续采用固定效应模型估计元分析结果。

不过，这种通过事后统计检验来决定选择何种分析模型的做法受到了 Borenstein 等（2009）学者的强烈批判。他们认为选择何种分析模型，主要取决于研究者在理论上的前提假定，而并非事后的统计分析结果。也就是说，如果研究者有充分的理论基础认为某个领域已有的研究样本是高度同质的，则可以选择固定效应模型。不过，Borenstein 等（2009）学者指出如果异质性检验显示效应值之间存在显著差异，研究者仍然选择固定效应模型时，则需要好好考虑一下这样选择的理由。如果研究者有充分的理论基础认为不同研究之间存在较大差异，只能将每个研究看作真实效应值分布中的一个抽样，此时选择随机效应模型更为合理。比如，Vukasović 和 Bratko（2015）基于数量遗传理论认为他们的样本更符合随机效应模型的假定，从而为他们的元分析结果估计选择了随机效应模型。

在组织与管理研究领域，研究者很难确保不同研究样本是同质的，随机效应模型往往是一个更优的选择（Hunter and Schmidt，2004）。由于随机效应模型与现实吻合程度更高，因此，有不少组织与管理研究者更偏爱随机效应模型，并在研究论文中仅报告随机效应模型的元分析结果（Bell et al.，2011；Post and Byron，2015；卫旭华等，2018）。本书也统计了 *AMJ*、*AMR*、*ASQ*、*JAP*、*JIBS*、*JOM*、*OS*、*ORM*、*PP*、*SMJ* 十种顶级期刊于 2014 年 1 月至 2019 年 5 月发表的元分析论文，发现这些论文中使用随机效应模型的占比为 84%。

第二节　常见的效应值整合策略

一、通用效应值整合策略

我们在第一章第二节提到了抽样误差和测量误差两个术语，这两个术语是元分析中非常重要的两个概念。首先，研究者开展实证研究时抽取的样本不同，造成其观测到的变量关系与真实关系之间存在一定的偏差，这种偏差通常称为抽样误差。其次，由于研究者需要使用量表来测量特定的构念，其使用的量表不可能完全测量出效应值的真实得分，这种测量上的偏差通常称为测量误差。第 i 个实证研究样本的观测效应值 y_i 与真实相关系数 Y_i 之间存在的关系为

$$y_i=a_iY_i+e_i$$

其中，y_i 为样本效应值；a_i 为测量误差；Y_i 为真实效应值；e_i 为抽样误差。

尽管每一个实证研究的效应值都存在一定的抽样误差，但大量实证研究样本汇总之后，其样本量与总体样本量将会比较接近，此时观测效应值与真实效应值将会比较接近。因此，研究者可以通过对实证研究效应值求平均的方式来减小抽样误差。虽然元分析研究者会采取不同的策略来计算效应值均值，但他们的本质思想是相同的，即都是通过加权思想来整合以往的实证研究结果。效应值加权平均值（weighted mean）的通用计算公式为（Borenstein et al.，2013；Hunter and Schmidt，2004）

$$\text{weighted mean}=\frac{\sum_{i=1}^{k}W_iY_i}{\sum_{i=1}^{k}W_i}$$

其中，W_i 为第 i 个研究的权重；Y_i 是第 i 个研究的效应值得分；k 为研究数量。对于不同的效应值整合策略，权重值和效应值形式可能是不同的。比如，有的研究者以样本量为权重、以相关系数为效应值，直接计算相关系数的加权平均值；也有研究者以效应值组内方差的倒数为权重，以相关系数的 Fisher's Z 值为效应值，利用相应公式计算 Fisher's Z 的加权平均值，然后再将整合后的 Z 转化为相关系数。第一种策略通常称为 Hunter 和 Schmidt（2004）效应值整合策略，而第二种策略通常称为 Hedges 和 Olkin（1985）效应值整合策略。

上面的整合策略没有考虑测量误差对效应值的影响，因此得到的是未经测量

误差修正的总体效应值。在实际操作的过程中，研究者还可以通过信度系数对效应值的测量误差进行修正，从而得到真实的效应值。以相关系数为例，第 i 个研究经测量误差修正后的真实相关系数 ρ_i 的计算公式为

$$\rho_i = \frac{r_i}{\sqrt{\alpha_{xi}\alpha_{yi}}}$$

其中，r_i 为第 i 个研究未经测量误差修正的样本相关系数；α_{xi} 和 α_{yi} 分别为第 i 个研究自变量 x 与因变量 y 的 α 信度系数，代表着 x 与 y 的测量误差。在常见的元分析结果中，研究者会同时报告 r 和 ρ，即先用没有修正的样本相关系数进行元分析效应值的整合，再用修正后的真实相关系数进行元分析效应值的整合。

二、Hunter 和 Schmidt（2004）效应值整合策略

在组织与管理研究中，元分析研究者通常需要报告效应值加权均值、效应值的研究间方差、效应值的 95%置信区间、80%可信区间等指标。下文将展示这些指标的计算过程。

（一）未经测量误差修正的效应值整合策略

Hunter 和 Schmidt（2004）主张将每个实证研究的样本量 N_i 作为元分析的权重，进而对这些实证研究的相关系数进行整合。该方法的基本思路如图 5.2 所示。

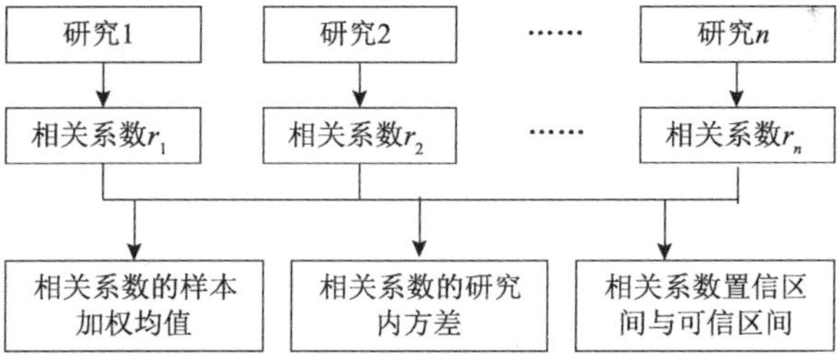

图 5.2　Hunter 和 Schmidt（2004）的相关系数效应值整合策略

1. 计算整合效应值

由于研究者无法观测到总体相关系数，因此可以通过相关系数的样本加权平均值作为总体相关系数的估计值，其计算公式为

$$\bar{r} = \frac{\sum_{i=1}^{k} W_i r_i}{\sum_{i=1}^{k} W_i} = \frac{\sum_{i=1}^{k} N_i r_i}{\sum_{i=1}^{k} N_i}$$

其中，N_i 为第 i 个研究的样本量；r_i 为第 i 个研究的相关系数；k 为效应值数量。

2. 计算整合效应值的总方差

相关系数的样本方差（$\mathrm{SD}_{\bar{r}}^2$）是均方误差的样本加权平均值，其计算公式为

$$\mathrm{SD}_{\bar{r}}^2=\frac{\sum_{i=1}^{k}W_i\left(r_i-\bar{r}\right)^2}{\sum_{i=1}^{k}W_i}=\frac{\sum_{i=1}^{k}N_i\left(r_i-\bar{r}\right)^2}{\sum_{i=1}^{k}N_i}$$

3. 计算整合效应值的 95%置信区间

由此可以得到整合效应值的标准误，具体公式为

$$\mathrm{SE}_{\bar{r}}=\sqrt{\frac{\mathrm{SD}_{\bar{r}}^2}{k}}$$

故研究者可以根据 $\bar{r}$ 和 $\mathrm{SE}_{\bar{r}}$ 计算出总体相关系数的 95%置信区间（confidence interval，CI），具体公式为

$$\mathrm{LL}_{\bar{r}}^{\mathrm{CI}}=\bar{r}-1.959\,964\times\mathrm{SE}_{\bar{r}}$$

$$\mathrm{UL}_{\bar{r}}^{\mathrm{CI}}=\bar{r}+1.959\,964\times\mathrm{SE}_{\bar{r}}$$

其中，$\mathrm{LL}_{\bar{r}}^{\mathrm{CI}}$ 为置信区间的下限；$\mathrm{UL}_{\bar{r}}^{\mathrm{CI}}$ 为置信区间的上限；k 为效应值数量。

4. 计算整合效应值的研究间方差

在元分析结果报告的过程中，很多研究者还会报告总体效应值的研究间方差（τ^2）或者标准差（τ），用来反映各个实证研究总体效应值的变异程度。在心理学论文中，τ 多被记作 SD_r 或者 SD_ρ，分别代表未经测量误差修正的总体效应值标准差或者经测量误差修正后的总体效应值标准差。下文将介绍该指标的计算过程。

上述 Hunter 和 Schmidt（2004）的策略是随机效应模型下的效应值整合策略。因此，在不考虑测量误差的情况下，样本相关系数 $\bar{r}$ 是总体相关系数 r、研究间抽样误差 ζ 与研究内抽样误差 ε 之和，具体公式为

$$\bar{r}=r+\zeta+\varepsilon$$

其中，相关系数的样本方差（$\mathrm{SD}_{\bar{r}}^2$）等于研究间抽样误差 ζ 的方差（τ^2）与研究内抽样误差 ε 的方差（σ^2）之和（Borenstein et al., 2009; Hunter and Schmidt, 2004），具体公式为

$$\mathrm{SD}_{\bar{r}}^2=\tau_{\bar{r}}^2+\sigma_{\bar{r}}^2$$

其中，相关系数的样本方差（$\mathrm{SD}_{\bar{r}}^2$）代表元分析样本效应值的离散程度，可以看

作样本总方差；研究间抽样误差 ζ 的方差（$\tau_{\bar{r}}^2$）代表各个研究真实效应值的组间方差，即效应值的研究间方差；研究内抽样误差 ε 的方差（$\sigma_{\bar{r}}^2$）代表研究内抽样误差的平均离散程度，即各个实证研究效应值的研究内方差。由于研究者无法观测到各个研究的真实效应值，因此可以通过样本总方差（$\mathrm{SD}_{\bar{r}}^2$）与研究内方差（$\sigma_{\bar{r}}^2$）之差来近似估计真实效应值的研究间方差（$\tau_{\bar{r}}^2$）。

在开展元分析的时候，第 i 个实证研究效应值的研究内方差计算公式为

$$\sigma_{r_i}^2=\frac{\left(1-\bar{r}^2\right)^2}{N_i-1}$$

k 个实证研究的研究内方差加权均值（$\sigma_{\bar{r}}^2$）计算公式为

$$\sigma_{\bar{r}}^2=\frac{\sum_{i=1}^{k}W_i\sigma_{r_i}^2}{\sum_{i=1}^{k}W_i}=\frac{\sum_{i=1}^{k}N_i\sigma_{r_i}^2}{\sum_{i=1}^{k}N_i}=\frac{\sum_{i=1}^{k}\frac{N_i\left(1-\bar{r}^2\right)^2}{N_i-1}}{\sum_{i=1}^{k}N_i}$$

因此，效应值的研究间方差 $\tau_{\bar{r}}^2$ 的计算公式为（Borenstein et al.，2013；Hunter and Schmidt，2004）

$$\tau_{\bar{r}}^2=\mathrm{SD}_{\bar{r}}^2-\sigma_{\bar{r}}^2=\frac{\sum_{i=1}^{k}N_i\left(r_i-\bar{r}\right)^2}{\sum_{i=1}^{k}N_i}-\frac{\sum_{i=1}^{k}\frac{N_i\left(1-\bar{r}^2\right)^2}{N_i-1}}{\sum_{i=1}^{k}N_i}$$

5. 计算整合效应值的 80%可信区间

在一些心理学论文中，研究者也会报告效应值的 80%可信区间（credibility interval），简写为 80% CV。可信区间和前文所提到的置信区间属于不同的统计学派，可信区间是贝叶斯统计学派（Bayesian）的重要概念，其反映的是样本真实值的分布，即我们有多大信心认为样本真实值介于某个区间之内；而置信区间是频数统计学派（Frequentist）的重要概念，其反映的是样本均值的分布，即我们有多大信心认为样本均值介于某个区间之内。比如，我们说某高校科研工作者日平均工作时间的 95%置信区间是[7.2, 10.8]，它并不意味着该高校 95%科研工作者的工作时间为 7.2～10.8 小时。我们只能说，有 95%的信心认为该高校科研工作者的平均工作时间为 7.2～10.8 小时，我们推断的只是均值的分布。如果将[7.2, 10.8]换成是 95%的可信区间，则其意味着该高校科研工作者工作时间为 7.2～10.8 小时的概率是 95%，这种推断不是关于均值的推断，而是关于我们所关心的真实值的推断，这种推断更加符合人们对现实世界的认知。研究者常用的效应值可信

区间的计算方法为

$$\mathrm{LL}_{\bar{r}}^{\mathrm{CV}}=\bar{r}-Z_{\text{test}}^{\alpha}\sqrt{\tau_{\bar{r}}^{2}}$$

$$\mathrm{UL}_{\bar{r}}^{\mathrm{CV}}=\bar{r}+Z_{\text{test}}^{\alpha}\sqrt{\tau_{\bar{r}}^{2}}$$

其中，$\mathrm{LL}_{\bar{r}}^{\mathrm{CV}}$ 为可信区间的下限；$\mathrm{LL}_{\bar{r}}^{\mathrm{CV}}$ 为可信区间的上限；Z_{test}^{α} 为 Z 统计量；α 为 Z 统计量的显著性水平。如果计算 80%CV，则 α=0.2，Z_{test}^{α}=1.281 552；如果计算 90%CV，则 α=0.1，Z_{test}^{α}=1.644 854；如果计算 95%CV，则 α=0.05，Z_{test}^{α}= 1.959 964。

6. 示例

表 5.1 展示了通过 Hunter 和 Schmidt（2004）策略整合五个效应值的过程，并列举了详细的计算过程。

表 5.1　Hunter 和 Schmidt（2004）效应值整合策略计算过程示例

样本 ID	作者（年份）	r_i	N_i	计算值			
				N_ir_i	$N_i(r_i-\bar{r})^2$	$\sigma_{r_i}^2$	$N_i\sigma_{r_i}^2$
1	李四（2018）	0.250	389	97.250	2.745	0.002	0.948
2	李四（2018）	0.110	256	28.160	0.801	0.004	0.949
3	王五（2018）	−0.090	183	−16.470	11.986	0.005	0.951
4	张三（2018a）	0.190	211	40.090	0.122	0.005	0.950
5	张三（2018b）	0.220	432	95.040	1.263	0.002	0.948
	合计	—	1471	244.070	16.922	—	4.747

首先，由相关系数效应值的加权计算公式可以得到总体相关系数为

$$\bar{r}=\frac{\sum_{i=1}^{k}N_ir_i}{\sum_{i=1}^{k}N_i}=\frac{244.070}{1471}=0.165\,921$$

其次，由相关系数加权方差的计算公式可以得到相关系数的样本总方差为

$$\mathrm{SD}_{\bar{r}}^{2}=\frac{\sum_{i=1}^{k}N_i\left(r_i-\bar{r}\right)^2}{\sum_{i=1}^{k}N_i}=\frac{16.922}{1471}=0.011\,504$$

再次，根据置信区间公式可以得到相关系数 95%置信区间的上限和下限为

$$\mathrm{LL}_{\bar{r}}^{\mathrm{CI}}=\bar{r}-1.959\,964\times\sqrt{\frac{\mathrm{SD}_{\bar{r}}^{2}}{k}}=0.165\,921-1.959\,964\times\sqrt{\frac{0.011504}{5}}=0.071\,91$$

$$\mathrm{UL}_{\bar{r}}^{\mathrm{CI}}=\bar{r}+1.959\,964\times\sqrt{\frac{\mathrm{SD}_{\bar{r}}^{2}}{k}}=0.165\,921+1.959\,964\times\sqrt{\frac{0.011504}{5}}=0.259\,93$$

接下来，逐个计算每一个实证研究相关系数的研究内方差，数据详见表 5.1 第七列。第一个实证研究的研究内方差为

$$\sigma_{r_1}^{2}=\frac{\left(1-\bar{r}^{2}\right)^{2}}{N_1-1}=\frac{\left(1-0.165\,921^{2}\right)^{2}}{389-1}=0.002\,437$$

故表 5.1 实证研究的研究内方差加权均值为

$$\sigma_{\bar{r}}^{2}=\frac{\sum_{i=1}^{k}N_i\sigma_{r_i}^{2}}{\sum_{i=1}^{k}N_i}=\frac{4.747}{1471}=0.003\,227$$

由此可得表 5.1 五个实证研究的研究间方差为

$$\tau_{\bar{r}}^{2}=\mathrm{SD}_{\bar{r}}^{2}-\sigma_{\bar{r}}^{2}=0.011\,504-0.003\,227=0.008\,277$$

最后，计算表 5.1 效应值的 80%可信区间为

$$\mathrm{LL}_{\bar{r}}^{\mathrm{CV}}=\bar{r}-1.281\,552\times\sqrt{\tau_{\bar{r}}^{2}}=0.165\,921-1.281\,552\times\sqrt{0.008\,277}=0.049\,328$$

$$\mathrm{UL}_{\bar{r}}^{\mathrm{CV}}=\bar{r}+1.281\,552\times\sqrt{\tau_{\bar{r}}^{2}}=0.165\,921+1.281\,552\times\sqrt{0.008\,277}=0.282\,514$$

将上述结果整理并保留两位小数后，可得表 5.2 的元分析结果。

表 5.2 Hunter 和 Schmidt（2004）效应值整合结果示例

变量	k	N	$\bar{r}$	SD_r	95%CI		80%CV		p
					下限	上限	下限	上限	
X	5	1471	0.166	0.091	0.072	0.260	0.049	0.283	0

注：在组织与管理实证研究中，研究者多用符号 SD_r 来代表未经测量误差修正的研究间标准差，即 $\tau_{\bar{r}}^2$ 开平方的值；研究者可以用效应值$\bar{r}$除以标准误 $\mathrm{SE}_{\bar{r}}$ 得到 Z 统计量，本例的 Z 为 3.459，查 Z 值表可知其对应的显著性水平为 p=0

（二）考虑测量误差修正的效应值整合策略

在组织与管理研究中，研究者通常使用主观评价量表来测量构念。在这一过程中，由于测量上的误差，真实效应会发生衰减。因此，研究者用样本观测效应值（r）与真实效应值（ρ）的比例来反映测量误差带来的衰减效应，并将两者的

比值称为衰减因子（attenuation factor）。如果研究者用 a_i 表示第 i 个研究的衰减因子，则它与样本观测效应值 r_i 和真实效应值 ρ_i 存在如下关系

$$a_i = \frac{r_i}{\rho_i} = \sqrt{\alpha_{xi}\alpha_{yi}}$$

其中，r_i 为第 i 个研究未经测量误差修正的样本相关系数；α_{xi} 和 α_{yi} 分别为第 i 个研究自变量 x 与因变量 y 的 α 信度系数，代表着 x 与 y 的测量误差。因此，衰减因子实际上是自变量信度系数 α_{xi} 与因变量信度系数 α_{yi} 的几何平均数。

1. 计算测量误差修正后的整合效应值

真实效应值 ρ_i 等于样本观测效应值 r_i 除以衰减因子 a_i，具体公式为

$$\rho_i = \frac{r_i}{a_i}$$

Hunter 和 Schmidt（2004）认为经过测量误差修正后，效应值的权重也会发生变化，其计算公式为

$$W_i = a_i^2 N_i$$

因此，经过测量误差修正后的真实相关系数计算公式为

$$\bar{\rho} = \frac{\sum_{i=1}^{k} W_i \rho_i}{\sum_{i=1}^{k} W_i} = \frac{\sum_{i=1}^{k} a_i^2 N_i \rho_i}{\sum_{i=1}^{k} a_i^2 N_i}$$

2. 计算测量误差修正后真实效应值的总方差

由于权重发生了变化，因此经测量误差修正后的真实效应值方差为

$$\mathrm{SD}_{\bar{\rho}}^2 = \frac{\sum_{i=1}^{k} W_i (\rho_i - \bar{\rho})^2}{\sum_{i=1}^{k} W_i} = \frac{\sum_{i=1}^{k} a_i^2 N_i (\rho_i - \bar{\rho})^2}{\sum_{i=1}^{k} a_i^2 N_i}$$

3. 计算测量误差修正后真实效应值的 95%置信区间

经测量误差修正后真实效应值的 95%置信区间为

$$\mathrm{LL}_{\bar{\rho}}^{\mathrm{CI}} = \bar{\rho} - 1.959\,964 \times \mathrm{SE}_{\bar{\rho}} = \bar{\rho} - 1.959\,964 \times \sqrt{\frac{\mathrm{SD}_{\bar{\rho}}^2}{k}}$$

$$\mathrm{UL}_{\bar{\rho}}^{\mathrm{CI}}=\bar{\rho}+1.959\,964\times\mathrm{SE}_{\bar{\rho}}=\bar{\rho}+1.959\,964\times\sqrt{\frac{\mathrm{SD}_{\bar{\rho}}^{2}}{k}}$$

4. 计算测量误差修正后真实效应值的研究间方差

第 i 个实证研究的真实效应值 ρ_i 的方差与样本观测效应值 r_i 的方差存在如下关系

$$\mathrm{VAR}(\rho_i)=\mathrm{VAR}\left(\frac{r_i}{a_i}\right)=\frac{\mathrm{VAR}(r_i)}{a_i^2}$$

因此，第 i 个实证研究真实效应值的研究内方差（ $\sigma_{\rho_i}^2$ ）的计算公式为

$$\sigma_{\rho_i}^2=\frac{\sigma_{r_i}^2}{a_i^2}=\frac{\dfrac{\left(1-\bar{r}^2\right)^2}{N_i-1}}{a_i^2}$$

其中，$\bar{r}$ 为未经测量修正的总体效应值。

k 个实证研究的研究内方差加权均值（ $\sigma_{\bar{\rho}}^2$ ）为

$$\sigma_{\bar{\rho}}^2=\frac{\sum_{i=1}^{k}W_i\sigma_{\rho_i}^2}{\sum_{i=1}^{k}W_i}=\frac{\sum_{i=1}^{k}a_i^2N_i\sigma_{\rho_i}^2}{\sum_{i=1}^{k}a_i^2N_i}$$

因此，效应值的研究间方差 $\tau_{\bar{\rho}}^2$ 的计算公式为

$$\tau_{\bar{\rho}}^2=\mathrm{SD}_{\bar{\rho}}^2-\sigma_{\bar{\rho}}^2=\frac{\sum_{i=1}^{k}a_i^2N_i\left(\rho_i-\bar{\rho}\right)^2}{\sum_{i=1}^{k}a_i^2N_i}-\frac{\sum_{i=1}^{k}a_i^2N_i\sigma_{\rho_i}^2}{\sum_{i=1}^{k}a_i^2N_i}$$

5. 计算测量误差修正后真实效应值的 80%可信区间

经测量误差修正后真实效应值的 80%可信区间计算公式为

$$\mathrm{LL}_{\bar{\rho}}^{\mathrm{CV}}=\bar{\rho}-Z_{\mathrm{test}}^{\alpha}\sqrt{\tau_{\bar{\rho}}^2}$$

$$\mathrm{UL}_{\bar{\rho}}^{\mathrm{CV}}=\bar{\rho}+Z_{\mathrm{test}}^{\alpha}\sqrt{\tau_{\bar{\rho}}^2}$$

6. 示例

表 5.3 展示了经过测量误差修正的真实效应值整合过程。本例数据是在表 5.1 的数据基础上增加了自变量和因变量信度数据，即 α_{xi} 和 α_{yi}。

表 5.3　测量误差修正示例（Hunter 和 Schmidt 策略）

ID	作者（年份）	r_i	N_i	α_{xi}	α_{yi}	a_i^2	ρ_i	计算值				
								$a_i^2N_i$	$a_i^2N_i\rho_i$	$a_i^2N_i(\rho_i-\bar{\rho})^2$	σ_i^2	$a_i^2N_i\sigma_i^2$
1	李四（2018）	0.25	389	0.71	0.91	0.65	0.31	251.33	78.17	2.80	0.00	0.95
2	李四（2018）	0.11	256	0.86	0.80	0.69	0.13	176.13	23.36	0.93	0.01	0.95
3	王五（2018）	−0.09	183	0.75	0.79	0.59	−0.12	108.43	−12.68	11.27	0.01	0.95
4	张三（2018a）	0.19	211	0.69	0.77	0.53	0.26	112.10	29.22	0.34	0.01	0.95
5	张三（2018b）	0.22	432	0.77	1.00	0.77	0.25	332.64	83.40	0.68	0.00	0.95
	合计	—	1471	—	—	—	—	980.63	201.47	16.03	—	4.75

首先，由相关系数效应值的加权计算公式可以得到总体相关系数为

$$\bar{\rho}=\frac{\sum_{i=1}^{k}a_i^2N_i\rho_i}{\sum_{i=1}^{k}a_i^2N_i}=\frac{201.47}{980.63}=0.205\,448$$

其次，由相关系数加权方差的计算公式可以得到相关系数的样本总方差为

$$\mathrm{SD}_{\bar{\rho}}^2=\frac{\sum_{i=1}^{k}a_i^2N_i(\rho_i-\bar{\rho})^2}{\sum_{i=1}^{k}a_i^2N_i}=\frac{16.03}{980.63}=0.016\,344$$

再次，根据置信区间公式可以得到相关系数 95%置信区间的上限和下限为

$$\mathrm{LL}_{\bar{\rho}}^{\mathrm{CI}}=\bar{\rho}-1.959\,964\times\sqrt{\frac{\mathrm{SD}_{\bar{\rho}}^2}{k}}=0.205\,448-1.959\,964\times\sqrt{\frac{0.016\,344}{5}}=0.093\,4$$

$$\mathrm{UL}_{\bar{\rho}}^{\mathrm{CI}}=\bar{\rho}+1.959\,964\times\sqrt{\frac{\mathrm{SD}_{\bar{\rho}}^2}{k}}=0.205\,448+1.959\,964\times\sqrt{\frac{0.016\,344}{5}}=0.317\,5$$

接下来，逐个计算每一个实证研究相关系数的研究内方差，数据详见表 5.1 第七列。第一个实证研究的研究内方差为

$$\sigma_{\rho_1}^2=\frac{\sigma_{r_1}^2}{a_1^2}=\frac{\frac{(1-\bar{r}^2)^2}{N_1-1}}{a_1^2}=\frac{\frac{(1-0.165\,921^2)^2}{389-1}}{0.646\,1}=0.003\,772$$

故表 5.1 实证研究的研究内方差加权均值为

$$\sigma_{\bar{\rho}}^2 = \frac{\sum_{i=1}^{k} a_i^2 N_i \sigma_{\rho_i}^2}{\sum_{i=1}^{k} a_i^2 N_i} = \frac{4.75}{980.63} = 0.004\,840$$

由此可得表 5.3 五个实证研究的研究间方差为

$$\tau_{\bar{\rho}}^2 = \mathrm{SD}_{\bar{\rho}}^2 - \sigma_{\bar{\rho}}^2 = 0.016\,344 - 0.004\,840 = 0.011\,503$$

最后，计算表 5.1 效应值的 80%可信区间为

$$\mathrm{LL}_{\bar{\rho}}^{\mathrm{CV}} = \bar{\rho} - 1.281\,552 \times \sqrt{\tau_{\bar{\rho}}^2} = 0.205\,448 - 1.281\,552 \times \sqrt{0.011\,503} = 0.067\,999$$

$$\mathrm{UL}_{\bar{\rho}}^{\mathrm{CV}} = \bar{\rho} + 1.281\,552 \times \sqrt{\tau_{\bar{\rho}}^2} = 0.205\,448 + 1.281\,552 \times \sqrt{0.011\,503} = 0.342\,897$$

将上述结果整理后，可得表 5.4 所反映的元分析结果。

表 5.4　测量误差修正后的效应值整合结果示例（Hunter 和 Schmidt 策略）

变量	k	N	r	SD_r	ρ	SD_ρ	95%CI		80%CV		p
							下限	上限	下限	上限	
X	5	1471	0.166	0.091	0.205	0.107	0.093	0.318	0.068	0.343	0.000

注：在组织与管理实证研究中，研究者多用符号 SD_ρ 来代表经测量误差修正的效应值研究间标准差，即$\tau_{\bar{\rho}}^2$开平方的值；研究者可以用效应值 $\bar{\rho}$ 除以标准误 $\mathrm{SE}_{\bar{\rho}}$ 得到 Z 统计量，本例的 Z 为 3.593，查 Z 值表可知其对应的显著性水平为 p=0.000；置信区间和可信区间均为测量误差修正后的区间

Hunter 和 Schmidt（2004）的效应值整合策略采用的是较常见的统计学方法，比较容易为大家所接受，因此在心理学领域得到了广泛应用。然而，由于相关系数并不是正态分布（Silver and Dunlap，1987），通过这种方式得到的整合效应值可能与真实效应值存在一定的偏差。

三、Hedges 和 Olkin（1985）效应值整合策略

与 Hunter 和 Schmidt（2004）的效应值整合策略不同，Hedges 和 Olkin（1985）主张首先对每一个实证研究的相关系数进行 Fisher's Z 转换，计算 Fisher's Z 的加权均值$\bar{Z}$后，再将该均值进行反转换，得到总体相关系数$\bar{r}$。Hedges 和 Olkin（1985）的效应值整合策略如图 5.3 所示。

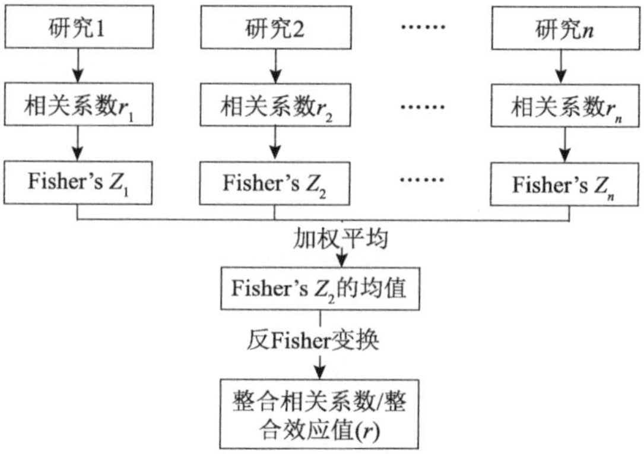

图 5.3　Hedges 和 Olkin（1985）的相关系数效应值整合策略

可能会有读者提出疑问，Hedges 和 Olkin（1985）的策略似乎要经过 Fisher's *Z* 变换—反变换的复杂操作，为什么要这样做呢？这是因为相关系数本身并非正态分布。当相关系数 $r>0$ 的时候，*r* 的分布是一个负偏态分布，此时对 *r* 求均值往往会导致低估总体的相关性（图 5.4）。由于 Fisher's Z 是近似正态分布，所以 Z 均值的偏差性较小（Silver and Dunlap，1987）。相关计算机仿真研究已经证实，经过 Fisher's *Z* 转换所得到的整合效应值的偏差小于不经过 Fisher's *Z* 转换所得到的整合效应值，尤其是对于小样本的情形（Silver and Dunlap，1987）。元分析软件 CMA 采用的就是 Hedges 和 Olkin（1985）的效应值整合策略。

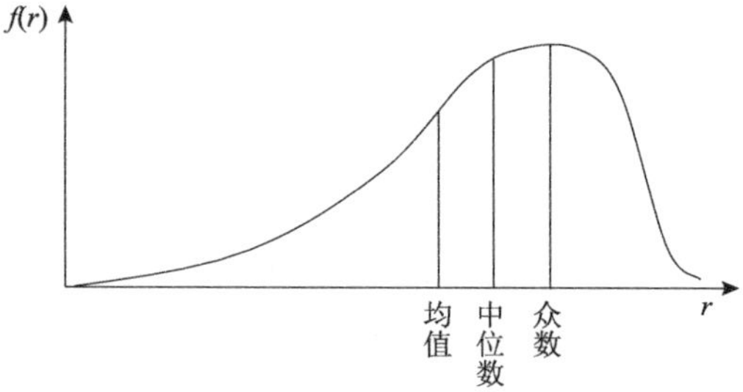

图 5.4　负偏态分布的集中趋势

Hedges 和 Olkin（1985）所提出的效应值整合策略不仅仅局限于随机效应模型，也可以应用到固定效应模型中去。下文将介绍这两种模型下的效应值估计过程。

（一）Hedges 和 Olkin（1985）固定效应模型整合策略

1. 进行 Fisher's *Z* 变换

第 *i* 个研究相关系数效应值 r_i 转化为 Fisher's Z_i 的公式为

$$Z_i = 0.5 \times \ln\left(\frac{1+r_i}{1-r_i}\right)$$

2. 计算整合效应值

在固定效应模型中，由于所有研究的效应值被假定是相同的，故只需要考虑研究内方差 σ_i^2 即可。当相关系数转化为 Fisher's Z 之后，每一个研究效应值 Z_i 的研究内方差 $\sigma_{Z_i}^2$ 为

$$\sigma_{Z_i}^2 = \frac{1}{N_i - 3}$$

研究者可以用研究内方差的倒数作为权重 W_i，计算公式为

$$W_i = N_i - 3$$

因此，固定效应模型中 Z_i 的加权均值为

$$\bar{Z} = \frac{\sum_{i=1}^{k} W_i Z_i}{\sum_{i=1}^{k} W_i} = \frac{\sum_{i=1}^{k} (N_i - 3) Z_i}{\sum_{i=1}^{k} (N_i - 3)}$$

其中，N_i 为第 i 个研究的样本量；Z_i 为第 i 个研究的 Fisher's Z 取值；k 为研究数量。

3. 计算显著性水平及整合效应值的 95%置信区间

Fisher's Z 整合效应值的标准误计算公式为

$$\mathrm{SE}_{\bar{Z}} = \sqrt{\frac{1}{\sum_{i=1}^{k} W_i}} = \sqrt{\frac{1}{\sum_{i=1}^{k} (N_i - 3)}}$$

研究者还可以计算 Z_{test} 统计量（即标准正态分布统计量，与 Fisher' Z 无关），通过查 Z 值表得到效应值的显著性水平，比如 Z=1.220 的显著性水平为 p=0.222，Z=3.129 的显著性水平为 p=0.002。Z_{test} 统计量的计算公式为

$$Z_{\text{test}} = \frac{\bar{Z}}{SE_{\bar{Z}}}$$

其中，$\bar{Z}$ 为效应值加权均值；$\mathrm{SE}_{\bar{Z}}$ 为加权效应值的标准误。

研究者可以根据 $\bar{Z}$ 和 $\mathrm{SE}_{\bar{Z}}$ 计算出整合效应值的 95%置信区间，计算公式为

$$\mathrm{LL}_{\bar{Z}}^{\mathrm{CI}} = \bar{Z} - 1.959\,964 \times \mathrm{SE}_{\bar{Z}}$$

$$\mathrm{UL}_{\bar{Z}}^{\mathrm{CI}} = \bar{Z} + 1.959\,964 \times \mathrm{SE}_{\bar{Z}}$$

4. 进行反 Fisher 变换

最后，研究者对 $\bar{Z}$、$LL_{\bar{Z}}^{CI}$、$UL_{\bar{Z}}^{CI}$ 分别进行反 Fisher 变换，就可以依次得到对应的总体相关系数估计值（$\bar{r}$）、95%置信区间的下限和上限。Z_{test} 统计量及其显著性水平则依然适用于评判相关系数。比如，Fisher's $\bar{Z}$转化为相关系数$\bar{r}$的公式为

$$\bar{r} = \frac{e^{2\bar{Z}} - 1}{e^{2\bar{Z}} + 1}$$

5. 示例

表 5.5 展示了 Hedges 和 Olkin 固定效应模型的效应值整合过程。本例数据与表 5.1 数据是相同的。

表 5.5　Hedges 和 Olkin 固定效应模型效应值整合过程示例

样本 ID	作者（年份）	r_i	N_i–3	Z_i	$(N_i$–3$)Z_i$
1	李四（2018）	0.250	386	0.255	98.589
2	李四（2018）	0.110	253	0.110	27.943
3	王五（2018）	–0.090	180	–0.090	–16.244
4	张三（2018a）	0.190	208	0.192	40.006
5	张三（2018b）	0.220	429	0.224	95.948
	合计	—	1456	—	246.243

首先，我们需要将相关系数 r_i 转化为 Fisher's Z_i（表 5.5 第三列），并计算权重 N_i–3（表 5.5 第四列）。

接下来我们可以根据效应值加权计算 $\bar{Z}$，具体公式为

$$\bar{Z} = \frac{\sum_{i=1}^{k}(N_i - 3)Z_i}{\sum_{i=1}^{k}(N_i - 3)} = \frac{246.243}{1456} = 0.169\,123$$

$\bar{Z}$ 的标准误的计算公式为

$$SE_{\bar{Z}} = \sqrt{\frac{1}{\sum_{i=1}^{k}(N_i - 3)}} = \sqrt{\frac{1}{1456}} = 0.026\,207$$

效应值的 Z_{test} 统计量取值为

$$Z_{test} = \frac{\bar{Z}}{SE_{\bar{Z}}} = \frac{0.169\,123}{0.026\,207} = 6.453$$

查 Z 分布表，可知其对应的显著性水平为 p=0<0.001。

$\bar{Z}$ 的 95%置信区间上下限分别为

$$\mathrm{LL}_{\bar{Z}}^{\mathrm{CI}} = 0.169\,123 - 1.959\,964 \times 0.026\,207 = 0.117\,758$$

$$\mathrm{UL}_{\bar{Z}}^{\mathrm{CI}} = 0.169\,123 + 1.959\,964 \times 0.026\,207 = 0.220\,488$$

最后，对 $\bar{Z}$、$\mathrm{LL_{CI}}$、$\mathrm{UL_{CI}}$ 分别进行反 Fisher 变换，可得

$$\text{总体相关系数}\ \bar{r} = \frac{\mathrm{e}^{2\bar{Z}} - 1}{\mathrm{e}^{2\bar{Z}} + 1} = 0.167\,528$$

$$\text{相关系数下限}\ \mathrm{LL}_{\bar{r}}^{\mathrm{CI}} = \frac{\mathrm{e}^{2\mathrm{LL}_{\bar{Z}}^{\mathrm{CI}}} - 1}{\mathrm{e}^{2\mathrm{LL}_{\bar{Z}}^{\mathrm{CI}}} + 1} = 0.117\,217$$

$$\text{相关系数上限}\ \mathrm{UL}_{\bar{r}}^{\mathrm{CI}} = \frac{\mathrm{e}^{2\mathrm{UL}_{\bar{Z}}^{\mathrm{CI}}} - 1}{\mathrm{e}^{2\mathrm{UL}_{\bar{Z}}^{\mathrm{CI}}} + 1} = 0.216\,983$$

将上述结果整理后，可得如表 5.6 的固定效应模型元分析结果。

表 5.6　Hedges 和 Olkin 固定效应模型结果示例

变量	k	N	r	95%CI		Z	p
				下限	上限		
X	5	1471	0.168	0.117	0.217	6.453	0.000

注：本表中的 Z 代表 Z_{test} 统计量，与 Fisher's Z 中的 Z 无关

（二）Hedges 和 Olkin（1985）随机效应模型整合策略

Hedges 和 Olkin（1985）随机效应模型的权重计算方法与固定效应模型不同。在进行了 Fisher's Z 变换后，研究者需要按照如下过程来开展随机效应模型的总体效应值及相关参数的估计。

1. 计算随机效应模型的权重及研究间方差

在固定效应模型中，由于不同研究的效应值都是一样的，故只需要考虑研究内方差 $\sigma_{Z_i}^2$ 即可。然而，在随机效应模型中，效应值的样本总方差（$\mathrm{SD}_{Z_i}^2$）等于研究间方差（$\tau_{\bar{Z}}^2$）与研究内方差（$\sigma_{Z_i}^2$）之和，计算公式为

$$\mathrm{SD}_{Z_i}^2 = \tau_{\bar{Z}}^2 + \sigma_{Z_i}^2$$

因此，在随机效应模型中的权重计算公式也发生了变化，其形式为

$$W_i^* = \frac{1}{\mathrm{SD}_{Z_i}^2} = \frac{1}{\tau_{\bar{Z}}^2 + \sigma_{Z_i}^2} = \frac{1}{\tau_{\bar{Z}}^2 + \frac{1}{N_i - 3}}$$

在 Hedges 和 Olkin（1985）的随机效应模型中，$\tau_{\bar{Z}}^2$ 的计算公式为

$$\tau_{\bar{Z}}^2 = \frac{Q - df}{C}$$

其中，Q 为检验效应值异质性的统计量，其服从自由度（df）为 k–1 的卡方分布，本章第三节将讲解该统计量的含义。Q 和 C 的计算公式为

$$Q = \sum_{i=1}^{k} W_i \left(Z_i - \bar{Z}\right)^2$$

$$C = \sum_{i=1}^{k}\left(N_i - 3\right) - \frac{\sum_{i=1}^{k}\left(N_i - 3\right)^2}{\sum_{i=1}^{k}\left(N_i - 3\right)}$$

其中，k 为研究数量；N_i 为第 i 个研究的样本量；W_i 为固定效应模型中第 i 个研究的权重；$\bar{Z}$ 为固定效应模型中 k 个研究 Z_i 的加权均值。

2. 计算整合效应值

随机效应模型中 Z_i 的加权均值的计算公式为

$$\bar{Z}^* = \frac{\sum_{i=1}^{k} W_i^* Z_i}{\sum_{i=1}^{k} W_i^*}$$

3. 计算显著性水平及整合效应值的 95%置信区间

随机效应模型中整合效应值的标准误计算公式为

$$\mathrm{SE}_{\bar{Z}^*} = \sqrt{\frac{1}{\sum_{i=1}^{k} W_i^*}}$$

随机效应模型中 Z_{test}^* 统计量的计算公式为

$$Z_{\text{test}}^* = \frac{\bar{Z}^*}{\mathrm{SE}_{\bar{Z}^*}}$$

随机效应模型中整合效应值的 95%置信区间的计算公式为

$$\mathrm{LL}_{\bar{Z}^*}^{\mathrm{CI}} = \bar{Z}^* - 1.959\,964 \times \mathrm{SE}_{\bar{Z}^*}$$

$$\mathrm{UL}_{\bar{Z}^*}^{\mathrm{CI}} = \bar{Z}^* + 1.959\,964 \times \mathrm{SE}_{\bar{Z}^*}$$

4. 计算整合效应值的 80%可信区间或者预测区间

在随机效应模型中，研究者可以根据相应公式计算整合效应值的 80%可信区间，即

$$\mathrm{LL}_{\bar{Z}^*}^{\mathrm{CV}} = \bar{Z}^* - Z_{\mathrm{test}}{}^{\alpha}\sqrt{\tau_{\bar{Z}}^2}$$

$$\mathrm{UL}_{\bar{Z}^*}^{\mathrm{CV}} = \bar{Z}^* + Z_{\mathrm{test}}{}^{\alpha}\sqrt{\tau_{\bar{Z}}^2}$$

不过，Hedges 及其合作者并没有采用可信区间的表述，而是采用预测区间（prediction interval，PI）的概念（Borenstein et al.，2009）。他们指出预测区间描述的也是真实效应值的分布，其与可信区间的含义是高度趋同的。但是，与可信区间 CV 计算方法不同，CV 认为样本效应值均值可以代表总体效应值均值，样本效应值方差代表总体效应值方差，且样本效应值服从正态分布，但这一假定在现实中往往很难满足。因此，Higgins 等学者建议采用计算预测区间的公式为

$$\mathrm{LL}_{\bar{Z}^*}^{\mathrm{PI}} = \bar{Z}^* - t_{df}^{\alpha}\sqrt{\tau_{\bar{Z}}^2 + \left(\mathrm{SE}_{\bar{Z}^*}\right)^2}$$

$$\mathrm{UL}_{\bar{Z}^*}^{\mathrm{PI}} = \bar{Z}^* + t_{df}^{\alpha}\sqrt{\tau_{\bar{Z}}^2 + \left(\mathrm{SE}_{\bar{Z}^*}\right)^2}$$

其中，$\bar{Z}^*$ 为加权效应值；τ^2 为真实效应值方差的估计；$\mathrm{SE}_{\bar{Z}^*}$ 为整合效应值的标准误；t_{df}^{α} 为自由度（df）为 k–2 的双尾 t 统计量；α 为其显著性水平（95%置信水平对应的 α 为 0.05，80%置信水平对应的 α 为 0.20）；df 为 t 值的自由度。

5. 进行反 Fisher 变换

最后，研究者对 $\bar{Z}^*$、$\tau_{\bar{Z}}$、$\mathrm{LL}_{\bar{Z}^*}^{\mathrm{CI}}$、$\mathrm{UL}_{\bar{Z}^*}^{\mathrm{CI}}$、$\mathrm{LL}_{\bar{Z}^*}^{\mathrm{CV}}$、$\mathrm{UL}_{\bar{Z}^*}^{\mathrm{CV}}$、$\mathrm{LL}_{\bar{Z}^*}^{\mathrm{PI}}$、$\mathrm{UL}_{\bar{Z}^*}^{\mathrm{PI}}$ 分别进行反 Fisher 变换，就可以依次得到对应的总体相关系数估计值（$\bar{r}$）、组间标准差（$\mathrm{SD_r}$）、95%置信区间的下限和上限、80%可信区间的下限和上限、80%预测区间的下限和上限。Z_{test}^* 统计量及其显著性水平则依然适用于评判相关系数。

6. 示例

表 5.7 展示了 Hedges 和 Olkin 随机效应模型的效应值整合过程。本例数据与表 5.1 数据是相同的。

表 5.7　Hedges 和 Olkin 随机效应模型效应值整合过程示例

样本 ID	作者（年份）	r_i	N_i	Z_i	$\tau_{\bar{Z}}^2$	$\sigma_{Z_i}^2$	W_i^*	$W_i^* Z_i$
1	李四（2018）	0.250	389	0.255	0.012	0.003	69.953	17.867
2	李四（2018）	0.110	256	0.110	0.012	0.004	63.868	7.054
3	王五（2018）	–0.090	183	–0.090	0.012	0.006	57.937	–5.228
4	张三（2018a）	0.190	211	0.192	0.012	0.005	60.561	11.648
5	张三（2018b）	0.220	432	0.224	0.012	0.002	71.247	15.935
	合计	—	1471	—	—	—	323.566	47.275

注：*表示随机效应模型结果

首先，我们需要将相关系数 r_i 转化为 Fisher's Z_i（表 5.7 第五列）。接下来我们可以根据研究间方差公式计算 $\tau_{\bar{Z}}^2$，具体为

$$\tau_{\bar{Z}}^2 = \frac{Q - df}{C} = 0.011\,705$$

在随机效应模型中，我们可以依次计算各个研究的权重。比如，第一个研究的权重为

$$W_1^* = \frac{1}{\mathrm{SD}_{Z_1}^2} = \frac{1}{\tau_{\bar{Z}}^2 + \sigma_{Z_1}^2} = \frac{1}{0.011\,705 + 0.002\,591} = 69.953$$

随机效应模型的效应值加权均值为

$$\bar{Z}^* = \frac{\sum_{i=1}^{k} W_i^* Z_i}{\sum_{i=1}^{k} W_i^*} = \frac{47.275}{323.566} = 0.146\,108$$

随机效应模型的效应值标准误为

$$\mathrm{SE}_{\bar{Z}^*} = \sqrt{\frac{1}{\sum_{i=1}^{k} W_i^*}} = \sqrt{\frac{1}{323.566}} = 0.055\,593$$

随机效应模型的 Z_{test}^* 统计量取值为

$$Z_{\text{test}}^* = \frac{\bar{Z}^*}{SE_{\bar{Z}^*}} = \frac{0.146\,108}{0.055\,593} = 2.6282$$

查 Z 分布表，可知其对应的显著性水平为 p=0.008 58<0.01。

$\bar{Z}$ 的 95%置信区间上下限分别为

$$\mathrm{LL}_{\bar{Z}^*}^{\mathrm{CI}} = \bar{Z}^* - 1.959\,964 \times \mathrm{SE}_{\bar{Z}^*} = 0.146\,108 - 1.959\,964 \times 0.055\,593 = 0.037\,148$$

$$\mathrm{UL}_{\bar{Z}^*}^{\mathrm{CI}} = \bar{Z}^* + 1.959\,964 \times \mathrm{SE}_{\bar{Z}^*} = 0.146\,108 + 1.959\,964 \times 0.055\,593 = 0.255\,067$$

$\bar{Z}$ 的 80%可信区间上下限分别为

$$\mathrm{LL}_{\bar{Z}^*}^{\mathrm{CV}} = \bar{Z}^* - Z_{\mathrm{test}}{}^{\alpha}\sqrt{\tau_{\bar{Z}}^2} = 0.146\,108 - 1.281\,552 \times \sqrt{0.011\,705} = 0.007\,459$$

$$\mathrm{UL}_{\bar{Z}^*}^{\mathrm{CV}} = \bar{Z}^* + Z_{\mathrm{test}}{}^{\alpha}\sqrt{\tau_{\bar{Z}}^2} = 0.146\,108 + 1.281\,552 \times \sqrt{0.011\,705} = 0.284\,756$$

$\bar{Z}$ 的 80%预测区间上下限分别为

$$\begin{aligned}\mathrm{LL}_{\bar{Z}^*}^{\mathrm{PI}} &= \bar{Z}^* - t_{df}^{\alpha}\sqrt{\tau_{\bar{Z}}^2 + \left(SE_{\bar{Z}^*}\right)^2} \\ &= 0.146\,108 - 1.533\,206 \times \sqrt{0.011\,705 + (0.055\,593)^2} \\ &= -0.0404\end{aligned}$$

$$\begin{aligned}\mathrm{UL}_{\bar{Z}^*}^{\mathrm{PI}} &= \bar{Z}^* + t_{df}^{\alpha}\sqrt{\tau_{\bar{Z}}^2 + \left(SE_{\bar{Z}^*}\right)^2} \\ &= 0.146\,108 + 1.533\,206 \times \sqrt{0.011\,705 + (0.055\,593)^2} \\ &= 0.3326\end{aligned}$$

最后，对 $\bar{Z}$、$\mathrm{LL_{CI}}$、$\mathrm{UL_{CI}}$ 分别进行反 Fisher 变换，可得表 5.8 的随机效应模型元分析结果，该结果与 Hunter 和 Schmidt 的随机效应模型结果有一定的差异。

表 5.8　Hedges 和 Olkin 随机效应模型结果示例

策略	k	N	r	SD_r	95%CI		80%CV		80%PI	
					下限	上限	下限	上限	下限	上限
Hedges	5	1471	0.145**	0.108	0.037	0.250	0.007	0.277	−0.040	0.321
Hunter	5	1471	0.166***	0.091	0.072	0.260	0.049	0.283	—	—

注：本表中的 SD_r 即研究间标准差 τ；**代表 $p<0.01$，***代表 $p<0.001$

（三）Hedges 和 Olkin（1985）进行测量误差修正的策略

Hedges 和 Olkin（1985）的测量误差修正策略比较简单。我们需要将每一个实证研究的样本相关系数转化为真实相关系数，然后按照相同的策略用修正后的真实相关系数计算整合效应值即可。表 5.9 列出了经过测量误差修正后的结果。由表 5.9 可知，该结果与 Hunter 和 Schmidt 的随机效应模型结果有一定的差异。

表 5.9　Hedges 和 Olkin 经测量误差修正后的元分析结果

策略	模型	k	N	ρ	SD_ρ	95%CI		80%CV		80%PI	
						下限	上限	下限	上限	下限	上限
Hedges	固定	5	1471	0.205***	—	0.155	0.253	—	—	—	—
	随机	5	1471	0.176*	0.142	0.041	0.305	–0.005	0.346	–0.066	0.399
Hunter	随机	5	1471	0.205***	0.107	0.093	0.318	0.068	0.343	—	—

注：*代表 p<0.05，***代表 p<0.001；本书配套数据中附上了 Hedges 和 Olkin、Hunter 和 Schmidt 整合策略的自动计算表格（Excel 格式），读者只需将原始数据代入进去，即可得到元分析汇总结果

四、两种效应值整合策略的对比

表 5.10 总结了上述两种效应值整合策略的异同。首先，无论是 Hunter 和 Schmidt 的效应值整合策略，还是 Hedges 和 Olkin 的效应值整合策略，他们计算加权效应值的公式是完全一样的。不过，两种方法在效应值形式、权重选择、方差计算等方面存在一些差异。首先，Hunter 和 Schmidt 主张采用原始相关系数计算加权效应值，而 Hedges 和 Olkin 则认为相关系数并非正态分布，故需要先转化为服从近似正态分布的 Fisher's Z 之后，再来进行效应值加权计算。其次，Hunter 和 Schmidt 使用样本量作为权重，而 Hedges 和 Olkin 则是选择每一个研究效应值方差的倒数作为权重。再次，两种策略计算方差的方法也有较大差异，但两种策略的随机效应模型都认为效应值的总方差等于研究间方差与研究内方差之和。最后，Hunter 和 Schmidt 的策略是随机效应模型下的分析策略，而 Hedges 和 Olkin 的方法既可以应用于随机效应模型也可以应用于固定效应模型。

表 5.10　Hunter 和 Schmidt 与 Hedges 和 Olkin 效应值整合策略的对比

策略	Hunter 和 Schmidt	Hedges 和 Olkin
加权效应值计算公式	$\frac{\sum_{i=1}^{k} W_i Y_i}{\sum_{i=1}^{k} W_i}$	
效应值形式	原始的相关系数	相关系数的 Fisher's Z 变换
权重	样本量	第 i 个研究方差的倒数
研究内方差	$\frac{\left(1-\bar{r}^2\right)^2}{N_i-1}$	$\frac{1}{N_i-3}$

续表

策略	Hunter 和 Schmidt	Hedges 和 Olkin
研究间方差	$\dfrac{\sum_{i=1}^{k} N_i(r_i-\bar{r})^2}{\sum_{i=1}^{k} N_i}-\dfrac{\sum_{i=1}^{k}\dfrac{N_i(1-\bar{r}^2)^2}{N_i-1}}{\sum_{i=1}^{k} N_i}$	$\dfrac{\sum_{i=1}^{k} W_i(Z_i-\bar{Z})^2-(k-1)}{\sum_{i=1}^{k}(N_i-3)-\dfrac{\sum_{i=1}^{k}(N_i-3)^2}{\sum_{i=1}^{k}(N_i-3)}}$
分析模型	随机效应模型	固定效应模型 随机效应模型

相关系数不服从正态分布，这在单个实证研究中影响不大，但在对相关系数进行二次统计分析的过程中，尤其是需要做出统计推断的时候，的确会产生一定的影响。因此，Hedges 和 Olkin 的方法或许更合理一些。本书后续章节使用了 CMA 软件来开展双变量关系元分析及元回归分析。该软件是以 Hedges 和 Olkin 方法为基础开发的元分析软件。

第三节　效应值的异质性检验

在整合效应值的时候，研究情境存在一定差异，导致不同研究的效应值也存在差异。比如，在组织与管理研究领域，研究者提出了很多前提假设完全相悖的竞争理论，并通过一系列实证研究验证了这些理论的合理性。此时，如果研究者忽略研究情境的差异，对以往所有的效应值进行整合，结果势必会出现偏差。因此，元分析统计学家提出了效应值的异质性检验，旨在识别不同研究效应值的差异程度，从而为进行更加细致的分组分析（如调节变量）提供可能。如果效应值存在显著的异质性，我们有理由相信两个变量的主效应可能会受到某些情境调节变量的调节。

一、异质性的界定及来源

异质性主要用来评价不同研究效应值差异的程度。实践中，造成不同研究效应值存在异质性的原因有很多，其中有一些是研究方法和设计方面的差异带来的异质性，如不同质的样本（如员工样本 vs 管理层样本、年长样本 vs 年轻样本、男性为主的样本 vs 女性为主样本）、不同的样本回应率（如三成 vs 九成的回应率）、不同的变量测量方法（如自我报告测量 vs 他评测量、主观测量 vs 客观测量）、不同的研究设计（如实验设计 vs 调查设计）、不同的变量操控方法（如启动法 vs 角色扮演法）、不同行业的样本（如制造业 vs 服务业）、不同国家的样本（如中国样本 vs 美国样本）、不同时间跨度的研究设计（如纵贯研究设计 vs 横剖研究设计）。另外，还有一些是深层次的情境特征导致的效应值差异，如不同样本员工所在企业的文化和领导风格都可能造成两个变量关系的效应值出现较大的异质性。因此，研究者通常通过异质性指标来判断是否有必要做进一步的调节效应分析。

二、异质性的检验

目前较为常见的检验异质性的统计量为 Q 统计量及 I^2 统计量。异质性检验的零假设 H_0 为：不同研究结果的效应值不存在差异（即相等）。备择假设 H_1 为：不同研究结果的效应值存在差异（即不相等）。

（一）Q 统计量

Q 统计量是效应值的加权离差平方和，主要用于效应值异质性的检验，其服从自由度为 $k-1$ 的卡方分布（k 为研究数量）。Q 统计量既可应用于固定效应模型，也可用于随机效应模型。根据 Q 统计量，我们可以得到其对应的 p 值，从而做出接受或者拒绝零假设的推断。如果 $p<0.05$，则拒绝零假设，即认为不同研究的效应值存在显著差异。CMA、Stata、RevMan 等元分析软件都提供 Q 统计量指标。Q 统计量常用的计算公式为

$$Q=\sum_{i=1}^{k}W_i\left(Y_i-M\right)^2=\sum_{i=1}^{k}W_iY_i^2-\frac{\left(\sum_{i=1}^{k}W_iY_i\right)^2}{\sum_{i=1}^{k}W_i}$$

其中，k 为纳入研究的个数；W_i 为第 i 个研究的权重（通常为实证研究样本内方差的倒数）；Y_i 为第 i 个研究的效应值；M 为 k 个研究的加权平均效应值（既可以是相关系数形式也可以是 Fisher's Z 形式）。感兴趣的读者可以尝试用上述公式计算第二节数据的 Q 统计量。以 Hedges 和 Olkin（1985）的整合策略为例，第二节表 5.1 未经测量误差修正的 Q 为 17.242（df=4，$p<0.001$）；经过测量误差修正后的 Q 为 27.177（df=4，$p<0.001$）。

在组织与管理研究的实际操作过程中，Q 统计量包括组内统计量 Q_W 和组间统计量 Q_B，两者使用的场合有一定的差异（Joshi and Roh，2009）。如果我们可以依据效应值特征将 k 个效应值分为 m 组，并用 Q_T 检验这 k 个研究效应值的异质性，用 Q_{Wi} 检验第 i 个组别内部所有效应值的异质性，用 Q_B 检验 m 个组别之间的异质性，计算公式为

$$Q_W = \sum_{i=1}^{m} Q_{Wi}$$

$$Q_T = Q_W + Q_B$$

Q_W服从自由度为 $k-m$ 的卡方分布，主要用于效应值组内异质性的检验。如果第 i 个组别的 Q_{Wi} 显著，则说明第 i 个组别不同研究效应值之间存在显著差异。这意味着不同研究之间存在潜在的调节变量，但具体是什么调节变量，则需要研究者进行理论上的探索及实践上的检验。Q_B 服从自由度为 $m-1$ 的卡方分布，主要用于效应值组间异质性的检验，也可以用于调节效应分析。如果 Q_B 显著，则说明 m 个组别的平均效应值存在显著差异。

（二）I^2 统计量

I^2 主要反映元分析中不同研究结果不一致的程度，即效应值的组间变异程度在总变异程度中所占的比例。因此，I^2 反映的并不是异质性的绝对测量，而是异质性的相对测量。

如果采用 Hunter 和 Schmidt 的效应值整合策略，则 I^2 的计算公式为（Borenstein et al.，2009）

$$I^2 = \frac{\tau_{\bar{r}}^2}{\mathrm{SD}_{\bar{r}}^2} \times 100\%$$

Hunter 和 Schmidt（2004）认为，如果 $I^2>25\%$，则说明研究间具有实质性的差异，即存在潜在的调节变量。

如果采用 Hedges 和 Olkin 的效应值整合策略，则 I^2 的计算公式为

$$I^2 = \frac{Q - df}{Q} \times 100\%$$

其中，I^2 为 0 代表各个研究的效应值是同质的，其取值越接近 100%，表明元分析中不同研究效应值的异质性程度越高。研究者通常认为 25%、50%、75%分别代表低、中、高异质性（Borenstein et al.，2009）。异质性检验的实际操作例子详见本书第六章。

第六章　双变量关系元分析

从本章开始,就可以采用元分析方法对我们构建的理论模型进行假设检验了。在组织与管理研究领域，通常将研究关注的两个重要变量的关系称为主效应。主效应是研究的基础效应，研究者通常会在主效应的基础上增加中介变量或者调节变量，以解释变量关系产生的机理及其边界。如图 6.1 所示，主效应是两个变量之间的关系（图 6.1a），而中介效应（图 6.1b）和调节效应（图 6.1c）则至少涉及三个变量之间的关系。中介效应认为自变量 x 对因变量 y 的影响并不是直接的，即 x 会首先影响中介变量（mediator），然后通过中介变量来间接影响因变量 y。调节效应认为自变量 x 对因变量 y 的影响并不是一成不变的，而是随着调节变量（moderator）发生变化，自变量 x 与因变量 y 的关系也会发生改变，即调节变量会对 x 与 y 的关系产生影响。本章主要关注双变量关系元分析（含线性关系和曲线关系），第七章主要关注多变量关系元分析（含增益效度分析和基于结构方程模型的元分析），第八章至第十一章则主要关注调节效应和中介效应分析。这些都是组织与管理研究领域常见的变量关系。

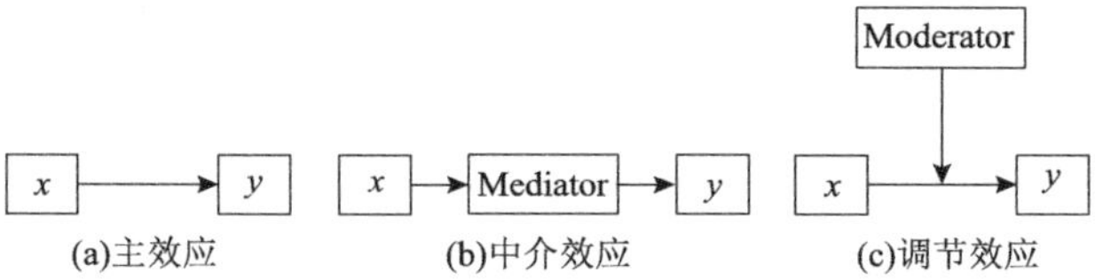

图 6.1　常见的变量关系

注：x 为自变量，y 为因变量，Mediator 为中介变量，Moderator 为调节变量

第一节　常见的双变量关系

双变量关系通常是指两个变量之间的关系，如研究者可以通过双变量元分析来拓展年龄（x）与人格（y）的关系，这种关系通常也是元分析研究中的主效应（main effect）。常见的双变量关系包括线性双变量关系和曲线双变量关系。

一、线性双变量关系

在组织与管理研究中，线性双变量关系元分析是主流，也是中介效应、调节效应、基于结构方程模型元分析的基础。线性双变量关系中只有一个自变量和一个因变量，且两个变量之间的关系是直线关系（图 6.2），即一次函数的形式，计算公式为

$$y=\alpha+\beta x+\varepsilon$$

其中，x 和 y 分别为自变量和因变量；α 为一次函数的截距项；β 为 x 与 y 的关系；ε 为随机误差项（也称随机扰动项）。当 β 为正时，代表 x 与 y 呈正相关（图 6.2a 中的实线）；当 β 为负时，代表 x 与 y 呈负相关（图 6.2a）中的虚线；当 β 为零时，代表 x 与 y 不相关。在双变量关系元分析中，我们考虑的是两个变量的标准化回归系数，这个标准化回归系数与相关系数是等价的。

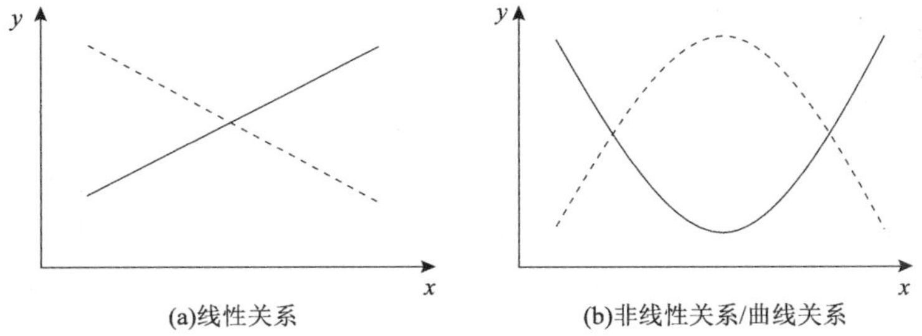

图 6.2　常见的双变量关系

二、曲线双变量关系

非线性关系则较为复杂，即 x 与 y 之间的关系并非直线关系。以任务冲突与团队绩效的关系为例，当团队任务冲突非常低的时候，团队可能会产生群体思维而导致绩效的下降；当团队任务冲突非常高的时候，任务冲突又可能转化为关系冲突，也不利于团队绩效的提升；只有当任务冲突保持在适度水平时，它才能够转化为良性的认知加工过程，并促使团队绩效保持在高位。这说明任务冲突与团队绩效是先升后降的倒 U 形关系，这类关系对应的函数有很多，其中较为常见的是抛物线式的二次曲线函数关系（图 6.2b）。二次函数通常记作

$$y=\alpha+\beta x^2+\gamma x+\varepsilon$$

其中，x 和 y 分别为自变量和因变量；α 为二次函数的截距项；β 为 x^2 与 y 关系的系数；γ 为 x 与 y 关系的系数；ε 为随机误差项。当 β 为正时，代表 x 与 y 呈现正 U 形关系（图 6.2b）中的实线抛物线；当 β 为负时，代表 x 与 y 呈倒 U 形关系

（图 6.2b）中的虚线抛物线。

第二节　双变量线性关系元分析实例

一、实例数据及操作步骤

表 6.1 的数据是本节实例所用到的数据，读者可以直接用本书的配套数据，也可以将这些数据录入相应的软件中。如对数据录入不清楚的，可以参考第四章第三节“原始数据录入”部分的介绍。本例采用的分析软件为 CMA。

表 6.1　双变量关系元分析实例数据

ID	研究名称	ρ	N	Stress	r	α_x	α_y
1	姓名（1999）	0.036	469	3.470	0.030	0.849	0.833
2	姓名（2000）	–0.146	292	3.680	–0.122	0.858	0.815
3	姓名（2001）	–0.191	413	4.190	–0.155	0.780	0.843
4	姓名（2002）	–0.513	241	4.480	–0.436	0.929	0.777
5	姓名（2003）	–0.172	240	3.930	–0.128	0.713	0.774
6	姓名（2004）	0.425	266	2.440	0.364	0.862	0.850
7	姓名（2005）	0.128	361	3.100	0.115	0.830	0.980
8	姓名（2006）	0.041	153	3.180	0.033	0.720	0.881
9	姓名（2007）	–0.095	292	3.550	–0.085	0.966	0.832
10	姓名（2008）	0.063	454	3.240	0.056	0.992	0.788
11	姓名（2009）	–0.152	278	3.980	–0.123	0.903	0.727
12	姓名（2010）	0.466	161	3.050	0.403	0.859	0.869
13	姓名（2011）	–0.042	449	3.760	–0.039	0.888	0.966
14	姓名（2012）	0.015	297	2.950	0.012	0.775	0.849
15	姓名（2013）	0.335	272	2.210	0.298	0.981	0.808
16	姓名（2014）	–0.552	352	4.090	–0.426	0.757	0.788
17	姓名（2015）	–0.199	275	3.880	–0.148	0.773	0.717
18	姓名（2016）	–0.426	499	4.220	–0.376	0.958	0.812
19	姓名（2017）	0.107	275	2.770	0.088	0.955	0.707
20	姓名（2018）	–0.605	207	4.270	–0.492	0.834	0.792

注：该表格数据对应本书配套数据 C6-1.xlsx；ρ 为每个研究的真实效应值（经过测量误差修正）；N 为每个研究的样本量；Stress 为每个研究压力变量的均值；r 为每个研究的样本效应值（未经测量误差修正）；α_x 和 α_y 分别为自变量 x 与因变量 y 的 α 信度系数

随后我们可以按照如下步骤来展开线性双变量关系的元分析。①打开C6-1.cma 或者将 C6-1.xlsx 中的数据导入 CMA 软件中（本例导入的是经测量误差修正后的真实效应值 ρ）。②点击 CMA 快捷按钮“Run analyses→”，将会看到每个研究的基本信息；随后点击快捷按钮“Next table”，将会看到主效应分析的结果，包括异质性检验结果、固定效应模型结果与随机效应模型分析结果等。

二、双变量线性关系元分析结果

CMA 软件输出的原始分析结果见表 6.2。表中 Effect size and 95% interval 下面的数据代表了双变量关系效应值的点估计值及 95%置信区间的上限和下限。显著性（双尾）给出了效应值的双尾显著性检验结果。异质性一栏给出了效应值的异质性检验结果，而 τ 平方则给出了效应值 Fisher's Z 的研究内方差结果。此外，表 6.2 分别给出了代表固定效应模型和随机效应模型的分析结果。下面本书将对这些结果逐一进行解释。

表 6.2 CMA 双变量关系元分析的原始分析结果

模型	研究数量	Effect size and 95% interval 效应值及 95%置信区间			显著性（双尾）		异质性				τ 平方			
		点估计值	下限	上限	Z 值	P 值	Q 值	自由度	P 值	I^2	τ^2	标准误	方差	τ
固定效应模型	20	−0.097	−0.122	−0.072	−7.665	0.000	544.087	19	0.000	96.508	0.090	0.031	0.001	0.300
随机效应模型	20	−0.083	−0.214	0.051	−1.220	0.222								

注：该表格数据对应本书配套数据 C6-1.cma

（一）效应值分析结果

效应值分析结果见表 6.3。由表 6.3 可知，固定效应模型与随机效应模型的估计结果存在较大差异。从固定效应模型来看，20 个研究的自变量与因变量关系的整合效应值 ρ 为−0.097，其 95%置信区间[−0.122, −0.072]但不包含零，因此其结果是显著的。从整合效应值的显著性水平来看，固定效应模型对应的 Z 统计量（−7.665）显著性水平是 p=0。然而，从随机效应模型来看，自变量与因变量关系的整合效应值 ρ 为−0.083，其 95%置信区间[−0.214, 0.051]包含了零，因此其结果是不显著的。从 Z 统计量（−1.220）也能够看出，该效应值整合结果对应的显著性水平是 p=0.222>0.05，说明随机效应模型中整合效应值结果是不显著的。

表 6.3　双变量线性关系元分析结果

模型	研究数量(*k*)	点估计(*ρ*)	95%置信区间		*Z* 值	*P* 值
			下限	上限		
固定效应模型	20	–0.097	–0.122	–0.072	–7.665	0.000
随机效应模型	20	–0.083	–0.214	0.051	–1.220	0.222

注：该表格数据对应本书配套数据 C6-1.cma；表中结果为双尾（2-tailed）检验

当研究者采用不同的元分析模型时，可能会得到完全不同的整合结果。此时，选取何种分析模型，主要取决于研究者的前提假设，而并非根据哪个模型显著来选取。

细心的读者可能会发现，我们在描述结果的时候，曾经根据置信区间是否包含零来判断结果是否显著。统计学家将 95%及以上的发生概率界定为“显著”，通常记作 95%的置信区间。由图 6.3 可知，当 95%置信区间包含零时，可认定变量关系小于零或者大于零的概率会小于 95%，此时我们将不再有足够信心认定变量关系一定大于零或者小于零。因此，研究者会以 95%置信区间是否包含零来判断变量关系是否显著。当然，研究者也可以结合 *Z* 统计量及其对应的显著性水平（*p*）来做更加精确的推断。

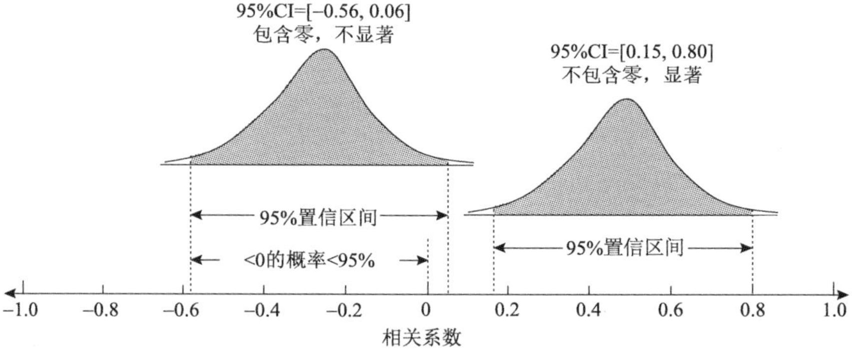

图 6.3　置信区间与显著性的关系

除了效应值的集中趋势外，CMA 软件还提供效应值的离散趋势，即效应值的标准差（表 6.4）。CMA 软件提供了 Fisher's *Z* 的 *τ* 得分（0.300），研究者可以依据 *τ* 得分计算随机效应模型中 Fisher's *Z* 加权均值的 80%可信区间为[–0.492, 0.325]。对 *τ* 进行 Fisher's *Z* 反转换后，则可以得到相关系数效应值的研究间标准差 SD_ρ 为 0.291。对上面的 80%可信区间进行 Fisher's *Z* 反转换后，研究者可以得到相关系数的 80%可信区间为[–0.436, 0.292]。

表 6.4　效应值标准差 τ 统计量结果

τ^2 统计量	τ^2 的标准误	τ^2 的方差	τ 统计量
0.090	0.031	0.001	0.300

注：该表格数据对应本书配套数据 C6-1.cma

（二）异质性检验结果

表 6.5 展示了异质性检验的结果。由表 6.5 可知，Q 统计量为 544.087，其对应的显著性水平 p=0.000，说明本例中效应值存在非常大的差异。I^2 统计量取值为 96.508，说明效应值变异程度在总变异中所占的比例为 96.508%，进一步说明效应值存在非常大的异质性。异质性检验结果显著通常说明我们关注的两个变量的关系中可能存在一些调节变量，进而导致效应值存在较大差异。

表 6.5　异质性检验结果

Q 统计量	Q 的自由度	Q 统计量的显著性水平	I^2 统计量
544.087	19	0	96.508

注：该表格数据对应本书配套数据 C6-1.cma

（三）结果报告

在报告元分析结果时，上述结果并不是全部都需要列出来，表 6.6 给出了研究者经常报告的结果形式。

表 6.6　双变量线性关系元分析结果报告示例

变量	k	N	r	ρ	SD_ρ	95%置信区间		80%可信区间		Q	I^2
						下限	上限	下限	上限		
X	20	6246	−0.061	−0.083	0.291	−0.214	0.051	−0.436	0.292	544.087***	96.508

注：分析模型为随机效应模型；***表示 p<0.001；k 表示效应值个数；N 表示样本量；r 表示未经测量误差修正的样本平均相关系数；ρ 表示经测量误差修正的真实相关系数；SD_ρ 是真实相关系数的研究间标准差；95%置信区间为基于修正的真实相关系数的 95%置信区间；80%可信区间为基于修正的真实相关系数的 80%可信区间；Q 表示异质性检验统计量；I^2 表示元分析中不同研究结果不一致的程度

第三节　双变量曲线关系元分析实例

U 形关系也是组织与管理研究中的一种重要关系，如有研究统计了 2008—2012 年发表在 SMJ 上的文章，发现约有 11%的文章关注了 U 形关系（Haans et al., 2016）。本节主要讲解双变量曲线关系在元分析中的实现。

一、双变量曲线关系元分析的原理

如果研究者仔细观察双变量二次曲线关系，会发现二次曲线的斜率会随着自变量 x 的变化而变化。图 6.4 展示了一个倒 U 形的二次曲线函数，随着 x 的增大，二次曲线函数的斜率逐渐减小，呈现从正数→零→负数的依次递减趋势。斜率为零时，是 U 形或者倒 U 形关系的转折点（Haans et al.，2016）。由图 6.4 可知，x_1、x_2、x_3 是自变量 x 的三个取值，且 $x_1<x_2<x_3$。β_1、β_2、β_3 分别是 x_1、x_2、x_3 对应的三条斜率，且这三条斜率呈现递减的趋势，即 $\beta_1>\beta_2>\beta_3$。实际上，斜率边际递减是倒 U 形二次曲线函数的一个基本特性。读者如果对微积分熟悉的话，就会发现斜率线与抛物线相切的那个点实际上代表了自变量 x 与因变量 y 的一次线性关系，这也意味着随着 x 的增大，x 与 y 的关系在逐步减弱。可能有读者会很快发现，这种表述与管理学研究中的调节变量表述很类似。

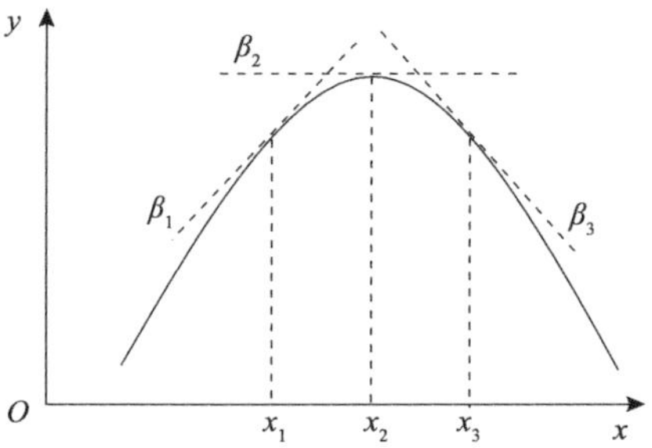

图 6.4　倒 U 形二次曲线及其斜率

在组织与管理研究中，调节变量通常会改变自变量 x 与因变量 y 的关系，我们经常会说，随着调节变量 m 的增大，自变量 x 与因变量 y 的关系会逐步增强或者减弱。因此，如果我们将 x 看作自变量 x 与因变量 y 关系链中的调节变量，也是完全可以的。从调节变量的表达式 $y=\alpha+\beta xm+\gamma x+\theta m+\mu$ 来看，我们完全可以将 m 替换为 x，从而得到 x 为调节变量的函数表达式 $y=\alpha+\beta x^2+\gamma x+\theta x+\mu=\alpha+\beta xx+\gamma x+\theta x+\mu$。显然，这一表达式与二次项形式是完全等价的。这就意味着，二次曲线函数可以转化成调节变量的分析形式，即 x 调节了 x 与 y 的关系，如图 6.5a 所示。我们可以将 x 看作自变量，将 x 与 y 的关系（即效应值 ρ）看作因变量（图 6.5b），做一个回归分析，如果系数显著，就可以认为曲线效应成立（Kooij et al.，2018）。

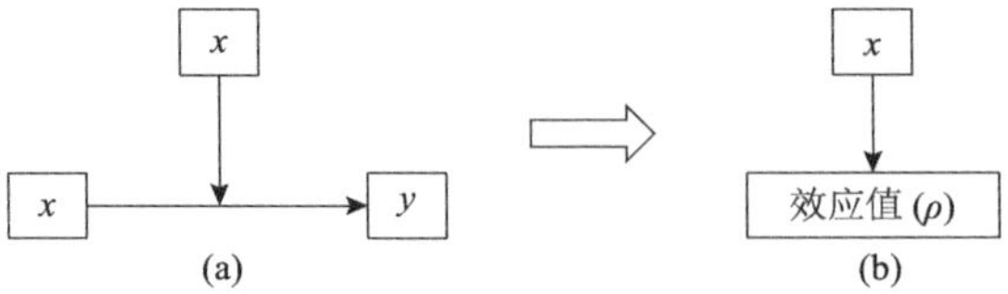

图 6.5　二次曲线与调节效应的转化

二、双变量曲线关系元分析的步骤

接下来，本书将展示一个曲线关系元分析的实际例子，分析数据取自表 6.1 的数据。我们现在假定表 6.1 的数据呈现的是压力（stress）与绩效的关系，除了收集了两者的相关系数之外，我们还收集了每个研究样本的压力均值。在个人压力研究领域，研究者认为压力与绩效之间可能会呈倒 U 形关系。下文主要分析压力与绩效的关系是否会受到压力得分的负向影响。由于这一分析涉及元回归的部分内容，因此读者可以参考第八章第三节连续型调节变量的上机实操流程。下面主要阐述开展曲线关系元分析的前期数据准备和分析步骤。

（一）收集和整理数据

研究者要收集表 6.1 所展示的数据信息，包括研究名称、自变量 x 与因变量 y 的相关系数 r、自变量与因变量的 α 信度系数以计算真实相关系数 ρ、研究的样本量 N 及自变量 x 的取值（该取值在各研究的相关矩阵中可以找到，即相关矩阵中 x 的平均值）。如果各研究 x 取值的量纲不同（如有的研究是 5 点量表、有的研究是 7 点量表），则需要研究者进行标准化处理（如 5 点量表可以乘以 7/5 转化为 7 点量表，或者 7 点量表可以乘以 5/7 转化为 5 点量表）以确保分析的正确性。

（二）通过元回归检验曲线效应

通过元回归程序分析自变量 x 对相关系数 r 的影响，即以表 6.1 中 x 为自变量，以 x 与 y 的相关系数 r 为因变量开展元回归分析。接下来我们需要结合回归系数、真实相关系数 ρ 的取值来判断曲线的形状，如图 6.6 所示。具体标准介绍如下。

（1）如果元回归系数显著为负，则代表 x 与 y 之间呈倒 U 形关系。此时，如果真实相关系数 ρ 取值的 95%置信区间包含零（即 ρ 的线性主效应不显著），即倒 U 形关系中出现了转折点，则 x 与 y 之间呈完整的倒 U 形关系（图 6.6a）；如果真实相关系数 ρ 取值的 95%置信区间均大于零（即 ρ 的线性主效应显著为正），则 x 与 y 之间呈左倒 U 形关系（图 6.6b）；如果真实相关系数 ρ 取值的 95%置信区间均小于零（即 ρ 的线性主效应显著为负），则 x 与 y 之间呈右倒 U 形关系（图 6.6c）。

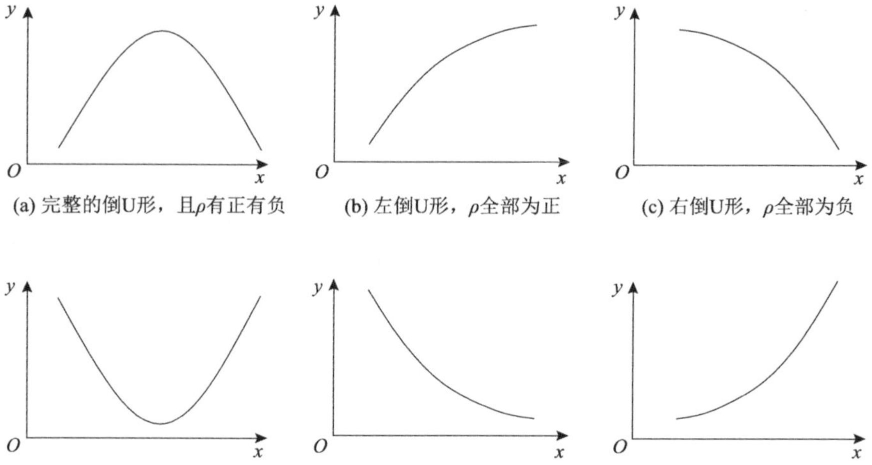

(a) 完整的倒U形，且ρ有正有负　(b) 左倒U形，ρ全部为正　(c) 右倒U形，ρ全部为负

(d) 完整的正U形，且ρ有正有负　(e) 左正U形，ρ全部为负　(f) 右正U形，ρ全部为正

图 6.6　曲线双变量关系元分析图示

（2）如果元回归系数显著为正，则代表 x 与 y 之间呈正 U 形关系。此时，如果真实相关系数 ρ 取值的 95%置信区间包含零（即 ρ 的线性主效应不显著），则 x 与 y 之间呈现完整的正 U 形关系（图 6.6d）；如果真实相关系数 ρ 取值的 95%置信区间均小于零（即 ρ 的线性主效应显著为负），则 x 与 y 之间呈左正 U 形关系（图 6.6e）；如果真实相关系数 ρ 取值的 95%置信区间均大于零（即 ρ 的线性主效应显著为正），则 x 与 y 之间呈右正 U 形关系（图 6.6f）。

（3）如果元回归系数不显著，则代表 x 与 y 之间不存在二次曲线关系。

实际上，元回归本质上是基于样本加权的回归法，我们可以将效应值 ρ 看作回归方程中的因变量，将压力看作回归方程的自变量，通过计算每一个样本的权重 w_i，进而在 SPSS 软件里用加权最小二乘回归法（weighted least square method，WLS）也可以实现双变量曲线关系元分析结果（Kooij et al.，2018）。在 SPSS 软件里进行 WLS 法回归的例子详见本书第十二章第二节。如果研究者用 Fisher's Z 作为因变量，则第 i 个研究的加权权重为 n_i-3，n_i 为第 i 个研究的样本量（Borenstein et al.，2009）。如果研究者直接使用相关系数作为因变量，则 WLS 法里所用的权重 w_i 的计算公式为（Hunter 和 Schmidt，2004）

$$w_i = \frac{1}{\sigma_i^2} = \frac{1}{\dfrac{\left(1-\rho_i^2\right)^2}{n_i-1}} = \frac{n_i-1}{\left(1-\rho_i^2\right)^2}$$

其中，σ_i^2 为第 i 个实证研究内抽样误差的方差；n_i 为第 i 个研究的样本量；ρ_i 为第 i 个研究的效应值。

三、双变量曲线关系元分析结果

在 CMA 软件中录入表 6.1 的数据或者打开“C6-1.cma”文件后，我们可以依次点击 CMA 软件中快捷按钮“Run analyses→”主菜单“Analyses”→子菜单“Meta regression 2”后，便会看到弹出窗口“Covariates not on main screen”。在该弹出窗口中，我们选择变量“Stress”，点击“Add to main screen”按钮，随后可以关闭弹出窗口“Covariates not on main screen”。接下来可看到“Stress”变量会被添加到元回归界面。勾选“Stress”变量后，点击屏幕右上角的“Run regression→”按钮，即可看到元回归分析结果。

在元回归分析结果页面，我们可以点击窗口左下角的“Fixed”或者“Random”按钮来查看固定效应元回归结果或者随机效应元回归结果。由于随机效应的前提假定与现实更加吻合，因此，本例中报告了随机效应元回归的结果，如图 6.7 和表 6.7 所示。由图 6.7 的散点可以看到，压力与效应值的 Fisher's Z 转换值呈现出较为明显的负相关关系，这一结果也得到了元回归系数的验证。由表 6.7 可以看到，压力与效应值之间呈显著的负向关系（β=−0.4481，Z=−8.1685，p=0.000），说明随着压力取值的增加，压力与绩效关系的效应值 ρ 越来越小。

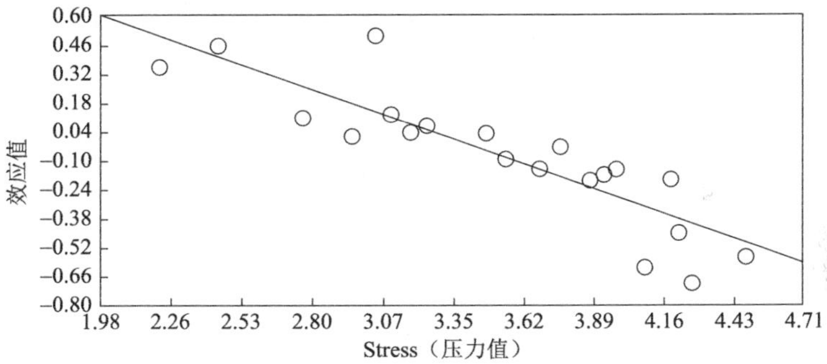

图 6.7　压力与效应值关系的散点图

注：图中纵坐标为压力与绩效效应值的 Fisher's Z 转换结果

表 6.7　双变量曲线关系元分析结果

协变量	回归系数	标准误	95%置信区间下限	95%置信区间上限	Z 值	双尾显著性
截距	1.495 0	0.196 4	1.110 0	1.880 0	7.610 2	0.000 0
压力	−0.448 1	0.054 9	−0.555 6	−0.340 5	−8.168 5	0.000 0

注：该表格数据对应本书配套数据 C6-1.cma

由于元回归系数为负，所以压力与绩效的关系符合倒 U 形曲线的特征，但还需要结合压力与绩效的线性关系来判断具体是图 6.6 中的何种曲线形状。

第七章　多变量关系元分析

双变量关系是一种比较理想化的情形。在现实中，多个变量之间往往会相互作用，因此考虑多变量之间的关系将会与现实更加吻合。本书在第二章已经指出，*AMJ*、*JAP*、*JOM*、*SMJ* 等组织管理领域顶级期刊于 2014 年 1 月至 2019 年 5 月发表的 105 篇元分析论文中，有 40 篇论文采用基于结构方程模型的元分析（meta-analytic structural equation modeling，MASEM）来分析多变量之间的关系（含中介效应分析），占比为 38.1%；此外，还有近七成的论文关注了调节效应。这些都说明仅仅开展双变量关系元分析是不够的。本章主要介绍利用结构方程模型开展多变量关系元分析的基本原理和思路。本书第八章至第十一章主要介绍调节变量元分析和中介效应元分析。

第一节　多变量关系概述

多变量关系是指两个以上变量之间的关系，通常包括多对一（多个自变量和一个因变量）、一对多（一个自变量对应多个因变量）和多对多（多个因变量对应多个自变量）三种关系（图 7.1）。传统的多元线性回归分析往往可以用来处理多个自变量对一个因变量关系的分析，但无法同时处理多个因变量的关系分析，而结构方程模型（structural equation modeling，SEM）往往被用来处理一对多和多对多关系的分析。

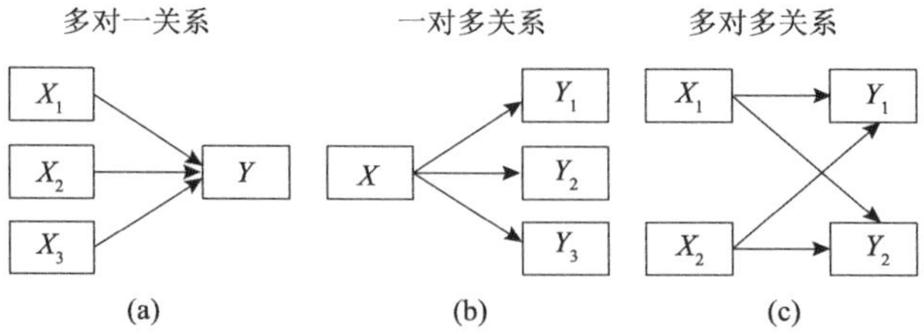

图 7.1　常见的多变量关系

在结构方程模型方法流行以前，元分析关注的主要是双变量之间的关系。在分析诸如图 7.1 的多变量关系模型时，早期的元分析多是采取多个独立的双变量关系元分析来实现。这种做法显然忽略了各个变量之间潜在的关联性。随着结构方程模型的发展，研究者开始将结构方程模型与元分析方法进行整合，进而形成了基于结构方程模型的元分析（SEM-based meta-analysis）方法。该方法最大的优点就是可以同时分析多个自变量与多个因变量之间的关系。比如，中介效应就可以通过基于结构方程模型的元分析方法来实现。

第二节　基于结构方程模型的元分析

一、结构方程模型简介

结构方程模型包括测量模型和结构模型两部分。测量模型主要反映构念与题项（item）之间的关系（图 7.2），而结构模型则主要反映各个构念之间的因果关系。

结构方程模型关于测量模型的假定与传统测量模型完全不同。在组织与管理研究中，研究者推荐用多题项（也被称为测量指标）来评价一个构念。构念通常是抽象的、不可直接测量的，因此被称为潜变量（latent variable）。题项往往是具体的、可以直接测量的，因此被称为显变量（manifest variable）。传统的测量模型假定所有的题项对构念的贡献是相同的，因此它们直接对这些题项求平均就可以得到这个构念的得分。然而，在结构方程模型中，研究者假定每一个题项对其所属构念的贡献是不同的（这一假定与现实更加相符），因此结构方程模型研究者认为构念（潜变量）的得分应当是每个题项（显变量）得分的加权，这个权重被称为载荷（loading，用字母 λ 表示）或者因子载荷。载荷与相关系数的含义类似，代表题项与构念之间的相关性，其取值介于–1 到 1。在测量模型中，载荷的平方代表题项对构念的解释程度，而误差项 δ 则代表了题项的测量误差，即题项对构念不能解释的那部分变异。因此，载荷 λ 的平方与误差项 δ 之和等于 1，即 $\lambda^2+\delta=1$。

结构方程模型测量模型最广泛的应用就是验证性因子分析（confirmatory factor analysis，CFA），研究者可以通过 CFA 软件来评价数据对测量模型的拟合程度（图 7.2）。图 7.2 中 $X_1\sim X_3$ 是测量构念 1（在 CFA 软件中被称为因子）的三个题项，它们在构念 1 上的因子载荷分别为 λ_1、λ_2 和 λ_3，$X_4\sim X_6$ 是测量构念 2 的三个题项，它们在构念 2 上的因子载荷分别为 λ_4、λ_5 和 λ_6，r 代表构念 1 与构念 2 之间的相关性。

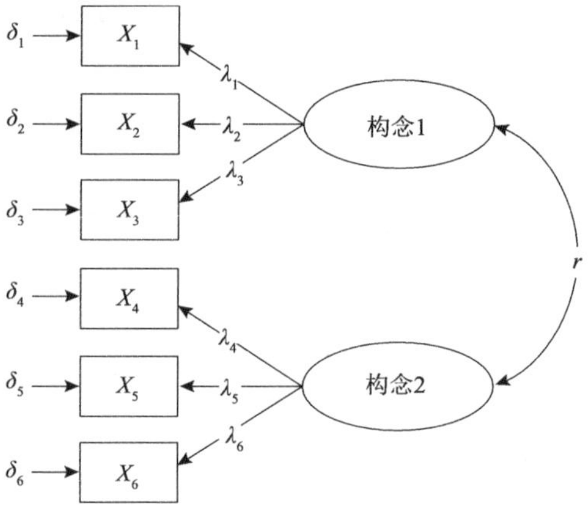

图 7.2　结构方程模型的测量模型

图 7.3 展示了一个包含测量模型和结构模型的完整结构方程模型图。图 7.3 中一共有三个构念，每个构念通过三个题项来测量（测量模型），且三个构念之间存在明确的因果关系（结构模型）。与传统回归分析不同，结构方程模型允许多个自变量和多个因变量进入模型，并且可以评估数据对模型的拟合程度。正是因为结构方程模型的测量模型允许题项对构念产生不同的贡献，且允许分析多个因变量之间的关系，因此研究者普遍认为结构方程模型拥有更好的生态效度，与现实更加吻合。

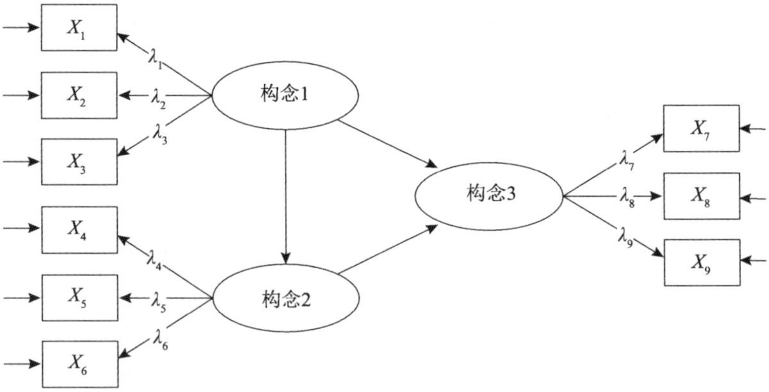

图 7.3　结构方程模型示例

当然，结构方程模型也可以直接处理不存在测量模型的变量关系。在结构方程模型中，因子载荷的平方代表了显变量对潜变量的解释程度，因此，测量误差等于 1 减去因子载荷的平方。如果潜变量与显变量之间的因子载荷为 1，这意味着显变量可以百分百反映潜变量，即测量模型不存在测量误差（图 7.4a）。此时，显变量与潜变量是完全等价的，故可以将潜变量与显变量之间的关系省略（图 7.4b）。

因此，结构方程模型中因子载荷全部为 1 的图 7.4a 与不存在测量模型的图 7.4b 是等价的。

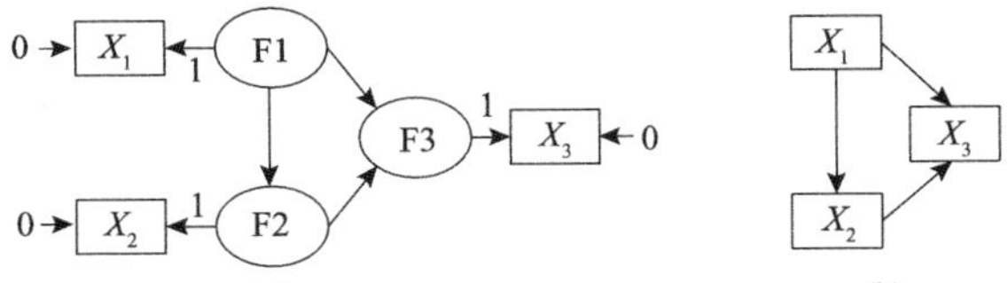

图 7.4　不存在测量模型的结构方程模型

对于诸如图 7.4b 的结构方程模型，研究者只需要知道研究的样本量及所有变量的相关矩阵，就可以展开结构方程建模。这为结构方程模型与元分析的结合提供了可能。首先，元分析可以对双变量关系进行有效整合，据此可以形成多个变量之间的相关矩阵。其次，在进行元分析的时候，我们已经对变量关系进行基于测量误差的修正，此时的变量关系可以看作变量间的真实关系，可以忽略测量模型进行结构方程建模。最后，虽然多变量相关矩阵中任意两个变量关系的样本量是不同的，但研究者可以用不同关系样本量的调和平均数作为总样本量的近似估计，从而使得基于结构方程模型的元分析可以顺利实现。

二、基于结构方程模型元分析的分析步骤

在开展基于结构方程模型元分析时，研究者通常需要先收集相关的基础资料并进行编码，在此基础上进行多次双变量关系元分析，形成多变量关系的相关矩阵，然后再利用结构方程模型软件 Mplus 或者 LISREL 进行结构方程建模。

（一）构建元分析效应值相关矩阵

首先，研究者需要收集模型涉及的所有变量中任意两个变量的相关系数。如果研究者所构建的模型中涉及 N 个变量，则需要开展 $N(N-1)/2$ 次独立的双变量关系元分析，并形成如表 7.1 或者表 7.2 所示的元分析效应值相关矩阵。表 7.1 和表 7.2 均涉及了六个变量，因此研究者需要开展 15 次独立的双变量关系元分析，从而得到 15 个整合效应值。比如，PER 与 INO 的相关系数是 14 个研究、9900 名受访者的整合结果，两者的相关系数为 0.127（$p<0.01$），其95%置信区间为[0.035, 0.217]。研究者完成这两个变量效应值的整合结果后，还需要对其他 14 个变量关系逐一进行整合。如果相关矩阵中任一双变量关系缺失，则无法进行后续的结构方程建模。

表 7.1　基于结构方程模型的元分析效应值相关矩阵（详细版）

变量	INO	PER	TUR	AVE	VER
PER	0.127**				
（k, N）	(14, 9 900)				
95%CI	[0.035, 0.217]				
TUR	–0.214*	–0.159**			
（k, N）	(5, 2 794)	(7, 52 781)			
95%CI	[–0.382, –0.032]	[–0.259, –0.057]			
AVE	0.216***	0.160***	–0.066†		
（k, N）	(20, 12 122)	(41, 177 393)	(5, 52 514)		
95%CI	[0.143, 0.288]	[0.110, 0.210]	[–0.137, 0.006]		
VER	–0.008	0.070***	0.028	0.390***	
（k, N）	(10, 6 427)	(61, 188 502)	(5, 8 938)	(22, 26 792)	
95%CI	[–0.078, 0.063]	[0.028, 0.111]	[–0.037, 0.092]	[0.284, 0.487]	
HOR	–0.054***	0.029*	0.132***	0.160**	0.213***
（k, N）	(5, 7 171)	(27, 57 206)	(5, 6 191)	(18, 26 169)	(9, 33 610)
95%CI	[–0.077, –0.031]	[0.006, 0.051]	[0.086, 0.177]	[0.062, 0.255]	[0.132, 0.291]

注：表中相关系数是基于测量误差修正后的总体相关系数；*表示 p<0.05；**表示 p<0.01；***表示 p<0.001；k 表示效应值数量；N 表示样本量；95%CI 表示总体相关系数的 95%置信区间

表 7.2　基于结构方程模型的元分析效应值相关矩阵（简化版）

变量	INO	PER	TUR	AVE	VER
PER	0.127 (14, 9 900)				
TUR	–0.214 (5, 2 794)	–0.159 (7, 52 781)			
AVE	0.216 (20, 12 122)	0.160 (41, 177 393)	–0.066 (5, 52 514)		
VER	–0.008 (10, 6 427)	0.070 (61, 188 502)	0.028 (5, 8 938)	0.390 (22, 26 792)	
HOR	–0.054 (5, 7 171)	0.029 (27, 57 206)	0.132 (5, 6 191)	0.160 (18, 26 169)	0.213 (9, 33 610)

（二）计算样本量的调和平均数

当完成诸如表 7.1 或者表 7.2 的效应值相关矩阵后，大家可能会发现相关矩阵中任意两个相关系数的样本量都是不同的，这与我们基于一个完整样本形成的相关矩阵有较大的差别。为了解决样本量不统一的问题，研究者需要计算上述相关矩阵中各个效应值样本量的调和平均数，即样本量倒数平均数的倒数，以此来代表基于结构方程模型元分析的样本量（Viswesvaran and Ones，1995）。调和平均数（harmonic mean）的计算公式为

$$H=\frac{1}{\frac{1}{m}\sum_{i=1}^{m}\frac{1}{n_i}}$$

其中，m 为相关系数的个数；n_i 为第 i 个相关系数对应的样本量。表 7.3 是表 7.1 和表 7.2 样本量调和平均数的计算过程。下三角形中的数据为相关系数对应的样本量，上三角形的数据为样本量的倒数，对这些倒数求平均后再取倒数，就可以得到它们的调和平均数为 11 704。Excel 中提供了直接求调和平均数的函数 HARMEAN。

表 7.3　调和平均数计算过程

变量	INO	PER	TUR	AVE	VER	HOR
INO		1/9 900	1/2 794	1/12 122	1/6 427	1/7 171
PER	9 900		1/52 781	1/177 393	1/188 502	1/57 206
TUR	2 794	52 781		1/52 514	1/8 938	1/6 191
AVE	12 122	177 393	52 514		1/26 792	1/26 169
VER	6 427	188 502	8 938	26 792		1/33 610
HOR	7 171	57 206	6 191	26 169	33 610	

（三）开展结构方程建模

获得相关矩阵和调和平均数后，研究者就可以采用 Mplus 或者 LISREL 软件展开结构方程建模了。结构方程模型的输出结果可以分为两类：第一类是模型的拟合程度，常见的拟合指标有 RMSEA、CFI、NNFI（也被称为 TLI）等，这些拟合指标都有临界值（表 7.4），低于临界值即认为数据对模型的拟合程度不好；第二类是变量间关系估计结果，研究者需要检验自己所构建的理论模型中变量关系是否成立。一个好的结构方程模型结果应当拥有良好的拟合指数和显著的变量关系。

表 7.4　常见的拟合指数及其标准

拟合指数	RMSEA	CFI	NNFI	RMR	SRMR	NFI	IFI	GFI	AGFI
标准	<0.08	>0.90	>0.90	<0.08	<0.08	>0.90	>0.90	>0.90	>0.90

第三节　多变量关系元分析实例

本节采用表 7.1 的结果开展基于结构方程模型的元分析。图 7.5 一共涉及六个变量，分别为 VER、HOR、AVE、INO、TUR、PER。VER、HOR、AVE 为自变量，它们会影响 INO、TUR 及 PER 三个因变量，且这三个因变量之间也存在一些因果关系。下文将介绍如何用 Mplus 和 LISREL 软件来开展基于结构方程模型的元分析，并对它们的结果进行解释。

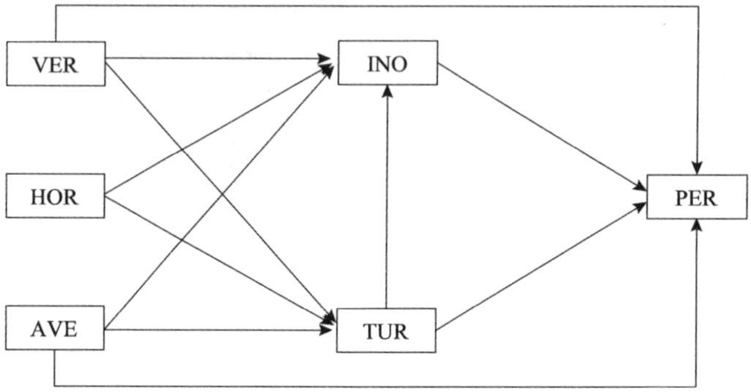

图 7.5　研究模型

一、Mplus 多变量关系元分析的实例

Mplus 是收费软件，也是目前最流行的结构方程模型软件之一。Mplus 软件只需研究者编写非常简单的代码即可完成结构方程建模。研究者首先需要打开 Mplus 软件，将如下代码录入 Mplus 软件中，之后点击“Save”→“Run”按钮即可获得分析结果。

```
DATA:
    FILE IS  " C:\C7-MPLUS.txt " ;
    TYPE is CORRELATION;
    NOBSERVATIONS = 11704;
VARIABLE:
    NAMES ARE PER INO TUR VER HOR AVE;
ANALYSIS:
    TYPE = GENERAL;
    ESTIMATOR = ML;
MODEL:
    INO ON VER HOR AVE TUR;
    TUR ON VER HOR AVE;
    PER ON VER AVE INO TUR;
OUTPUT:
    STD;
```

注：该程序电子版可从本书配套程序 C7-1-MPLUS.txt 获取

没有学过编程的读者可能会觉得上述代码很难理解，但在实际操作过程中，读者只需要简单修改其中几个参数即可实现自己的模型分析。上述 Mplus 代码的具体含义介绍如下。

注意：Mplus 代码中所有的标点符号均为英文标点符号，且每一行代码后边的标点符号不能缺失。

第一行到第四行：数据命令——File is 是界定相关矩阵文件（.txt）的路径，路径一定要完整，并且要加上英文的双引号；Type 说明本例分析是基于相关矩阵进行分析；NOBSERVATIONS 是样本量，即前面计算的调和平均数。大家可以把表 7.5 的相关矩阵数据先录入 Excel 中，不需要录入变量名称，然后另存为“文本文件（制表符分隔）”即可。

第五行到第六行：变量命令——按顺序界定相关矩阵中的变量名称。注意，这里必须按照相关矩阵中变量的顺序来界定，否则会导致混乱且错误的估计。

第七行到第九行：分析模型，默认录入即可，无须更改。

第十行到第十三行：研究模型，ON 用来界定变量之间的关系，因变量在 ON 的前面，自变量在 ON 的后边。本例中一共有 INO、TUR、PER 三个因变量，所以代码有三行。三个因变量后边跟的就是对它产生影响的自变量。从图 7.5 的变量关系可以看到，INO 受到了 VER、HOR、AVE 和 TUR 四个变量的影响（即箭头指向 INO 的变量），所以我们的代码就写成了 INO ON VER HOR AVE TUR；TUR 受到了 VER、HOR 和 AVE 三个变量的影响，所以我们的代码就写成了 TUR ON VER HOR AVE；PER 受到了 VER、AVE、INO 和 TUR 四个变量的影响，所以我们的代码就写成了 PER ON VER AVE INO TUR。

第十四行到第十五行：输出结果设置，本例设为输出标准化结果，无须更改，录入即可。

表 7.5　相关矩阵示例

变量	PER	INO	TUR	VER	HOR	AVE
PER	1.000					
INO	0.127	1.000				
TUR	–0.159	–0.214	1.000			
VER	0.070	–0.008	0.028	1.000		
HOR	0.029	–0.054	0.132	0.213	1.000	
AVE	0.160	0.216	–0.066	0.390	0.160	1.000

从 Mplus 软件的分析结果来看，数据对本节所构建的研究模型拥有良好的拟合：Chi-Square=8.520（*df*=1，*p*=0.0035），RMSEA=0.025（<0.08），CFI=0.996（>0.90），TLI=0.958（>0.90），SRMR=0.006（<0.08）。图 7.6 展示了变量间关系（可点击 Mplus 软件主菜单“Diagram”的子菜单“View Diagram”获取该图）。由图 7.6 可知，VER、HOR、AVE 之间存在双箭头，这是因为 Mplus 软件默认自变量之间具有相关性。如果读者从理论上认为自变量之间不具有相关性，可以通过语句“变量 WITH 变量@0;”来取消变量之间的相关性。比如，如果我们有理由认为 VER 与 HOR 之间不相关，可以在第十行到第十三行的“MODEL”代码中增加“VER WITH HOR@0;”。不过，一般而言，变量之间或多或少地都存在一定的关联性，因此 Mplus 软件默认设置自变量之间存在关联性也是有道理的。

图 7.6 的结果报告了未标准化的相关系数及其标准误（Mplus 软件默认输出非标准化的系数）。在文本输出的结果中，拟合指数可以在“MODEL FIT INFORMATION”一栏中找到；变量之间的非标准化系数及其显著性可以在

“MODEL RESULTS”一栏中找到；变量之间的标准化系数及其显著性可以在“STANDARDIZED MODEL RESULTS”一栏中找到。本节中所有变量间的关系都是显著的，说明研究模型得到了很好的验证。如果读者认真将效应值相关矩阵中的关系与结构方程模型中的关系进行对比，就会发现结构方程模型的路径系数结果与相关矩阵中的双变量关系元分析结果的显著性或者方向存在一定的差异。这说明我们只考虑两个变量之间的关系是不够的，往往需要考虑更多变量之间的相互影响，只有这样才可能得到更加接近现实的结果。

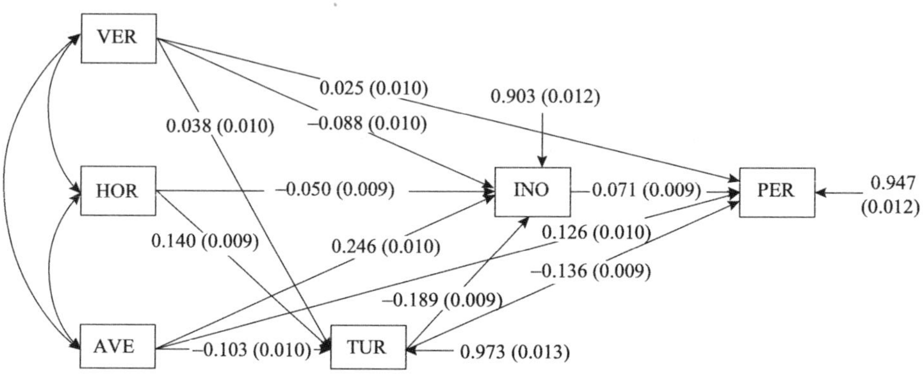

图 7.6　Mplus 软件估计结果图

二、LISREL 多变量关系元分析的实例

LISREL 是结构方程模型领域诞生时间最长、应用最广泛的结构方程模型软件之一。研究者打开 LISREL 软件后，依次点击主菜单“File”→子菜单“New”，在弹出窗口点击“Syntax Only”，选择“确定”按钮，就进入代码编辑框。然后，输入如下代码，点击“Run LISREL”按钮后，即可实现本节的分析。

```
SEM-based Meta-analysis Model
DA NI=6 NO=11704 MA=KM
LA; 'PER' 'INO' 'TUR' 'VER' 'HOR' 'AVE'
KM SY
1.000
0.127    1.000
−0.159   −0.214   1.000
0.070    −0.008   0.028    1.000
0.029    −0.054   0.132    0.213    1.000
0.160    0.216    −0.066   0.390    0.160    1.000
MO NX=3 NY=3 GA=FU,FI BE=FU,FI
FR GA 2 1 GA 2 2 GA 2 3 GA 3 1 GA 3 2 GA 3 3 GA 1 1 GA 1 3
FR BE 1 2 BE 1 3 BE 2 3
PD
OU SS SC ND=3
```

注：该程序电子版可从本书配套程序 C7-2-LISREL.txt 获取

上面的代码看上去很复杂，没学过编程的读者似乎觉得很难理解，但在实际操作过程中，读者只需要简单修改其中几个参数即可实现自己的模型分析。上述 LISREL 代码的具体含义如下。

第一行：模型标题，读者可以自行修改，或者去掉，都不会影响后续分析。

第二行：读者需要修改两个参数，即 NI 和 NO。NI 是研究模型中变量的个数，NO 是样本量，即前面计算的调和平均数。MA 代表分析数据的形式，MA 取值为 KM 时，代表分析数据为相关矩阵形式。

第三行：对变量名称进行界定，如果读者觉得没必要，这一行也可以去掉，系统会自动为变量命名，不影响后续分析。

第四行到第十行：界定变量的相关矩阵，读者可以将相关矩阵替换为自己研究的数据。KM 的意思为皮尔逊相关矩阵，SY 代表只读取对角线下方的元素。因此，KM SY 代表下三角的相关矩阵（表 7.5），紧随该命令的是相关矩阵数据。需要指出的是，LISREL 语法结构对相关矩阵中的变量顺序有要求，即要求因变量必须在前面，而自变量必须在后边。表 7.5 是本例的相关矩阵，可以看到三个因变量 PER、INO、TUR 在前面，而三个自变量 VER、HOR、AVE 则在后边。

第十一行：在本例中，研究者只需要更改 NX 和 NY 的数值即可，其他代码无须更改。MO 代表建构模型的指令开始，NX 是自变量的个数，NY 是因变量的个数，GA 代表 m 个自变量与 n 个因变量关系的参数矩阵（$m \times n$），BE 代表因变量关系的参数矩阵，FU 代表完整矩阵（即任意两个变量之间的参数），FI 代表固定矩阵（即是否估计两个变量的关系）。

第十二行：FR 代表将变量关系设置为自由，即变量间存在关系。GA 用来界定自变量与因变量之间的关系。由于第十一行的 GA 指令将所有变量之间的关系设定为固定（FI），即不存在关系，此处我们将存在关系的变量重新进行设定为自由（FR），比如 GA 21 代表第一个自变量对第二个因变量的影响，即 VER 对 INO 的影响。同理，GA 32 代表第二个自变量对第三个因变量的影响，即 HOR 对 TUR 的影响。

第十三行：FR 代表将变量关系设置为自由，BE 界定因变量之间的关系，本行代码中的数字含义参考第十二行。比如，BE 13 代表第三个因变量对第一个因变量的影响。

第十四行：PD 为出图命令。输入此代码，则点击 Run LISREL 按钮后，默认先输出结构方程模型图。

第十五行：输出结果设置，其中 ND 代表小数位数。

注：LISREL 对相关矩阵中的变量顺序有要求，因变量必须在前，自变量必须在后；如果没有按照此顺序，在界定完相关矩阵之后需要 SE 命令重新将变量排序

LISREL 软件分析结果与 Mplus 软件的分析结果是相同的。不过 LISREL 软件提供的拟合指数更多一些。除了 Chi-Square=8.520（df=1，p=0.0035），RMSEA=0.025，SRMR=0.006，CFI=0.996，NNFI=0.958 等 Mplus 软件提供的拟合指数外，还提供了 RMR=0.006，NFI=0.998，IFI=0.998，GFI=1.00，AGFI=0.995 等拟合指数。从这些指数来看，本节所构建的模型拟合程度很好。

图 7.7 给出了 LISREL 软件估计的系数结果，与 Mplus 软件的结果是相同的，所有系数都是显著的，说明变量关系都得到了元分析结果的支持。读者可以在 LISREL 路径系数图界面选择“Estimates”下拉菜单中的“T-values”选项查看各组系数的 t 统计量取值，随后查 t 值表得到相应系数的显著性水平。当样本量足够大的时候，t>1.96 代表 p<0.05，t>2.58 代表 p<0.01，t>3.29 代表 p<0.001。不过 LISREL 软件的画图功能不是很好，通常都需要研究者自行再美化一下。本节的

图形就是根据软件输出结果美化后的模型图，这也是多数基于结构方程模型元分析的结果报告形式，即报告系数及其显著性水平。

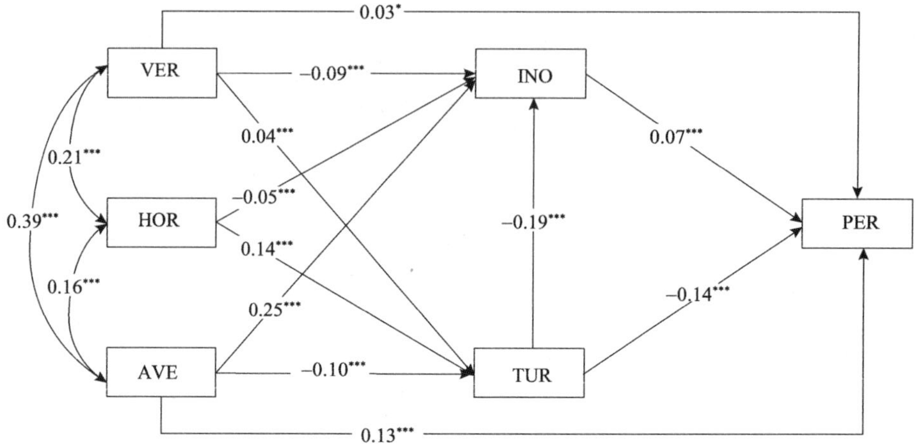

图 7.7　LISREL 软件估计结果图

注：*表示 $p<0.05$；***表示 $p<0.001$

第八章　调节效应元分析

组织与管理领域的研究经常会发现相悖的研究结论。虽然这些研究都有与之对应的基础理论，但这些基础理论都有其特定的边界。超出这个边界，两个变量之间的关系可能会发生质的改变。为此，元分析研究者经常通过调节变量的方式来识别两个变量关系不一致的原因。正如第二章所列举的数据，组织管理领域十种顶级期刊于2014年至2019年发表的元分析论文中，有73篇论文关注调节效应，占比为69.52%，充分显示了调节效应在组织与管理领域元分析中所占的地位。本章主要讲解如何开展不同类型调节变量的元分析，如离散型调节变量元分析和连续型调节变量元分析。

第一节　调 节 变 量

一、调节变量的界定及其检验方法

调节效应（moderating effect）认为自变量 X 对因变量 Y 的影响并不是一成不变的。为了解决自变量与因变量关系不稳定的问题，调节效应需要引入调节变量（moderating variable 或 moderator）。随着调节变量的变化，自变量 X 与因变量 Y 的关系也会发生改变，即调节变量会对 X 与 Y 的关系产生影响（图 8.1）。多数研究认为调节变量对 X 与 Y 关系的影响是线性的。

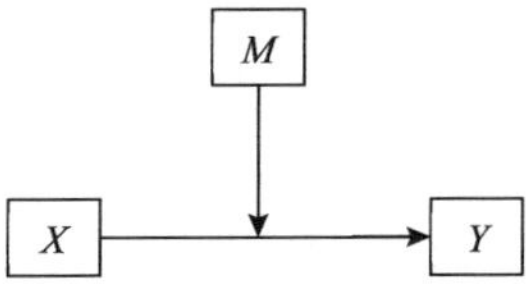

图 8.1　调节效应

调节变量有连续型调节变量和离散型调节变量之分。比如，一位研究者认为企业产权性质与领导情商均会调节员工薪酬与员工绩效之间的关系。他将企业产权性质划分为国有企业和非国有企业，并假定国有企业中员工薪酬与绩效的正相关程度会高于非国有企业。同时，他还收集了数百个部门领导的情商得分，并假定随着领导情商的提升，员工情商与员工绩效之间的正相关程度也会随之增加。在这个例子中，我们可以看到企业产权性质是一个定类尺度（nominal scale）的变量，属于离散型调节变量的范畴，而领导情商是一个定比尺度（ratio scale）的变量，属于连续型调节变量的范畴。

当调节变量是连续型变量时，调节效应可以写成的方程式为

$$Y=a+bX+cM+dXM+\varepsilon$$

其中，X 为自变量；Y 为因变量；M 为调节变量；XM 为 X 与 M 的乘积项（也叫作交互项）；ε 为随机误差项。如果交互项 XM 的系数 d 是显著的，则认为调节效应成立（图 8.1）。

如果调节变量为离散型调节变量，则研究者通常需要比较调节变量 M 取不同参数值的时候，X 与 Y 的回归系数是否存在显著差异。如果调节变量是二分的离散型调节变量，研究者也可以将离散的调节变量转化成虚拟变量（dummy variable），如企业产权性质变量可以转化为国有企业=1、非国有企业=0 的虚拟变量，再按照连续型调节变量的检验方程和思路进行检验。

二、常见的调节效应模式

调节变量在组织与管理领域是非常重要的变量，是实现理论贡献的重要途径，其对企业的实际管理也具有较高的现实指导意义。比如，同事之间的人际冲突往往会给企业绩效带来负面影响，如果我们发现某个调节变量（如领导的任务导向）能够削弱人际冲突对企业绩效的负面影响，并将其应用到实际管理中，有助于为企业减少大量的损失。再如，培训可以提升员工的绩效产出，如果我们发现某个调节变量（如组织的学习型氛围）能够加强培训对员工绩效的正面影响，并在企业管理过程中加以应用，则会给企业带来大量的利润。因此，识别调节变量的调节模式和调节方向是非常重要的。图 8.2 展示了六种常见的显著的调节效应模式，这六种调节效应模式的理论启示和现实指导意义也是完全不同的。图 8.2 中的实线和虚线代表调节变量 M 取不同值时，自变量与因变量的线性关系。

由图 8.2a 可知，当调节变量 M 取不同值的时候，自变量与因变量的关系都是显著正相关的，只不过是 M 取高值等于 $M1$ 时自变量与因变量的正相关程度显著高于 M 取低值等于 $M2$ 的情形。在这种情形中，我们可以认为调节变量加强了正效应，或者削弱了正效应，比如，“什么因素强化了薪酬的正面激励作用”或者“什么因素削弱了辱虐管理与消极情绪的正向关系”就是这种类型的调节效应研究。

由图 8.2b 可知，当调节变量 M 取不同值的时候，自变量与因变量的关系都是显著负相关的，只不过是 M 取高值等于 $M2$ 时自变量与因变量的负相关程度显著

低于 M 取低值等于 $M1$ 的情形。在这种情形中，我们可以认为调节变量削弱了负效应或者加强了负效应，比如，“如何什么因素削弱了冲突的负面作用”或者“什么因素强化了组织规范与员工不道德行为的负向关系”就是这种类型的调节效应研究。

由图 8.2c 可知，当调节变量 M 取不同值的时候，自变量与因变量的关系分别是正相关和零相关，这意味着研究结论在不同的情形中出现了矛盾。当 M 取高值等于 $M1$ 时，自变量与因变量是显著正相关的；当 M 取低值等于 $M2$ 时，自变量与因变量是不相关的。在这种情形中，我们可以认为随着调节变量 M 取值的不同，自变量与因变量的关系由显著正相关变成了不相关，或者由不相关变成了显著正相关。比如，“什么因素导致薪酬的正面激励作用消失”就是这种类型的调节效应研究。

由图 8.2d 可知，当调节变量 M 取不同值的时候，自变量与因变量的关系分别是负相关和零相关，这意味着研究结论在不同的情形中出现了矛盾。当 M 取低值等于 $M1$ 时，自变量与因变量是显著负相关的；当 M 取高值等于 $M2$ 时，自变量与因变量是不相关的。在这种情形中，我们可以认为随着调节变量 M 取值的不同，自变量与因变量的关系由显著负相关变成了不相关，或者由不相关变成显著负相关。比如，“什么因素导致冲突的负面作用消失”就是这种类型的调节效应研究。

由图 8.2e 可知，当调节变量 M 取不同值的时候，自变量与因变量的关系分别是正相关和负相关，这意味着研究结论在不同的情形中出现了方向性的矛盾。当 M 取低值等于 $M2$ 时，自变量与因变量是显著负相关的；当 M 取高值等于 $M1$ 时，自变量与因变量是正相关的。在这种情形中，我们可以认为随着调节变量 M 取值的不同，自变量与因变量会的关系由显著负相关变成了显著正相关，或者由显著正相关变成显著负相关。比如，“为什么薪酬差距对企业绩效的影响存在截然相反的结果”就是这种类型的调节效应研究。

由图 8.2f 可知，当调节变量 M 取不同值的时候，自变量与因变量的关系均不显著。从线段的方向可以看到，当 M 取低值等于 $M2$ 时，自变量与因变量的关系为正但不显著（比如系数 0.0509 与零的差异可能是不显著的）；当 M 取高值等于 $M1$ 时，自变量与因变量的关系为负但不显著（比如系数–0.0509 与零的差异可能是不显著的）。上述效应虽然与零的差异是不显著的，但调节效应却可以是显著的（比如系数 0.0509 与–0.0509 的差异是显著的）。这种调节效应在现实中存在，但比较少见，且从理论上解释起来也比较麻烦，所以这里不再进行过多解释。

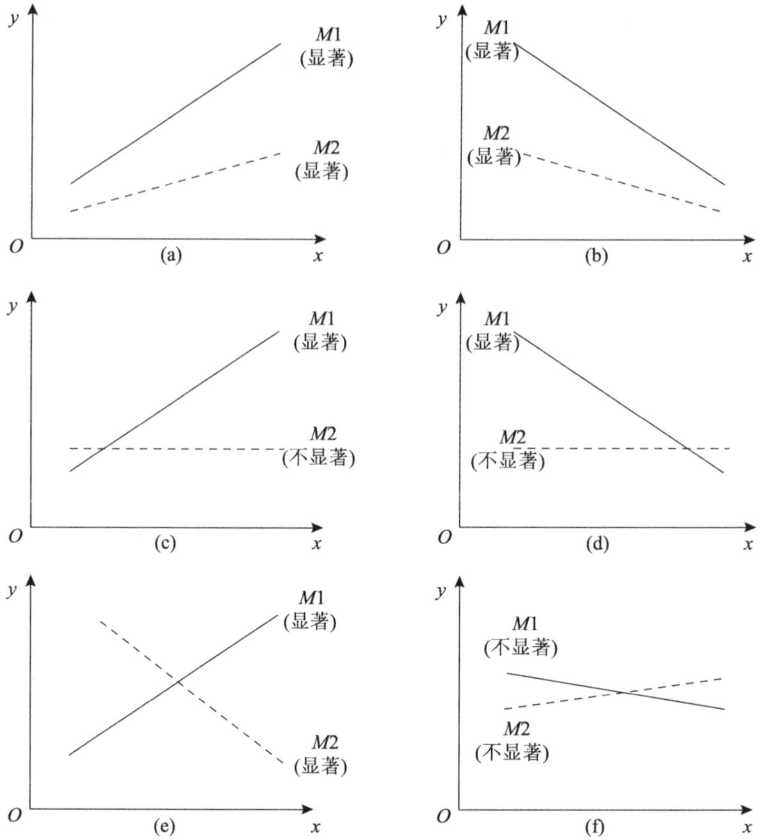

图 8.2　常见的显著的调节效应模式

第二节　离散型调节变量元分析实例

一、离散型调节变量元分析的基本原理

离散型调节变量又称为定类调节变量。离散型调节变量元分析的原理与 t 检验和方差分析的原理非常类似。在统计学中，t 检验主要用于判断两个组别的均值是否有显著差异，而方差分析则可以用来比较两个或者两个以上组别的均值是否有显著差异。由于离散型调节变量可以将用于元分析的效应值分成若干组，因此我们可以通过对各组效应值的方差成分进行分析，进而判断不同组别的均值是否有显著差异。图 8.3 展示了离散型调节变量的基本原理。由图 8.3 可知，14 个效应被分为了 A、B 两个组别，每个组别各包含 7 个效应值。接下来我们需要借助亚组分析（subgroup analysis）来检验 A 组和 B 组的效应值均值是否存在显著差异。如果我们能够证明 A 组和 B 组的效应值均值存在显著差异，则离散型调节变量的调节作用就存在。

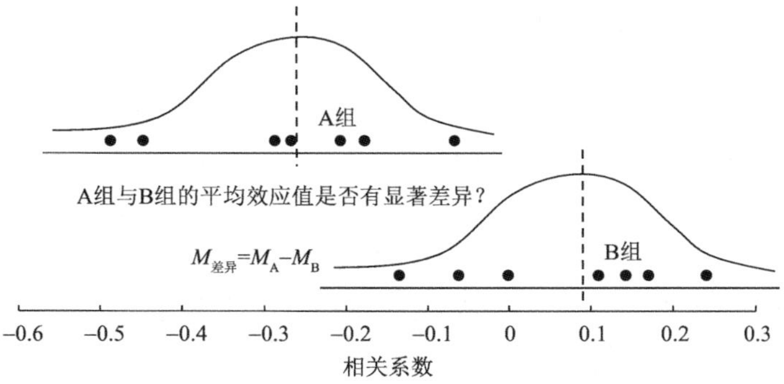

图 8.3　离散型调节变量元分析原理

在第五章的异质性检验部分，本书已经介绍了 Q 统计量，其主要用于检验不同效应值的异质程度。在元分析中，Q 统计量也可以被分解（表 8.1）。如果研究者检验了第 i 个组别所包含效应值的异质性，这个组内异质性被记为 Q_{Wi}。若 Q_i 对应的显著性 $p<0.05$，则代表第 i 组的效应值存在显著差异。由表 8.1 可知，A 组和 B 组的组内 Q 统计量均不显著（Q_{W1}=5.852，p=0.440>0.05；Q_{W2}=4.833，p=0.565>0.05），说明它们各自组别内部的效应值不存在显著差异。

对 i 个组别的组内异质性求和就可以得到整体的组内异质性 Q_W，其计算公式为

$$Q_W = \sum_{i=1}^{j} Q_{Wi}$$

如果是检验不同组别之间效应值的异质性，这个时候检验的是组间异质性，此时的 Q 统计量被称为 Q_B。若 Q_B 对应的显著性 $p<0.05$，则代表不同组别之间的效应值存在显著差异，即离散型调节变量的调节作用成立。由表 8.1 可以看出，A 组和 B 组的组间 Q 统计量是显著的（Q_B=21.261，p=0.000<0.05），说明这两个组别的效应值均值存在明显的不同。

组间异质性统计量 Q_B 和组内异质性统计量 Q_W 之和就是整体异质性统计量 Q_T，即

$$Q_T = Q_W + Q_B$$

表 8.1　离散型调节变量 Q 统计量的分解

组别/分类	Q 统计量	Q 的自由度	p 值
A (Q_{W1})	5.852	6	0.440
B (Q_{W2})	4.833	6	0.565
Within (Q_W)	10.685	12	0.556
Between (Q_B)	21.216	1	0.000
Total (Q_T)	31.901	13	0.002

二、离散型调节变量元分析步骤

从离散型调节变量的分析原理可以看到，研究者需要检验不同组别之间的异质性统计量 Q_B 的显著性，获得该统计量的具体步骤如下（前三步为数据录入）。①打开 C8-1.cma，将数据导入 CMA 软件中。②打开数据文件后，依次点击主菜单"Insert"→"Column for"→"Moderator variable"，在"Variable name"中输入调节变量的名称，并选择 Data type 的类型，包括 Categorical（分类变量）、Integer（整数）或者 Decimal（小数）三类。当然，你也可以直接双击数据表格中空白列的表头，更改变量名称（Variable name）、列功能（Column fuction）和数据类型（Data type）来新增调节变量。③在调节变量列录入或者粘贴调节变量数据，录入完毕后依次点击"File"→"Save as"将数据另存为新的文件。④调节变量录入完毕后，依次点击 CMA 快捷按钮"Run analyses→"→"Next table"快捷按钮，你会看到主效应分析结果。接下来依次点击主菜单"Computational options" →子菜单"Group by"，在弹出的对话框中选择调节变量。在选择了调节变量以后，可看到对话框下面自动增加两个复选框选项"Also run analysis across levels of XXX""Compare effect at different levels of XXX"（XXX 即调节变量名称），勾选这两个复选框（图 8.4），并点击"OK"按钮，就可以看到离散型调节变量的元分析结果。在勾选了"Also run analysis across levels of XXX"选项之后，输出的结果不仅会估计调节变量取不同类别时的整合效应值结果，还会提供不区分类别的所有（Overall，即 Q_T）效应值汇总分析结果。在勾选了"Compare effect at different levels of XXX"选项之后，输出的结果会估计组内（Total within，即 Q_W）异质性检验和组间（Total between，即 Q_B）异质性检验结果。⑤接下来便可看到离散型调节效应元分析结果。你可以点击快捷按钮"High resolution plot"查看不同组别结果的图形展示（图 8.5），点击"Return to table"返回统计表。随后，根据前提假设，

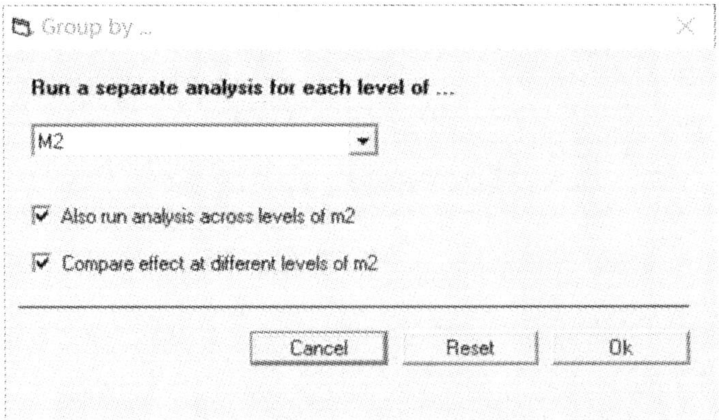

图 8.4　离散型变量的选择与设置

选择报告固定效应模型结果还是随机效应模型结果。如果 Total between 对应的 Q 统计量（通常记作 Q_B）显著，则代表离散型调节变量对主效应有着显著的调节作用。如果该统计量不显著，则代表不存在调节效应，即不同分组之间的效应值并无显著差异。

Group by M2	Study name	Statistics for each study				
		Correlation	Lower limit	Upper limit	Z-Value	p-Value
A	Name(2005)	−0.010	−0.232	0.213	−0.086	0.932
A	Name(2006)	0.615	0.281	0.816	3.283	0.001
A	Name(2008)	0.270	0.052	0.463	2.412	0.016
A	Name(2009)	−0.286	−0.503	−0.034	−2.218	0.027
A	Name(2010)	−0.700	−0.806	−0.552	−6.887	0.000
A	Name(2011)	0.368	0.064	0.609	2.347	0.019
A	Name(2013)	0.076	−0.280	0.414	0.412	0.681
A	Name(2016)	−0.066	−0.359	0.239	−0.418	0.676
A	Name(2017)	−0.437	−0.676	−0.117	−2.612	0.009
A		−0.086	−0.178	0.009	−1.775	0.076
B	Name(2007)	−0.333	−0.649	0.081	−1.586	0.113
B	Name(2012)	−0.324	−0.577	−0.014	−2.046	0.041
B	Name(2014)	−0.588	−0.778	−0.301	−3.635	0.000
B	Name(2015)	−0.332	−0.506	−0.132	−3.184	0.001
B	Name(2018)	−0.538	−0.782	−0.150	−2.621	0.009
B		−0.396	−0.509	−0.270	−5.793	0.000
Overall		−0.186	−0.261	−0.109	−4.692	0.000

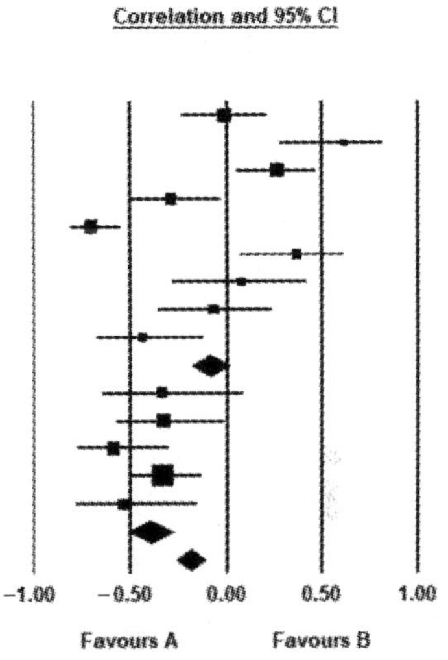

图 8.5　离散型调节效应元分析原始效应值的分组展示

注：图中的效应值是经测量误差修正后的效应值

三、离散型调节变量元分析结果

本书的数据如表 8.2 所示，其中 $M1$ 为连续型调节变量，$M2$ 为离散型调节变量。其他数据与第四章发表偏差数据是相同的。由表 8.2 可知，$M2$ 一共包括 A 和 B 两类。下文按照上一部分的步骤来比较这两组之间的效应值均值是否存在显著差异。

表 8.2　调节效应元分析数据

ID	研究名称	ρ	N	$M1$	$M2$	r	α_x	α_y
1	姓名（2005）	−0.009 90	78	6.641 03	A	−0.008 00	0.816 00	0.801 00
2	姓名（2006）	0.614 70	24	3.583 33	A	0.490 00	0.885 00	0.718 00
3	姓名（2007）	−0.332 84	24	3.583 33	B	−0.260 00	0.703 00	0.868 00
4	姓名（2008）	0.269 81	79	6.379 75	A	0.240 00	0.889 00	0.890 00
5	姓名（2009）	−0.285 57	60	7.583 33	A	−0.267 00	0.928 00	0.942 00

续表

ID	研究名称	ρ	N	$M1$	$M2$	r	α_x	α_y
6	姓名（2010）	−0.700 19	66	4.026 85	A	−0.584 00	0.893 00	0.779 00
7	姓名（2011）	0.367 74	40	5.448 72	A	0.300 00	0.878 00	0.758 00
8	姓名（2012）	−0.324 26	40	4.739 34	B	−0.290 00	0.979 00	0.817 00
9	姓名（2013）	0.076 27	32	6.705 67	A	0.070 00	0.936 00	0.900 00
10	姓名（2014）	−0.588 31	32	5.086 96	B	−0.450 00	0.807 00	0.725 00
11	姓名（2015）	−0.332 22	88	3.647 73	B	−0.270 00	0.849 00	0.778 00
12	姓名（2016）	−0.066 03	43	7.279 07	A	−0.050 00	0.779 00	0.736 00
13	姓名（2017）	−0.437 49	34	4.000 00	A	−0.380 00	0.759 00	0.994 00
14	姓名（2018）	−0.537 96	22	3.727 27	B	−0.490 00	0.928 00	0.894 00

注：该表格数据对应本书配套数据 C8-1.cma

CMA 的原始分析结果如表 8.3 所示。从表中我们可以看到，CMA 分析结果包括固定效应分析（fixed effect analysis）和混合效应分析（mixed effect analysis）结果。可能有读者会发现，这里并没有用随机效应分析的表述。这里混合效应分析的含义是，组内分析采用的是随机效应模型，组间分析采用的固定效应模型；而固定效应分析则是组内和组间分析都采用了固定效应模型。如果不做特殊设置，CMA 软件离散型调节变量分析默认报告的固定效应分析和混合效应分析。

表 8.3　离散型调节效应元分析的 CMA 原始输出结果（Fixed vs. Mixed）

分组	研究数量	效应值及 95%置信区间			显著性（双尾）		异质性				τ平方			
		点估计	下限	上限	Z值	p值	Q值	自由度	p值	I^2	τ^2	标准误	方差	τ
固定效应分析														
A	9	−0.086	−0.178	0.009	−1.775	0.076	78.473	8	0.000	89.805	0.189	0.111	0.012	0.434
B	5	−0.396	−0.509	−0.270	−5.793	0.000	3.359	4	0.500	—	—	0.021	0.000	—
组内加总							81.832	12	0.000					
组间加总							14.697	1	0.000					
整体加总	14	−0.186	−0.261	−0.109	−4.692	0.000	96.529	13	0.000	86.533	0.148	0.072	0.005	0.384
混合效应分析														
A	9		−0.038			−0.327	0.258	−0.248	0.804					
B	5		−0.396			−0.509	−0.270	−5.793	0.000					
组内加总														

续表

分组	研究数量	效应值及 95%置信区间			显著性（双尾）		异质性				τ平方			
		点估计	下限	上限	*Z* 值	*P* 值	*Q* 值	自由度	*P* 值	I^2	τ^2	标准误	方差	τ
组间加总							5.015	1	0.025					
整体加总	14			–0.337		–0.445	–0.218	–5.349	0.000					

如果研究者需要组内和组间分析都采用随机效应模型，可以依次点击主菜单“Computational options”→子菜单“Mixed and random effects options”，在弹出的对话框中第一栏的复选框中选择“Assume a common among-study variance component across subgroups”，在第二栏的复选框中选择“Combine subgroups using random effects model”（图 8.6）。下文将介绍固定效应分析和随机效应分析的结果，如表 8.4 所示。

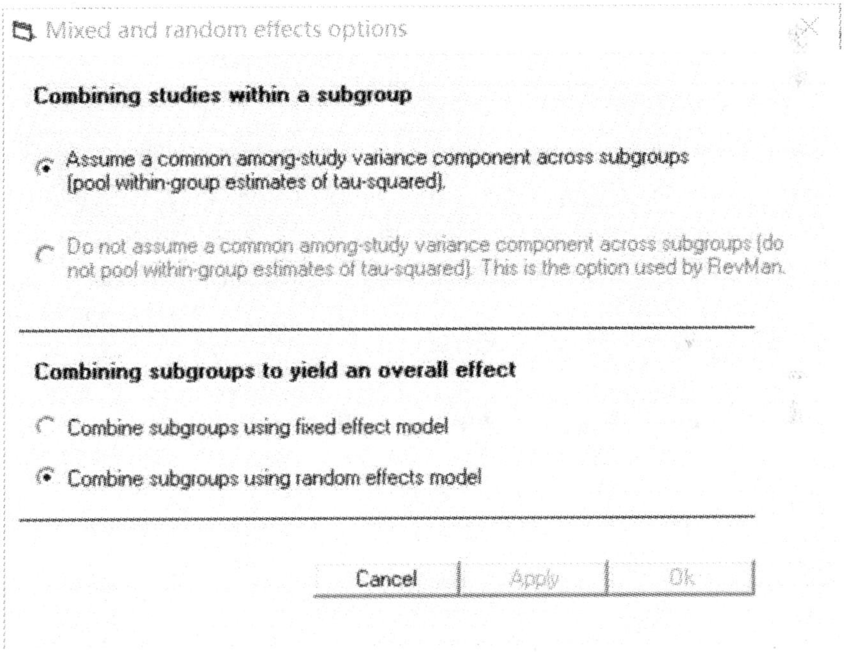

图 8.6　混合与随机效应选项的设置

对比表 8.3 和表 8.4 的分析结果，我们会看到固定效应、混合效应及随机效应的组间异质性检验结果存在较大差异。为了便于比较，我们将三种模型的结果汇总到表 8.5 中。

表 8.4 离散型调节效应元分析的 CMA 原始输出结果（Fixed vs. Mixed）

分组	研究数量	效应值及 95%置信区间			显著性（双尾）		异质性				τ 平方			
		点估计	下限	上限	Z 值	p 值	Q 值	自由度	p 值	I^2	τ^2	标准误	方差	τ
固定效应分析														
A	9	–0.086	–0.178	0.009	–1.775	0.076	78.473	8	0.000	89.805	0.189	0.111	0.012	0.434
B	5	–0.396	–0.509	–0.270	–5.793	0.000	3.359	4	0.500	—	—	0.021	0.000	—
组内加总							81.832	12	0.000					
组间加总							14.697	1	0.000					
整体加总	14	–0.186	–0.261	–0.109	–4.692	0.000	96.529	13	0.000	86.533	0.148	0.072	0.005	0.384
随机效应模型														
A	9	–0.041	–0.295	0.217	–0.309	0.758								
B	5	–0.426	–0.673	–0.093	–2.467	0.014								
组内加总														
组间加总							3.298	1	0.069					
整体加总	14	–0.225	–0.560	0.173	–1.110	0.267								

由表 8.5 可知，固定效应结果显示出 A 和 B 两组的效应值存在非常显著的差异（Q_B=14.697，p=0.000），A 组中自变量与因变量的关系为负但不显著（ρ=–0.086，p=0.076），B 组中自变量与因变量显著负相关（ρ=–0.396，p=0.000）。混合效应结果显示出两组存在显著的差异（Q_B=5.015，p=0.025），但统计功效有所下降。随机效应模型则显示 A、B 两组不存在显著的差异（Q_B=3.298，p=0.069）。

表 8.5 离散型调节效应元分析三种模型分析结果汇总

分组	k	N	r	ρ	SD_ρ	95%置信区间		Q_W	Q_B
						下限	上限		
固定效应模型									
整体	14	662	–0.150***	–0.186***	0.384	–0.261	–0.109	96.529***	—
A	9	456	–0.068	–0.086	0.434	–0.178	0.009	78.473***	14.697***
B	5	206	–0.325***	–0.396***	0.000	–0.509	–0.270	3.359	
混合效应模型									
整体	14	662	–0.255***	–0.337***	0.384	–0.445	–0.218	96.529***	—
A	9	456	–0.038	–0.038	0.434	–0.327	0.258	78.473***	5.015*
B	5	206	–0.325***	–0.396***	0.000	–0.509	–0.270	3.359	

续表

分组	k	N	r	ρ	SD_{ρ}	95%置信区间		Q_W	Q_B
						下限	上限		
随机效应模型									
整体	14	662	–0.184	–0.225	0.384	–0.560	0.173	96.529***	—
A	9	456	–0.042	–0.041	0.434	–0.295	0.217	78.473***	3.298
B	5	206	–0.349*	–0.426*	0.000	–0.673	–0.093	3.359	

注：*为 $p<0.05$；***为 $p<0.001$；k 为效应值个数；N 为样本量；r 为未经测量误差修正的样本平均相关系数；ρ 为经测量误差修正的真实相关系数；SD_{ρ} 为真实相关系数的标准差（τ）；95%置信区间为基于修正的真实相关系数的 95%置信区间；Q_W 为组内异质性检验统计量；Q_B 为组间异质性检验统计量

读者一定会很关心固定效应、混合效应和随机效应模型应当如何选择。Borenstein 等（2009）指出，效应值分析模型的选择主要取决于我们对效应值潜在分布的理解（详见本书第五章第一节）。他们认为，在多数情况下，随机效应模型（即组间和组内都为随机效应）、混合效应模型（即只有组内为随机效应）比固定效应模型（即组间和组内都为固定效应）更合理一些。他们还指出，首先进行固定效应模型的检验，然后根据异质性检验结果的显著性来决定是否转换为随机效应模型或者混合效应模型的策略是错误的。

本节所举的两组比较的例子，如果研究者对调节变量的分组超过了两组，在开展调节效应分析的时候还会涉及两两比较。比如，某研究者将研究设计作为调节变量，并将研究设计分为三种类型：调查研究设计（A 组）、实验研究设计（B 组）、二手数据研究设计（C 组）。此时，研究者需要首先用 CMA 软件检验 A、B、C 三组之间的整体差异是否显著，然后按照前面的步骤依次比较 A 组与 B 组、A 组与 C 组、B 组与 C 组之间的效应值差异是否显著。这一思想与方差分析的事后检验（post hoc analysis）非常类似。

第三节　元回归与连续型调节变量元分析实例

一、元回归

元回归是用来评价效应值异质性及其来源的重要方法。元回归（meta-regression）是指在元分析中使用回归技术来进行分析的方法，其主要目的是分析一个或者多个协变量（即调节变量）对效应值的影响。与分组思想不同，元回归可以用于连续型调节变量的分析，即通过回归的思想来检验连续型调节变量是否会改变自变量与因变量的真实关系，进而引起效应值的不断变化。元回归的基本

表达形式为

$$\rho_i = \beta_0 + \beta_1 x_{1i} + \beta_2 x_{2i} +,\cdots,+\varepsilon$$

其中，ρ_i 为第 i 个研究中的效应值；截距项 β_0 为控制了其他研究特征之后的效应值均值；x_{1i}、x_{2i} 等为研究的不同特征（调节变量）；β_1、β_2 等为这些不同特征的回归系数；ε 为随机误差项。

元回归包括固定效应模型和随机效应模型，二者的主要差别在于截距的前提假定。固定效应模型假定截距项是固定不变的，而随机效应模型则假定截距项是随机的（图 8.7b）中的虚线，斜率相同，截距不同，在不同研究中也是不同的。元回归固定效应模型和随机效应模型的表达式分别为

$$\rho_i = \beta_{\text{固定截距}} + \beta_1 x_{1i} + \beta_2 x_{2i} + \cdots + \varepsilon_i$$

$$\rho_i = \beta_{\text{随机截距}} + \beta_1 x_{1i} + \beta_2 x_{2i} + \cdots + \zeta_i + \varepsilon_i$$

其中，ε_i 为研究内抽样误差；ζ_i 为研究间抽样误差（具体含义详见第五章第一节）。本书将在结果分析部分讨论这两个模型的选择问题。

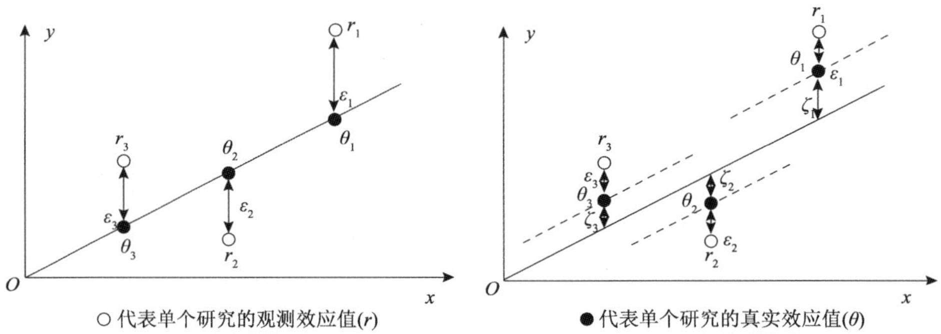

(a)固定效应模型　　(b)随机效应模型

图 8.7　元回归的固定效应模型与随机效应模型

需要指出的是，元回归的调节变量并不局限于连续型变量，也适用于离散型变量调节分析。读者读完本节后，可以采用元回归的方法检验表 8.2 中离散型调节变量 *M*2 的调节作用，并与第二节的亚组分析（subgroup analysis）结果进行对比。尽管有研究者指出元回归方法在某些方面比亚组分析更为正确，但在实际操作过程中，研究者多采用亚组分析来开展离散型调节变量元分析，采用元回归的方法来开展连续型调节变量元分析。

二、连续型调节变量元分析的基本原理

在做元分析的时候，每一个实证研究均报告了自变量 x 与因变量 y 之间的关系，我们将这个关系记为 ρ_i，代表第 i 个研究 x 与 y 关系的效应值。随后，我们以每个实证研究的关系（即效应值 ρ_i）为因变量，以每个实证研究的调节变量 M_i 为自变量，进行元回归，具体公式为

$$\rho=\gamma_0+\gamma_1 M+\varepsilon$$

其中，ρ 为效应值；M 为调节变量；γ_0 为回归方程的截距项；γ_1 为回归系数；ε 为随机误差项。如果该方程的回归系数 γ_1 显著，则说明调节效应是成立的，即 x 与 y 关系的效应值 ρ_i 的确受到调节变量 M_i 的影响。这就是连续型调节变量元分析的思路。

如果是随机效应的元回归方程，则具体公式为（ζ 为随机变异）

$$\rho=\gamma_0+\gamma_1 M+\zeta+\varepsilon$$

图 8.8 展示了连续型调节变量元分析的基本原理。图 8.8a 展示了四个实证研究结果，它们关注的是 x 与 y 的关系，这四个研究中 x 与 y 的相关系数分别为 ρ_1、ρ_2、ρ_3、ρ_4，且 $\rho_1<\rho_2<\rho_3<\rho_4$。这四个研究在 M 变量上的取值分别为 M_1、M_2、M_3、M_4，且 $M_1<M_2<M_3<M_4$。从图 8.8a 中可以看到，随着 M 取值的增大，x 与 y 的相关系数也在不断地增加，完全符合调节变量的界定。但是，这四个研究均没有检验变量 M 在 x 与 y 关系中扮演的调节角色。当这四个研究发表之后，虽然我们无法还原这些研究的原始数据，但我们可以通过这些研究报告的汇总数据实现调节变量的分析。我们可以将这四个研究的相关系数 ρ 作为因变量，将这四个研究 M 变量的均值作为自变量，做 ρ 对 M 的回归，如图 8.8b 所示。可以看到，M 与 ρ 之间呈现显著的线性关系，即随着 M 值的增加，ρ 也在不断增加。换言之，随着 M 值的增加，自变量 x 与因变量 y 的相关系数呈现出了明显的增长趋势，从而验证了 m 的调节作用。这就是连续型调节变量元分析的原理。

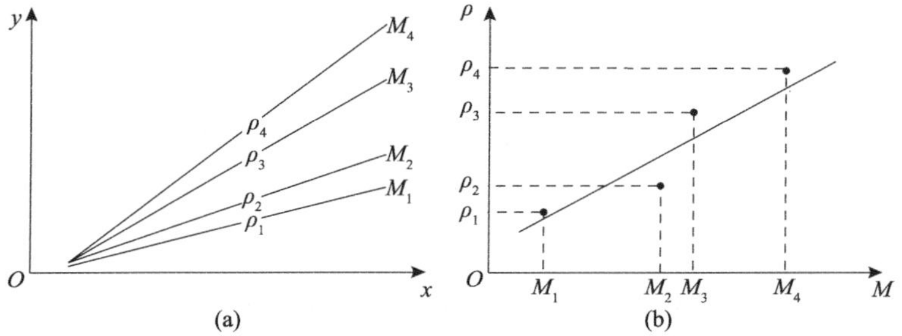

图 8.8　连续型调节变量元分析的基本原理

一般而言，采用元回归方法来分析连续型调节变量对研究数量有一定的限制，一些研究者认为元回归不适用效应值数量或者研究数量小于 10 的情形（Higgins and Green，2011）。

三、连续型调节变量元分析步骤

由连续型调节变量的分析原理可知，研究者需要检验调节变量与效应值回归系数的显著性，获得该统计量的具体步骤如下：①打开 CMA 软件，按照本章离散型调节变量元分析的前三步录入数据或者直接打开本书配套数据 C8-1.cma；②依次点击 CMA 软件中快捷按钮 "Run analyses" →主菜单 "Analyses" →子菜单 "Meta regression 2" 后，可以看到弹出窗口 "Covariates not on main screen"。在该弹出窗口中，研究者可选择需要纳入分析的连续型调节变量，点击 "Add to main screen" 按钮，随后可以关闭 "Covariates not on main screen" 窗口。接下来研究者会看到刚才选择的调节变量会被添加到元回归界面。研究者勾选要纳入分析的调节变量后（可以勾选多个调节变量），点击屏幕右上角的 "Run regression" 按钮，即可看到元回归分析结果。

四、连续型调节变量元分析结果

我们可以点击右上侧的 "Scatterplot" 快捷按钮或者 "Main results" 在散点图和主要结果之间进行切换。图 8.9 展示了调节变量 $M1$ 与效应值的散点图，从图中我们大致可以看到二者呈现出正相关的关系。

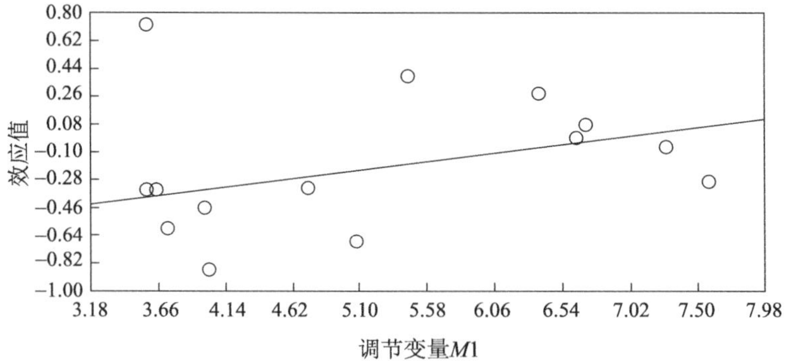

图 8.9　调节变量 $M1$ 与效应值的散点图

注：图中纵坐标为效应值的 Fisher's Z 转化结果

在 "Main results" 界面，研究者可以点击窗口左下角的 "Fixed" 或者 "Random" 按钮来查看固定效应元回归结果或者随机效应元回归结果，如表 8.6 所示。由表 8.6 可知，在固定效应模型中，$M1$ 与效应值显著正相关（β=0.112，Z=4.028，

p=0.000），说明随着 $M1$ 取值的增加，效应值 ρ 也会越来越大。由于 ρ 的主效应为负，这就意味着随着 $M1$ 的增加，ρ 的取值越来越接近零，所以我们可以认为 $M1$ 削弱了自变量与因变量负相关的关系。在随机效应模型中，$M1$ 与效应值的关系不显著（β=0.084，Z=1.125，p=0.260），即 $M1$ 的调节效应不显著。

表 8.6 连续型调节变量元分析结果

协变量	回归系数	标准误	95%CI 下限	95%CI 上限	Z 值	双尾显著性
固定效应模型						
截距	−0.789	0.154	−1.091	−0.486	−5.111	0.000
$M1$	0.112	0.028	0.057	0.166	4.028	0.000
随机效应模型						
截距	−0.625	0.406	−1.421	0.171	−1.538	0.124
$M1$	0.084	0.075	−0.063	0.231	1.125	0.260

注：该表格数据对应本书配套数据 C8-1.cma

当然，CMA 软件也报告了 Q 统计量的检验结果（表 8.7），Q_{Total} 为截距的整体组间方差（T^2_{Total}）对应的 Q 统计量；Q_{Model} 为截距方差被回归系数解释掉的那部分方差（T^2_{Model}）所对应的 Q 统计量（类似于离散型调节变量元分析中的组间异质性检验统计量 Q_B）；Q_{Residual} 为截距方差没有被回归系数解释掉的那部分方差（T^2_{Residual}）所对应的 Q 统计量（类似于离散型调节变量元分析中的组内异质性检验统计量 Q_W），Q_{Model} 与 Q_{Residual} 之和等于 Q_{Total}，T^2_{Model} 与 T^2_{Residual} 之和等于 T^2_{Total}。此外，CMA 软件还提供整个回归模型的可决系数（本例中的 R^2=0.09），其计算公式为

$$R^2 = \frac{T^2_{\text{Model}}}{T^2_{\text{Total}}} = 1 - \frac{T^2_{\text{Residual}}}{T^2_{\text{Total}}}$$

表 8.7 连续型调节变量元分析异质性检验结果

参数类型	Q	Q 统计量的自由度	Q 统计量的显著性水平	Tau^2	Tau	I^2	R^2
模型	16.23[a] 1.27[b]	1	0.00[a] 0.21[b]	0.01	0.12	93.84%[a] 21.26%[b]	0.09
残差	80.30	12	0	0.13	0.37	85.06%	
整体	96.53	13	0	0.15	0.38	86.53%	

注：该表格数据对应本书配套数据 C8-1.cma；a 为固定效应模型的结果；b 为随机效应模型结果；表格中灰色部分为手动计算得到的结果

我们可以看到本节中固定效应模型与随机效应模型的分析结果是完全不同

的。与固定效应模型相比，随机效应模型认为每一个研究样本都是该样本所代表总体的抽样，由于不同研究总体之间的差异，我们不能再单纯根据样本量来给研究赋予权重。因此，随机效应模型会给样本量较小的研究赋予更大的权重，而给样本量较大的研究赋予相对较小的权重，以保证每一个研究分配的权重更加合理。这样做的结果是，随机效应模型效应值的置信区间会更宽，其系数显著的可能性也会更低（Borenstein et al.，2009）。由本节两种模型的结果可以看出，固定效应模型的系数是显著的，但随机效应模型的系数是不显著的。

元回归模型的选择必须根据研究的情境和特征来进行选择。如果研究者从理论上认为真实效应值的异质性不能够被调节变量解释，则随机效应模型更加合适（Borenstein et al.，2009）。不过，绝大多数情形下，随机效应模型更加合理一些。研究者不能单纯依据元回归固定效应模型的异质性检验结果来决定采取固定效应模型还是随机效应模型。

第九章　中介效应元分析

在组织与管理研究领域，研究者可能会对自变量影响因变量的过程感兴趣。比如，当某位研究者发现高管团队的权力差距会对企业绩效产生影响时，其他研究者可能会产生疑问，权力差距是通过什么样的心理或者行为机制转化为企业绩效的呢？这个我们看不到的心理或者行为机制就像一个“黑箱”，随着我们对这一机制的不断探索，这一“黑箱”将逐渐变得透明，最终我们能够清楚地了解这个“黑箱”的内部运作机理。解构“黑箱”通常需要关注组织与管理领域另一个重要的变量类型——中介变量。在 *AMJ*、*AMR*、*ASQ*、*JAP*、*JIBS*、*JOM*、*OS*、*ORM*、*PP*、*SMJ* 十种组织管理领域顶级期刊于 2014 年 1 月至 2019 年 5 月发表的元分析论文中，有 27 篇论文关注中介效应，占比为 25.71%。相信随着国内实证研究数量的积累及元分析技术的发展，关注中介效应的元分析论文将会越来越多。

第一节　中介变量及其检验方法

一、中介变量的界定

当自变量 X 通过变量 M 来间接影响因变量 Y 时，变量 M 就被定义为中介变量（图 9.1）。中介变量通常用来解释变量关系的作用机制，即 X 是如何（how）影响 Y 的。

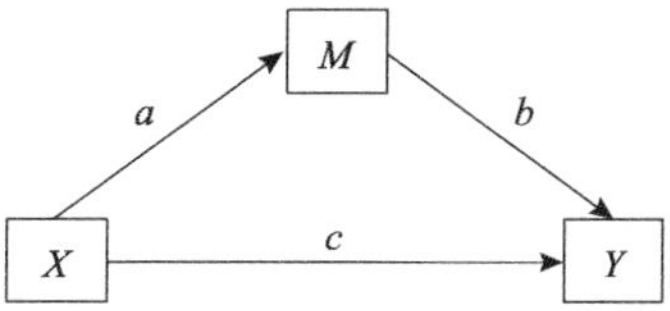

图 9.1　中介变量

二、常见的中介效应检验方法

一般而言，中介效应需要检验图 9.1 中系数 a（即自变量与中介变量的系数）

与系数 b（即中介变量与因变量的系数）的乘积项 $a \times b$ 的显著性。目前比较流行的中介效应检验方法为依次检验法、Sobel 法（也被称作 Delta 法）、蒙特卡罗置信区间法（Monte Carlo confidence interval method）和 Bootstrap 法（Preacher and Selig，2012；温忠麟和叶宝娟，2014b）。

（一）依次检验法

Baron 和 Kenny（1986）提出了中介效应的逐步检验法。该方法将中介效应的检验分为三步（图 9.2）：第一步，做因变量对自变量的回归，并将回归系数记为 c'；第二步，做中介变量对自变量的回归，并将回归系数记为 a'；第三步，做因变量对自变量和中介变量的回归，将因变量与自变量的回归系数记为 c，将因变量与中介变量的回归系数记为 b。

如果第一步的回归系数 c'、第二步的回归系数 a'和第三步的回归系数 b 均显著，则中介效应成立。如果第三步的回归系数 c 显著，则为部分中介；如果第三步的回归系数 c 不显著，则为完全中介。

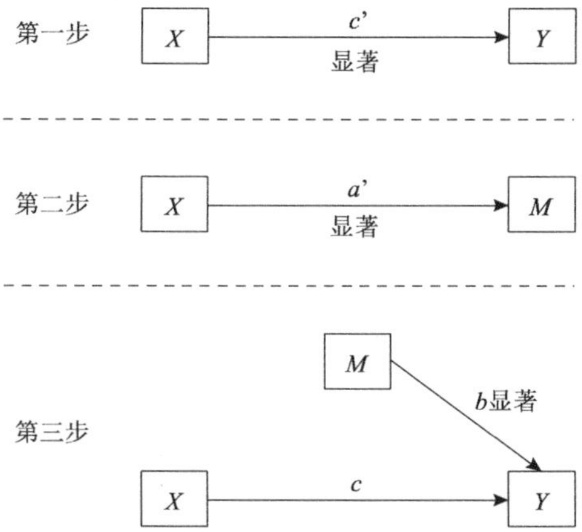

图 9.2　Baron 和 Kenny 的依次检验法中介效应分析策略

由依次检验法可知，自变量对因变量产生显著的直接影响是使用该方法的前提。此外，该方法要求自变量与中介变量的系数 a、中介变量与因变量的系数 b 都必须显著。也有不少研究者对该方法提出了批判，认为 $a \times b$ 显著并一定意味着系数 a 和系数 b 都得显著。他们指出该方法过于严格，容易排除那些 $a \times b$ 显著但系数 a 或系数 b 不显著的结果。

（二）Sobel 法

与依次检验法的思路不同，Sobel 法是直接检验系数 a 与 b 的乘积项 $a \times b$ 的显著性。如果 $a\times b$ 显著，则中介效应成立；如果 $a\times b$ 不显著，则中介效应不成立。Sobel 法检验 $a\times b$ 显著性的统计量公式为

$$Z=\frac{\hat{a}\hat{b}}{\sqrt{\hat{a}^2 s_b^2+\hat{b}^2 s_a^2}}$$

其中，$\hat{a}$ 和 $\hat{b}$ 分别为 a 和 b 的估计；s_a 和 s_b 分别为 a 和 b 的标准误。已有计算机仿真研究证实了该方法优于依次检验法。Mplus 软件间接效应命令（model indirect）默认的估计方法为 Sobel 法，不过 Mplus 软件将 Sobel 法称作 Delta 法，其实际含义是一样的（Sobel，1982）。

（三）蒙特卡罗置信区间法

与 Sobel 的点估计思路不同，蒙特卡罗置信区间法是基于系数 a 和 b 的点估计结果来估计系数乘积项 $a\times b$ 置信区间的一种方法，并根据该置信区间来判断中介效应的显著性（Preacher and Selig，2012）。研究者在使用蒙特卡罗法估计中介效应置信区间时，通常需要三个步骤（MacKinnon et al.，2004）：第一步是通过常规的点估计法获得系数 a 和 b 的估计值及标准误 s_a 和 s_b；第二步是使用系数 a 和 b 的乘积项 $a\times b$ 产生不少于 1000 个随机样本；第三步是基于第二步所生成的随机样本计算系数乘积项 $a\times b$ 置信区间的上限和下限。如果 95%置信区间不包含零，则代表中介效应成立，否则中介效应不成立。

（四）Bootstrap 法

Sobel 法构造的统计量需要服从正态分布，而这一要求很难满足，从而造成该方法的估计可能是不准确的。为了克服 Sobel 法的局限性，研究者使用 Bootstrap 法来取代 Sobel 法。Bootstrap 法是一种有放回的重复抽样方法，然后依据重复抽样的结果来估计系数乘积项 $a\times b$ 的估计值。然而，该方法并不适用中介效应的元分析，主要原因在于该方法要求对原始样本进行抽样，而元分析显然无法还原原始样本。

从统计功效来看，Sobel 法、蒙特卡罗置信区间法、Bootstrap 法明显优于依次检验法（温忠麟和叶宝娟，2014b）。在使用 Sobel 法、蒙特卡罗置信区间法和 Bootstrap 法开展中介效应元分析时，研究者通常需要借助结构方程模型技术来进行估计。近期的计算机仿真研究表明，在使用结构方程模型开展中介效应估计时，蒙特卡罗置信区间法明显优于 Sobel 法，且在某些方面优于 Bootstrap 法（Tofighi and MacKinnon，2016）。由于 Bootstrap 法不适用于没有原始数据的中介效应元分析检验，因此本书将介绍如何用依次检验法、Sobel

法和蒙特卡罗置信区间法来实现中介效应元分析。

第二节　中介效应元分析检验实例

无论是使用依次检验法还是 Sobel 法来检验中介效应，都需要借助结构方程模型分析软件来实现。考虑到 Sobel 法的统计功效更优，本书推荐使用 Sobel 法来开展中介效应元分析（Kong et al.，2014）。

一、通过依次检验法检验中介效应元分析的实例

研究者需要按照第七章第二节基于结构方程模型元分析的基本步骤来进行中介效应检验。研究者需要使用 CMA 软件或者其他元分析软件整合自变量、中介变量和因变量的元分析效应值相关系数矩阵，如表 9.1 所示。根据该相关矩阵，可以得到样本量的调和平均数 5814（计算公式详见第七章）。表 9.1 已经展示了自变量与因变量的系数、自变量与中介变量的系数均显著，所以下文只需要通过 Mplus 软件或者 LISREL 软件验证依次检验法的第三个步骤即可。

表 9.1　中介效应元分析效应值相关矩阵

变量	*Y*	*M*
Y		
M	0.173*** (24, 9 131)	
X	–0.083*** (10, 3 923)	–0.164*** (18, 6 598)

注：括号外为基于测量误差修正后的总体相关系数；***表示 $p<0.001$；括号内的两个数字分别为效应值数量 k 和样本量 N

（一）Mplus 软件中通过依次检验法检验中介效应元分析的实例

Mplus 软件验证依次检验法第三步的代码及其含义如表 9.2 所示。

表 9.2　依次检验法中介效应元分析 Mplus 代码示例

命令	含义
DATA:	数据命令
FILE IS " C:\C9-1-MPLUS.txt " ;	界定文件位置（需更改）
TYPE is CORRELATION;	界定数据类型为相关矩阵
NOBSERVATIONS = 5814;	界定样本量（需更改）
VARIABLE:	变量命令
NAMES ARE Y M X;	界定变量名称（需更改）

续表

命令	含义
ANALYSIS:	分析命令
TYPE = GENERAL;	界定类型
ESTIMATOR = ML;	估计方法
MODEL:	模型命令
Y ON X M;	界定 *Y* 对 *X*、*M* 的回归（需更改）
M ON X;	界定 *M* 对 *X* 的回归（需更改）
OUTPUT:	输出命令
STD;	输出标准化估计结果

注：该表格数据对应本书配套数据 C9-1.txt；表格中程序电子版可从本书配套程序 C9-1-MPLUS.txt 获取

Mplus 软件分析结果如图 9.3 和表 9.3 所示，可以看到当自变量 *X* 和中介变量 *M* 进入回归模型后，*M* 与 *Y* 的系数均显著（β=0.164，p=0.000），因此中介效应得证。又因为 *X* 与 *Y* 的系数也显著（β=–0.056，p=0.000），所以该中介效应为部分中介。由于模型为饱和模型（saturated model），故拟合指数是“完美的”（The Model is Saturated, the Fit is Perfect），即 RMSEA=0，CFI=1，TLI=1，SRMR=0。

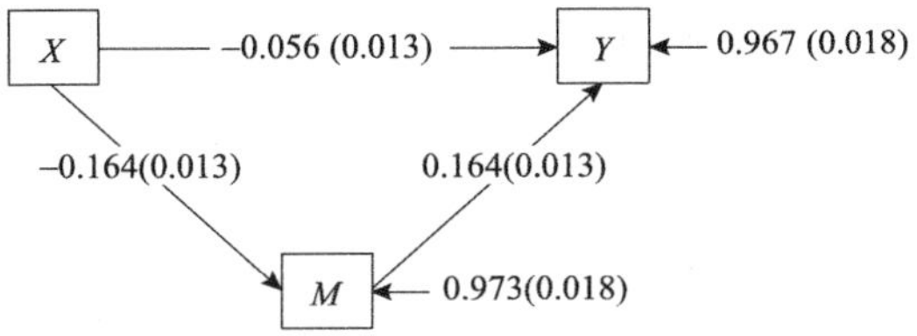

图 9.3　Mplus 软件中介效应元分析路径分析图

注：括号外数据为未标准化的回归系数，括号内数据为标准误，前者除以后者可得 *Z* 值（大样本 *Z*>1.96 即显著）

表 9.3　Mplus 软件中介效应元分析系数结果

变量	系数估计值	系数标准误	*Z* 值	显著性水平
		Y　　ON		
X	–0.056	0.013	–4.293	0.000
M	0.164	0.013	12.527	0.000
		M　　ON		
X	–0.164	0.013	–12.677	0.000
		残差		
Y	0.967	0.018	53.917	0.000
M	0.973	0.018	53.917	0.000

（二）LISREL 中通过依次检验法检验中介效应元分析的实例

LISREL 验证依次检验法第三步的代码如表 9.4 所示。

表 9.4　依次检验法中介效应元分析 LISREL 代码示例

代码	含义
SEM-based Meta-analysis Model	标题
DA NI=3 NO=5814 MA=KM	修改 NI（变量数）和 NO（样本量）
LA; 'Y' 'M' 'X'	界定变量名称
KM SY	界定相关矩阵
1.000	相关矩阵第一行
0.173　1.000	相关矩阵第二行
−0.083−0.1641.000	相关矩阵第三行
MO NX=1 NY=2 GA=FU,FI BE=FU,FI	修改 NX(自变量数)和 NY(因变量数)
FR GA 1 1 GA 2 1	界定自变量对中介/因变量的影响
FR BE 1 2	界定中介变量对因变量的影响
PD	画图命令
OU SS SC ND=3	输出命令

注：该表格程序电子版可从本书配套程序 C9-2-LISREL.txt 获取

LISREL 软件分析结果如图 9.3 所示，结果与 Mplus 软件分析结果完全一致。

二、通过 Sobel 法检验中介效应元分析的实例

Mplus 软件和 LISREL 软件中均内置了利用 Sobel 法估计间接效应乘积项的程序，所以进行 Sobel 检验中介效应只需在依次检验法分析程序的基础上增加间接效应的命令即可。

（一）通过 Sobel 法检验中介效应元分析的 Mplus 软件代码及结果

Mplus 软件通过 Sobel 法估计间接效应乘积项的命令为“MODEL INDIRECT”，代码如表 9.5 所示。因此，研究者只需要在表 9.2 代码的基础上增加“MODEL INDIRECT”命令，界定 X 到 Y 的间接效应（Y ind X），就可以在 Mplus 软件的输出结果中看到中介效应分析结果。

表 9.5　Sobel 法中介效应元分析 Mplus 软件代码示例

代码	含义
DATA:	数据命令
FILE IS　" C:\C9-1-MPLUS.txt " ;	界定文件位置（需更改）
TYPE is CORRELATION;	界定数据类型为相关矩阵
NOBSERVATIONS = 5814;	界定样本量（需更改）
VARIABLE:	变量命令

续表

代码	含义
NAMES ARE Y M X;	界定变量名称（需更改）
ANALYSIS:	分析命令
TYPE = GENERAL;	界定类型
ESTIMATOR = ML;	估计方法
MODEL:	模型命令
Y ON X M;	界定 Y 对 X、M 的回归（需更改）
M ON X;	界定 M 对 X 的回归（需更改）
MODEL INDIRECT:	间接效应命令：
Y ind X;	界定 X 到 Y 的间接效应
OUTPUT:	输出命令
STD;	输出标准化估计结果

注：该表格数据对应本书配套数据 C9-1.txt；表格中程序电子版可从本书配套程序 C9-3-MPLUS-SOBEL.txt 获取

由表 9.6 的分析结果可知，X 通过 M 影响 Y 的间接效应估计值为–0.027（p=0.000），该值即前面所说的系数乘积项 $a \times b$（即图 9.3 中系数 a 乘以系数 b=–0.164×0.164=–0.027）。由于该乘积项的系数是显著的，所以中介效应得到验证。此外，表 9.6 还反映了 X 到 Y 的直接效应为–0.056，总效应为–0.083，即直接效应（–0.056）与间接效应（–0.027）之和。

表 9.6　Sobel 法中介效应元分析结果（Mplus 软件）

变量	系数估计值	系数标准误	Z 值	显著性水平
Effects from X to Y （X 到 Y 的效应）				
总体效应	–0.083	0.013	–6.349	0.000
总体间接效应	–0.027	0.003	–8.910	0.000
Specific indirect （具体的间接效应）				
Y				
M				
X	–0.027	0.003	–8.910	0.000
Direct （直接效应）				
Y				
X	–0.056	0.013	–4.293	0.000

（二）通过 Sobel 法检验中介效应元分析的 LISREL 软件代码及结果

LISREL 软件通过 Sobel 法估计间接效应乘积项的命令为 EF，只需要在表 9.4 输出命令 OU 后边增加一个 EF 即可，代码如表 9.7 所示。不过 EF 只能输出一个变量到另一个变量中间所有间接效应之和。如果 X 与 Y 之间有两个或者以上中介变量（如 $M1$ 和 $M2$），我们看不到 $X \to M1 \to Y$ 和 $X \to M2 \to Y$ 各自的间接效应，只能看到这两个间接效应之和。如果想知道多个中介变量各自的间接效应，需要做更多的设置，详见本章第三节。

表 9.7　Sobel 法中介效应元分析 LISREL 软件代码示例

代码	含义
SEM-based Meta-analysis Model	标题
DA NI=3 NO=5814 MA=KM	修改 NI(变量数)和 NO(样本量)
LA; 'Y' 'M' 'X'	界定变量名称
KM SY	界定相关矩阵
1.000	相关矩阵第一行
0.173　1.000	相关矩阵第二行
–0.083–0.1641.000	相关矩阵第三行
MO NX=1 NY=2 GA=FU,FI BE=FU,FI	修改 NX(自变量数)和 NY(因变量数)
FR GA 1 1 GA 2 1	界定自变量对中介/因变量的影响
FR BE 1 2	界定中介变量对因变量的影响
PD	画图命令
OU SS SC ND=3 **EF**	输出命令，**EF** 估计间接效应

注：该表格程序电子版可从本书配套程序 C9-4-LISREL-SOBEL.txt 获取

随后，研究者就可以在输出结果中找到“Total and Indirect Effects”的分析结果（表 9.8），系数及标准误的估计结果与 Mplus 软件完全一致，不过 Mplus 软件检验显著性的参数是 Z 值，而 LISREL 软件检验显著性的参数是 t 值（可查表），当样本量比较大时，二者几乎是等价的。对于元分析而言，样本量通常都比较大，此时 t>1.96 代表 p<0.05，t>2.58 代表 p<0.01，t>3.29 代表 p<0.001。

表 9.8　Sobel 法中介效应元分析结果（LISREL 软件）

变量	X 到 Y 的总体效应		X 到 Y 的间接效应
	X		X
Y	–0.083 (–0.013) –6.351	Y	–0.027 (–0.003) –8.911
M	–0.164 (–0.013) –12.677	参数含义	路径系数 (标准误) t 值

三、通过蒙特卡罗置信区间法检验中介效应元分析的实例

前面的依次检验已经给出了系数 a 和 b 的估计值以及标准误 s_a 和 s_b，接下来研究者可以使用 R 软件来实现蒙特卡罗置信区间检验。R 软件是一个开源且免费

的统计软件，其实现蒙特卡罗置信区间估计的代码示例见表 9.9（Preacher and Selig，2012）。

表 9.9　蒙特卡罗置信区间法 R 代码示例

代码	含义
a1= –0.164	自变量到中介变量的系数
b1= 0.164	中介变量到因变量的系数
a1std=0.013	自变量到中介变量系数的标准误
b1std=0.013	中介变量到因变量系数的标准误
rep=20000	随机生成样本参数的数量
conf=95	置信区间水平
a1vec=rnorm(rep)*a1std+a1	系数 a1 的随机向量
b1vec=rnorm(rep)*b1std+b1	系数 b1 的随机向量
total=a1vec*b1vec	总体效应值
low=(1–conf/100)/2	双尾下限的置信水平
upp=((1–conf/100)/2)+(conf/100)	双尾上限的置信水平
LL=quantile(total,low)	置信区间下限
UL=quantile(total,upp)	置信区间上限
LL4=format(LL,digits=4)	置信区间下限保留四位小数
UL4=format(UL,digits=4)	置信区间上限保留四位小数
hist(total,breaks = 'FD',col ='skyblue', xlab=paste(conf,'% Confidence Interval ',' LL',LL4,' UL',UL4), main ='Distribution of Total Indirect Effect')	作图命令

注：该表格程序电子版可从本书配套程序 C9-5-R-MC.txt 获取

在 R 软件里输入以上代码并点击回车后，将会出现如图 9.4 所示的中介效应分布图。由图 9.4 可以看到，蒙特卡罗置信区间的下限和上限分别为–0.033 07 和–0.021 13。蒙特卡罗置信区间结果报告可参考相关文献（Badura et al.，2018）。

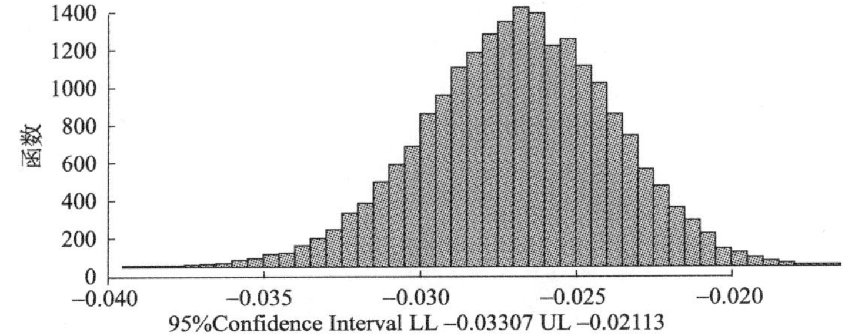

图 9.4　中介效应蒙特卡罗置信区间分布

第三节 多重中介效应元分析检验实例

第二节的例子仅仅展示了一个中介变量的情形。如果有多个中介变量时，即存在多重中介效应（图 9.5），或者中介变量之间有因果关系，即存在多重链式中介效应（图 9.6 所示，即 AVE→TUR→INO→PER），我们就需要在同一个模型中估计这些间接效应。根据中介效应的 Sobel 法检验思路，我们需要计算这些间接路径系数的乘积项。比如，图 9.5 中我们需要估计两条间接路径的乘积项：$a_1 \times b_1$、$a_2 \times b_2$；图 9.6 中我们需要估计三条间接路径的乘积项：$a \times e$、$d \times c$、$a \times b \times c$。只要这些间接效应乘积项的系数显著，我们就可以认为其对应的间接路径成立。Mplus 和 LISREL 软件均可以非常快捷地实现这些参数的估计。

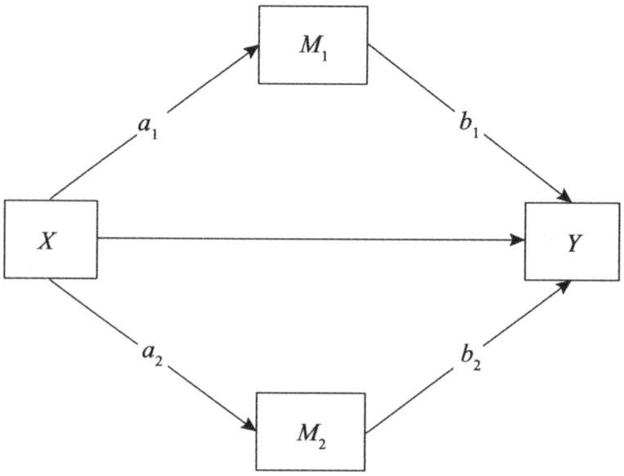

图 9.5 多重中介效应

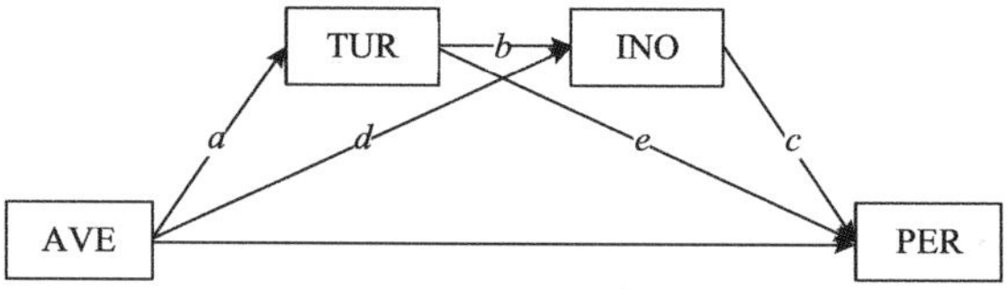

图 9.6 多重链式中介效应

一、多重中介效应元分析的 Mplus 软件实例

Mplus 软件的“MODEL INDIRECT”命令可以实现多重中介效应的自动估计。以第七章第三节的结构方程模型元分析为例，该模型中有六个变量，既存在简单的中介效应也存在多重链式中介的关系。此前的模型有些复杂，在这里我们使用“USEVARIABLES”命令将模型的变量简化为四个，即仅保留 AVE、TUR、INO 和 PER 四个变量（表 9.10），并估计如图 9.6 所示的链式多重中介模型。由于在

分析中去掉了两个变量，样本量的调和平均数变为了 10 256（表 9.10）。

我们在之前的程序中增加了"MODEL INDIRECT"命令，估计 AVE 到 PER 之间所有的中介效应。由图 9.6 可知，AVE 与 PER 之间存在三个间接路径，即 AVE→TUR→PER、AVE→INO→PER、AVE→TUR→INO→PER。多重中介效应分析的 Mplus 软件代码如表 9.10 所示（具体含义可以参考第七章第三节的代码解释）。

表 9.10　Mplus 软件多重中介效应元分析代码

代码	解释
DATA:	√
FILE IS " C:\C7-MPLUS.txt " ;	界定文件地址
TYPE is CORRELATION;	√
NOBSERVATIONS = 10256;	界定样本量
VARIABLE:	√
NAMES ARE PER INO TUR VER HOR AVE;	界定变量名称
USEVARIABLES = PER INO TUR AVE;	界定使用的变量
ANALYSIS:	√
TYPE = GENERAL;	√
ESTIMATOR = ML;	√
MODEL:	√
INO ON AVE TUR;	界定变量关系
TUR ON AVE;	界定变量关系
PER ON AVE INO TUR;	界定变量关系
MODEL INDIRECT:	√
PER ind AVE;	界定间接效应
OUTPUT:	√
STD;	√

注：该表格数据对应本书配套数据 C7-MPLUS.txt；√表示本行命令无须修改，其他命令则需要根据自己的模型进行修改；表格中程序电子版可从本书配套程序 C9-6-MPLUS-MM.txt 获取

图 9.7 是 Mplus 软件估计的路径系数图。根据图 9.7 的系数，我们可以分别计算出 AVE→INO→PER 的间接效应估计值为 0.203×0.069=0.014；AVE→TUR→PER 的间接效应估计值为（–0.066）×（–0.135）=0.009；AVE→TUR→INO→PER 的间接效应估计值为：（–0.066）×（–0.201）×0.069=0.001。从表 9.11 的间接效应估计结果可以看到，这三个间接效应乘积项的显著性水平都为零，即这三个间接效应均是显著的。

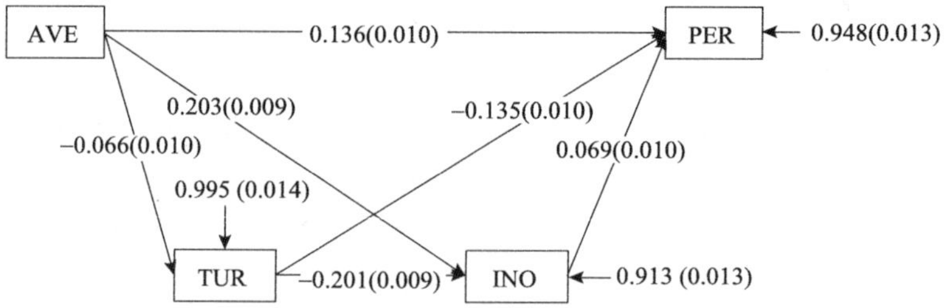

图 9.7　多重链式中介效应路径系数图

表 9.11　多重中介效应元分析的间接效应估计结果（Mplus 软件）

变量	系数估计值	系数标准误	Z 值	显著性水平
Effects from AVE to PER （AVE 到 PER 的效应）				
Total 间接效应与直接效应之和	0.160	0.010	16.418	0.000
所有间接效应之和	0.024	0.003	8.889	0.000
Specific indirect （具体的间接效应）				
AVE→INO→PER 的间接效应估计值				
PER INO AVE	0.014	0.002	6.501	0.000
AVE→TUR→PER 的间接效应估计值				
PER TUR AVE	0.009	0.001	6.022	0.000
AVE→TUR→INO→PER 的间接效应估计值				
PER INO TUR AVE	0.001	0.000	4.663	0.000
AVE→PER 的直接效应估计值				
Direct PER AVE	0.136	0.010	13.836	0.000

注：该表格数据对应本书配套数据 C7-MPLUS.txt

二、多重中介效应元分析的 LISREL 软件实例

当模型中只有一个中介变量时，只需要在 LISREL 软件的 OU 命令中增加一个 EF 参数，即可实现 Sobel 间接效应估计。然而，当模型中的中介变量超过一个时，EF 参数只能估计所有间接效应之和，我们无法独立检验每一条间接路径是否成立。此时，需要 LISREL 设定新的参数来进行估计，这些命令包括 AP、CO 等（表 9.12）。表 9.12 的命令中，AP 为估计的间接效应数（本例中有三条间接路径）；GA 为自变量对因变量的影响，GA 后面的第一个数字代表第几个因变量，第二个数字代表第几个自变量。BE 后面代表因变量对因变量的影响，BE 后面的数字代表第几个因变量。本例中，因变量有三个，按照排序分别为 PER、INO、TUR，其对应的数字分别为 1、2、3；自变量有一个，为 AVE，其对应的数字为 1。因此，GA(2,1)代表 AVE→INO；BE(1,2)代表 INO→PER。这也意味着 CO PAR(1) 估计的是路径 AVE→INO→PER 的间接效应。

表 9.12　LISREL 软件多重中介效应元分析代码

代码	新增参数含义
SEM-based Meta-analysis Model	
DA NI=6 NO=**10256** MA=KM **AP=3**	AP 代表估计参数个数，在这里代表间接效应数
LA; 'PER' 'INO' 'TUR' 'VER' 'HOR' 'AVE'	
KM SY	
1.000	
0.127 1.000	
–0.159–0.2141.000	
0.070 –0.0080.028 1.000	
0.029 –0.0540.132 0.213 1.000	
0.160 0.216 –0.0660.390 0.160 1.000	
SE; 1 2 3 6/	SE 设定纳入分析的变量，此处纳入第 1(PER)、2(INO)、3(TUR)、6（AVE）个变量
MO NX=1 NY=3 GA=FU,FI BE=FU,FI	
FR GA 1 1 GA 2 1 GA 3 1	
FR BE 1 2 BE 1 3 BE 2 3	
CO PAR(1)=GA 2 1 * BE 1 2	CO 是界定新参数（PAR）的命令，这里参数界定为路径系数的乘积
CO PAR(2)=GA 3 1 * BE 1 3	
CO PAR(3)=GA 3 1 * BE 2 3 * BE 1 2	
PD	
OU SS SC ND=3	

注：其他代码含义详见本书第七章第三节；加粗字体代表在第七章第三节的代码基础上进行调整的部分；该表格程序电子版可从本书配套程序 C9-7-LISREL-MM.txt 获取

LISREL 软件的输出结果与 Mplus 软件的输出结果是一致的（图 9.7）。表 9.13 是三条间接路径的估计值，其结果与 Mplus 软件也是一致的。唯一的不同是 Mplus 软件用的是 *Z* 统计量来估计显著性水平，而 LISREL 软件用的是 *t* 统计量来估计

显著性水平。对于大样本而言，二者的实际差异非常小。

表 9.13 多重中介效应元分析的间接效应估计结果（LISREL 软件）

估计值	PA(1)	PA(2)	PA(3)
路径系数	0.014	0.009	0.001
标准误	0.002	0.001	0.000
t 值	6.499	6.021	4.662

注：当样本量足够大的时候，t>1.96 代表 p<0.05；t>2.58 代表 p<0.01；t>3.29 代表 p<0.001

最后，研究者可以根据如上系数估计结果及表 9.9 的 R 程序（需要做适当调整），即可得到 AVE→TUR→INO→PER 链式中介效应分布（图 9.8）及 95%置信区间[0.0006,0.0013]。由于置信区间结果不包含零，因此该链式中介效应是成立的。

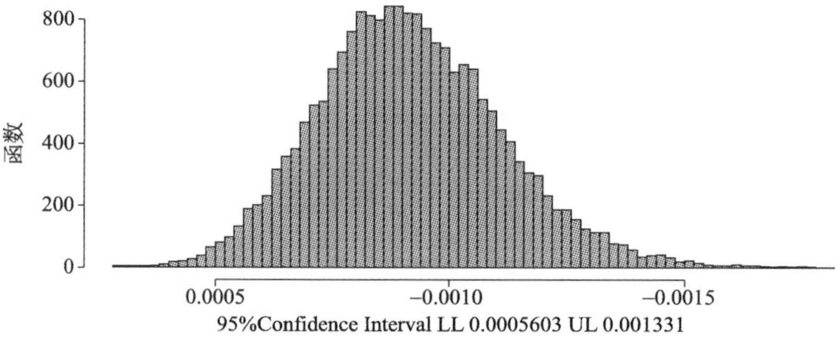

图 9.8 链式中介效应蒙特卡罗置信区间分布

注：本图对应的 R 程序电子版可从本书配套程序 C9-8-R-MM-MC.txt 获取

第十章　被中介的调节和被调节的中介效应元分析

第八章和第九章分别介绍了调节效应和中介效应元分析的基本原理与分析步骤。本章主要介绍中介和调节的混合效应，这也是近年来组织与管理研究的新趋势。单纯的中介和调节效应模型已经不能满足研究者的需求，他们不断尝试通过更加复杂的模型来解释现实中的管理学现象。不过读者需要时刻牢记，方法上的复杂不等于理论上的贡献，很多时候一个简单的分析方法却可以发现重要的管理学理论。我们建议研究者有了一定的文献积累和研究经验之后，再尝试这些复杂的元分析模型。

第一节　中介变量和调节变量的混合效应

当前最常见的中介和调节混合效应模型包括两类，即被中介的调节效应（mediated moderation）和被调节的中介效应（moderated mediation）（Edwards and Lambert，2007；Muller et al.，2005；Ro，2012；温忠麟和叶宝娟，2014a；温忠麟等，2006；叶宝娟和温忠麟，2013）。

一、被中介的调节效应

被中介的调节效应是指自变量和因变量的关系受到调节变量的影响，同时调节效应又通过中介变量起作用（Ro，2012；叶宝娟和温忠麟，2013）。该效应首先需要检验调节效应是否成立（图 10.1a），如果成立，再关注这一调节效应是如何发生的，即是否通过中介效应来间接地影响因变量（图 10.1b）。

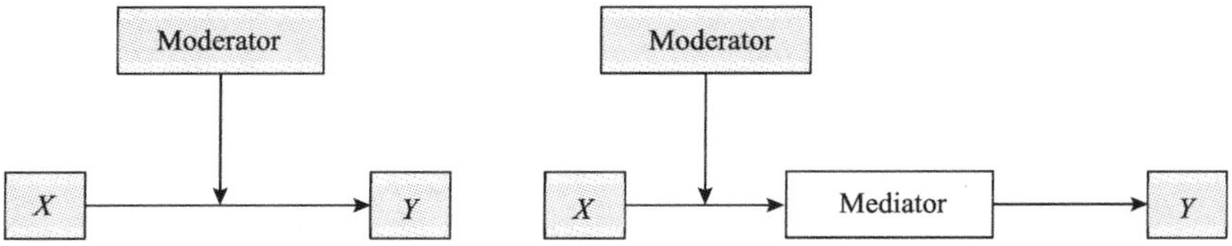

(a) 调节效应是否成立　　(b) 调节效应是否通过中介效应来起作用

图 10.1　被中介的调节效应（I 型）

被中介的调节效应检验的是调节效应是否被中介了。对于该效应，研究者可以将自变量与调节变量的交互项看作一个整体（即 X×Moderator）。那么，被中介的调节效应首先检验的是这一交互项是否会对因变量产生影响（图 10.2a），进而关注交互项是否通过中介变量来起作用（图 10.2b）（Bond et al.，2008）。

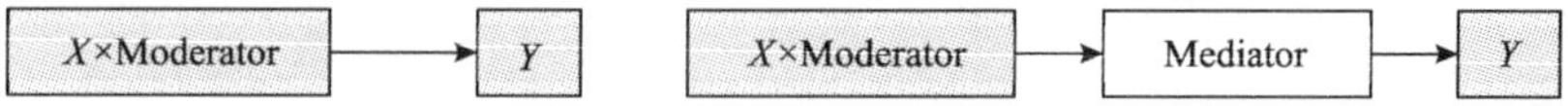

(a) 交互项对因变量有无影响　　(b) 交互项是否通过中介变量来影响因变量

图 10.2　被中介的调节效应（I 型）的简化模式

图 10.1 和图 10.2 仅仅展示的是 I 型被中介的调节效应，但实际上，调节变量在与自变量发生交互作用之前，还可以直接被中介变量所中介，如图 10.3 所示。对比两种被调节的中介效应，图 10.1 中 I 型被中介的调节效应是在调节变量与自变量产生交互作用之后才存在中介机制，而图 10.3b 显示的 II 型被中介的调节效应则是在调节变量对自变量与因变量关系产生调节作用之前就存在了中介机制，即调节变量通过中介变量对自变量与因变量的关系产生间接调节作用。

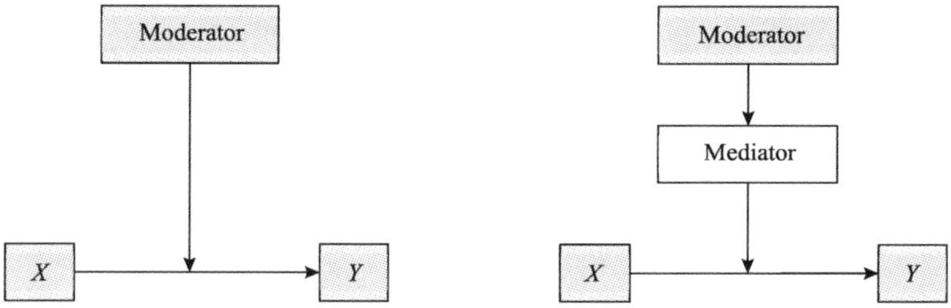

(a) 调节效应是否成立　　(b) 调节变量在交互之前是否被中介

图 10.3　中介的调节效应（II 型）

二、被调节的中介效应

被调节的中介效应是指自变量首先通过中介变量来间接影响因变量，而这一中介过程又受到了调节变量的调节（温忠麟和叶宝娟，2014a）。被调节的中介效应实际上是指中介效应是否被调节，因此，该效应首先需要检验中介效应是否成立（图 10.4a），如果成立，然后再关注这一中介效应的强度是否会因为调节变量取值的不同而不同（图 10.4b 至图 10.4d）。在被调节的中介效应中，调节变量可以单独调节前半段（自变量与中介变量的关系，如图 10.4b 所示）、后半段（中介变量与因变量的关系，如图 10.4c 所示），也可以同时调节前半段与后半段（图 10.4d）。

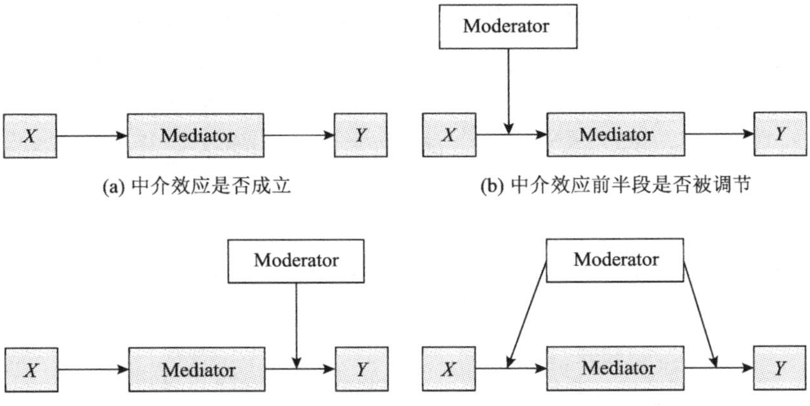

(a) 中介效应是否成立　(b) 中介效应前半段是否被调节

(c) 中介效应后半段是否被调节　(d) 中介效应前后两段是否都被调节

图 10.4　被调节的中介效应

有读者会发现被中介的调节效应和被调节的中介效应的模型图可能是完全相同的（图 10.1b 和图 10.4b），此时我们应当认定是哪种效应呢？温忠麟和叶宝娟（2014）认为模型选择主要取决于中介和调节哪个效应先发生。被中介的调节效应关注的重心在于调节作用，即自变量与因变量的关系是否会因为调节变量取值的不同而发生改变。如果从理论上来讲，调节效应先成立，进而关注调节效应是否受到中介变量的中介，则应当将模型界定为被中介的调节效应。被调节的中介效应关注的重心在于中介作用，即自变量对因变量的影响机制。如果从理论上来讲，中介效应先成立，进而关注中介效应是否受到调节变量的调节，则应当将模型界定为被调节的中介效应。这也是我们开展中介变量和调节变量混合效应元分析所要遵循的原则。

第二节　被中介的调节效应元分析实例

由于元分析本质上是二手数据分析，一些需要原始样本才能开展的分析，元分析是无法完成的。本书第八章和第九章介绍调节和中介效应分析的时候，曾指出我们可以通过分组思想、元回归及结构方程模型来估计这些效应，但是这些方法之间的融合度有限，这就限制了元分析在中介与调节交互效应分析过程中的应用。本节主要介绍 II 型被中介的调节效应元分析方法。

一、被中介的调节效应元分析基本原理

图 10.5 展示了 I 型被中介的调节效应分析模型。由图 10.5 可知，该模型需要估计五组回归系数，这五组关系的显著性都可以通过前面章节介绍的方法逐一来

估计。其中，自变量与因变量的关系（a）、调节变量与因变量的关系（b）、中介变量与因变量的关系（e）可以通过双变量关系元分析来实现；交互项与中介变量的关系（d）、交互项与因变量的关系（c）可以通过元回归的方式来实现，不过元回归只能估计调节（交互）效应是否存在，但不能估计出交互项的系数究竟是多少。此外，分析 I 型被中介的调节效应模型并不需要独立估计两个变量之间的关系或者它们关系的显著性，而是需要将多个变量同时纳入分析模型。由于缺乏必要的原始数据，通过当前的元分析技术很难在同一个模型中估计出图 10.5 的参数值。

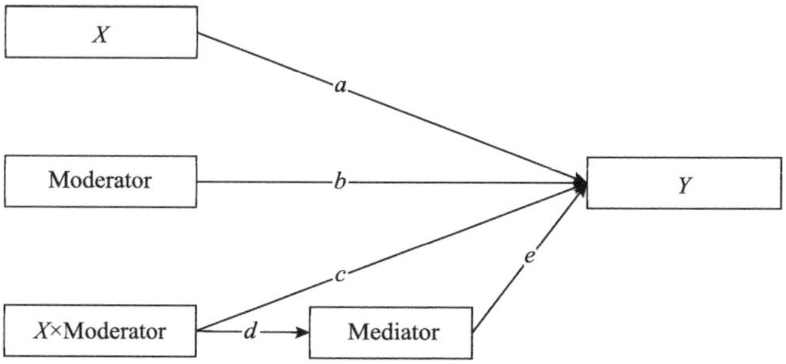

图 10.5　被中介的调节效应（I 型）分析模型

对于诸如图 10.6a 的 II 型被中介的调节效应，由于其可以转化为效应值为因变量的中介效应分析（图 10.6b），所以本书可以采用中介效应依次检验法（详见第九章第一节）的方式实现估计。在元分析中，自变量 X 与因变量 Y 的关系（即每个样本的真实效应值 ρ）可以通过双变量关系元分析方法估计出来，而图 10.6a 中的中介变量和调节变量的取值可以在相关矩阵的描述性统计中找到。下文按照依次检验法依次估计图 10.6b 中调节效应是否会受到中介变量的中介：第一步，做因变量 ρ 对调节变量 Moderator 的元回归；第二步，通过双变量关系元分析方法计算中介变量 Mediator 与自变量 Moderator 的整合效应值；第三步，做因变量 ρ 对调节变量 Moderator 和中介变量 Mediator 的元回归，将因变量 ρ 与自变量 Moderator 的回归系数记为 c，将因变量 ρ 与中介变量 Mediator 的回归系数记为 b。

如果第一步的回归系数、第二步的整合效应值和第三步的回归系数 b 均显著，则验证了 Moderator 可以通过 Mediator 来间接影响效应值 ρ，即被中介的调节效应成立。

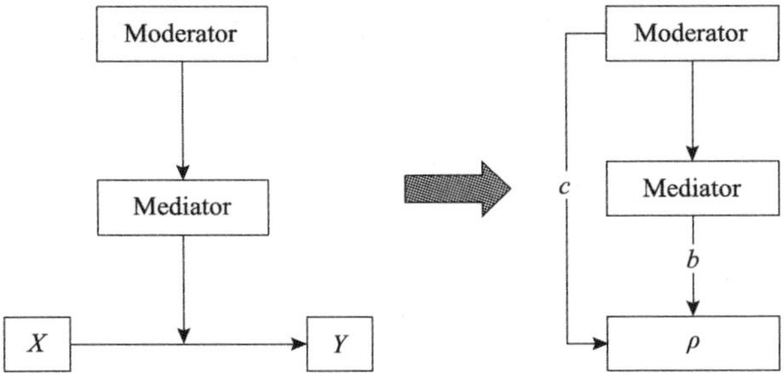

(a) 原始模型　　(b) 转化模型

图 10.6　被中介的调节效应（II 型）元分析原理

二、被中介的调节效应元分析步骤

本部分介绍的步骤适合开展被中介的调节效应（II 型）元分析。

（一）收集数据

首先，研究者需要收集每个研究中自变量与因变量的关系、α 信度、中介变量 Mediator 与调节变量 Moderator 样本均值及研究样本量。其次，研究者需要收集每个研究中介变量 Mediator 与调节变量 Moderator 的关系、α 信度及研究样本量。一般而言，这两个表（表 10.1 和表 10.2）中的效应值数据都应当达到 30 个以上（详见本书第二章第一节的统计数据和建议）。

表 10.1　自变量与因变量关系的数据编码表示例

ID	研究名称	ρ	N	r	α_x	α_y	调节变量	中介变量
1	姓名（2009）	0.017	264	0.013	0.760	0.764	3.939	4.280
2	姓名（2010）	0.324	160	0.261	0.773	0.841	4.281	4.375
3	姓名（2011）	0.251	993	0.187	0.742	0.749	4.269	4.197
4	姓名（2012）	0.056	236	0.050	0.866	0.923	4.097	3.924
5	姓名（2013）	0.017	189	0.013	0.717	0.863	3.894	4.026
6	姓名（2014）	0.255	258	0.200	0.726	0.845	4.136	4.171
7	姓名（2015）	0.149	113	0.120	0.792	0.816	3.973	4.310
8	姓名（2016）	0.464	175	0.435	0.949	0.925	4.274	4.274
9	姓名（2017）	0.548	245	0.390	0.720	0.704	4.016	4.298
10	姓名（2018）	0.139	484	0.117	0.797	0.890	3.798	3.781

注：该表格数据对应本书配套数据 C10-1.cma；α_x 与 α_y 分别代表自变量 x 与因变量 y 的信度

表 10.2　Mediator 与 Moderator 关系的数据编码表示例

ID	研究名称	ρ	N	r	$\alpha_{Mediator}$	$\alpha_{Moderator}$
1	姓名（2011）	0.331	140	0.303	0.922	0.911
2	姓名（2012）	0.388	345	0.335	0.799	0.931
3	姓名（2013）	0.610	488	0.483	0.814	0.769
4	姓名（2014）	0.093	189	0.070	0.757	0.752
5	姓名（2015）	0.080	428	0.070	0.820	0.937
6	姓名（2016）	0.108	1610	0.090	0.942	0.743
7	姓名（2017）	−0.012	419	−0.010	0.863	0.836
8	姓名（2018）	0.510	484	0.403	0.744	0.839
9	姓名（2019）	0.240	253	0.220	0.917	0.919
10	姓名（2020）	0.513	280	0.430	0.876	0.802

注：该表格数据对应本书配套数据 C10-2.cma；$\alpha_{Mediator}$ 与 $\alpha_{Moderator}$ 分别代表中介变量与调节变量的信度

（二）做因变量 ρ 对调节变量的元回归

做因变量 ρ 对调节变量 Moderator 的元回归，即采用元回归的方法估计表 10.1 中 Moderator 对自变量与因变量关系的调节作用，如果系数不显著，则被中介的调节效应不成立。如果系数显著，则继续第三步。在 CMA 软件中做元回归的步骤如下（详见本书第八章）。

（1）在 CMA 软件中打开数据，依次点击 CMA 软件中快捷按钮“Run analyses→”—主菜单“Analyses”—子菜单“Meta regression 2”

（2）在弹出窗口“Covariates not on main screen”中选择需要纳入分析的 Moderator（一个或者多个），点击“Add to main screen”按钮后，关闭弹出窗口

（3）回到元回归界面，勾选要纳入分析的 Moderator（一个或者多个），点击屏幕右上角的“Run regression”按钮，即可看到元回归分析结果

（三）开展中介变量与调节变量关系的元分析

采用双变量关系元分析方法及表 10.2 数据计算中介变量 Mediator 与调节变量 Moderator 的整合效应值，如果该效应值不显著，则被中介的调节效应不成立。如果该效应值显著，则继续第四步。在 CMA 软件中做双变量关系元分析的步骤如下（详见本书第六章第二节）。

在 CMA 软件中打开数据，依次点击 CMA 软件中快捷按钮“Run analyses→”—快捷按钮“Next”

（四）做因变量对调节变量与中介变量的元回归

做因变量 ρ 对调节变量 Moderator 和中介变量 Mediator 的元回归(同第二步)，即采用元回归的方法估计表 10.1 中 Moderator 和 Mediator 对自变量与因变量关系的调节作用，如果 ρ 与中介变量 Mediator 的系数显著，则被中介的调节效应成立。如果该系数不显著，则被中介的调节效应不成立。

三、被中介的调节效应元分析结果

本例依据依次检验法来进行检验：

第一步，用表 10.1 的数据做效应值 ρ 对 Moderator 的元回归，结果如表 10.3 所示。如果依据固定效应分析结果，Moderator 显著影响了 ρ（β=0.392，p<0.001），可以进行下一步；如果依据随机效应分析结果，则被中介的调节效应不成立（β=0.575，p=0.106）。

表 10.3　被中介的调节效应元分析第一步结果

协变量	回归系数	标准误	95%置信区间下限	95%置信区间上限	Z 值	双尾显著性
固定效应模型						
截距	−1.374	0.408	−2.173	−0.574	−3.367	0.001
调节变量	0.392	0.100	0.197	0.587	3.937	0.000
随机效应模型						
截距	−2.105	1.446	−4.939	0.730	−1.455	0.146
调节变量	0.575	0.355	−0.121	1.271	1.619	0.106

第二步，用表 10.2 数据计算中介变量 Mediator 与自变量 Moderator 的整合效应值，固定效应（ρ=0.263，p<0.001）与随机效应（ρ=0.301，p<0.001）结果均是显著的，继续下一步。

第三步，做 ρ 对 Moderator 和 Mediator 的元回归，结果如表 10.4 所示。如果依据固定效应分析结果，在加入 Mediator 后，Mediator 显著影响了 ρ（β=0.332，p<0.01），被中介的调节效应成立；如果依据随机效应分析结果，Mediator 对 ρ 的影响不显著（β=0.339，p=0.382），被中介的调节效应不成立。至于应当选择随机效应模型结果还是固定效应模型结果，则取决于研究者对研究样本的前提假定（详见本书第五章第一节）。

表 10.4　被中介的调节效应元分析第三步结果

协变量	回归系数	标准误	95%下限	95%上限	*Z* 值	双尾显著性
固定效应模型						
截距	−1.862	0.449	−2.741	−0.982	−4.148	0.000
调节变量	0.177	0.129	−0.077	0.430	1.365	0.172
中介变量	0.332	0.127	0.083	0.581	2.612	0.009
随机效应模型						
截距	−2.675	1.620	−5.851	0.501	−1.651	0.099
调节变量	0.368	0.435	−0.485	1.222	0.846	0.398
中介变量	0.339	0.388	−0.421	1.100	0.875	0.382

第三节　被调节的中介效应元分析实例

一、被调节的中介效应元分析基本原理

被调节的中介效应可以分解为图 10.7 的形式，即当调节变量取不同值的时候，模型的中介效应是完全不同的。当调节变量为 g_1 时，中介效应的估计值为 $a_1 \times b_1$；当调节变量为 g_2 时，中介效应的估计值为 $a_2 \times b_2$。如果 $a_1 \times b_1$ 与 $a_2 \times b_2$ 的差值达到显著，则证明调节变量取不同值的时候，中介效应存在显著差异，即中介效应被调节变量调节了。这一过程可以通过结构方程模型中的多组分析（multi-group analysis）来实现。（Edwards and Lambert，2007）多组分析首先依据一定的标准（比如依据调节变量的取值）将样本分成若干组（通常是两组），然后再比较不同

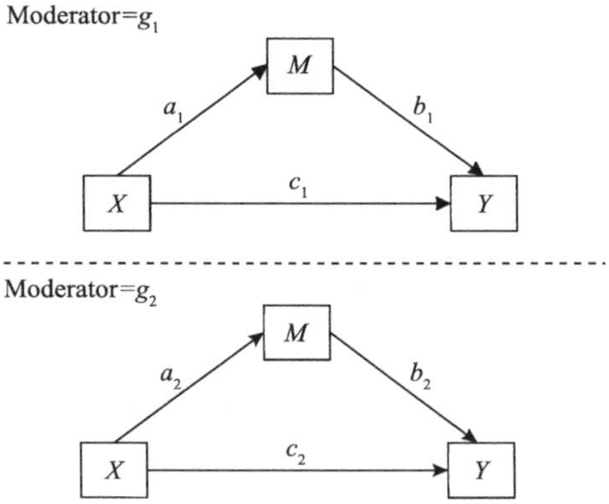

图 10.7　被调节的中介效应元分析的分解形式

组别之间参数估计值的差异。如果调节变量是分类变量，我们可以直接依赖分类变量的取值对调节变量进行分组，每一类别都可以作为一个独立的分组；如果调节变量是连续型变量，我们可以依据调节变量的均值或者中位数将调节变量分为高、低两组。

由于被调节的中介效应有三种模式（图 10.4），即前半段被调节的中介效应（图 10.4b）、后半段被调节的中介效应（图 10.4c）及前后两段都被调节的中介效应（图 10.4d）。因此，除了检验中介效应差异之外，我们还需要检验前半段与后半段的系数差异，并确定被调节的中介效应属于哪种模式（Edwards and Lanbent，2007），具体判断标准如下：①如果图 10.7 中的中介效应差异 $a_2 \times b_2 - a_1 \times b_1$ 显著，且前半段系数差异 $a_2 - a_1$ 显著而后半段系数差异 $b_2 - b_1$ 不显著，则被调节的中介效应成立，且调节变量仅调节了前半段；②如果图 10.7 中的中介效应差异 $a_2 \times b_2 - a_1 \times b_1$ 显著，且后半段系数差异 $b_2 - b_1$ 显著而前半段系数差异 $a_2 - a_1$ 不显著，则被调节的中介效应成立，且调节变量仅调节了后半段；③如果图 10.7 中的中介效应差异 $a_2 \times b_2 - a_1 \times b_1$ 显著，且前半段系数差异 $a_2 - a_1$ 和后半段系数差异 $b_2 - b_1$ 均显著，则被调节的中介效应成立，且调节变量既调节了前半段也调节了后半段；④如果图 7 中的中介效应差异 $a_2 \times b_2 - a_1 \times b_1$ 显著，且前半段系数差异 $a_2 - a_1$ 和后半段系数差异 $b_2 - b_1$ 均不显著；此时，虽然调节变量既没有调节前半段也没有调节后半段，但被调节的中介效应依然成立；⑤如果图 10.7 中的中介效应差异 $a_2 \times b_2 - a_1 \times b_1$ 不显著，则被调节的中介效应不成立。

上述判断标准针对的是完整的被调节的中介效应模型，读者可以根据自己的需求选择具体的分析路径。

二、被调节的中介效应元分析步骤

借鉴结构方程模型多组分析的思想，研究者开展被调节的中介效应元分析应当遵循如下步骤。

（一）依据调节变量对样本进行分组

如果调节变量是分类变量，依照其原始分组即可，比如我们可以比较国有企业与非国有企业的差异。如果调节变量是连续型变量，我们可以依据调节变量的样本加权均值将其分为高分组和低分组。比如，表 10.5 列出了七个样本调节变量的均值和样本量信息，根据这些数据我们可以计算出样本加权均值为 3.6，所以前三个样本为低分组，后四个样本为高分组。本例中仅介绍调节变量分为两组样本的情形。

表 10.5 依据连续型调节变量取值进行分组的实例

参数	样本 1	样本 2	样本 3	样本 4	样本 5	样本 6	样本 7	样本加权均值
均值	3.1	3.3	3.5	3.7	3.9	4.1	4.3	3.6
样本量	200	300	550	400	200	200	150	

（二）汇总调节变量取不同值的元分析效应值相关矩阵

分别计算两组样本的元分析效应值相关系数矩阵，如表 10.6 和表 10.7 所示。其中，*X* 为自变量；*M* 为中介变量；*Y* 为因变量。

表 10.6 第一组样本元分析效应值相关系数矩阵

变量	*X*	*M*
X		
M	−0.164*** (18, 6598)	
Y	−0.083*** (10, 3923)	0.173*** (24, 9131)

注：样本量调和平均数 N=5814；括号外为基于测量误差修正后的总体相关系数；括号内的两个数字分别为效应值数量 k 和样本量 N；***表示 p<0.01

表 10.7 第二组样本元分析效应值相关系数矩阵

变量	*X*	*M*
X		
M	−0.097*** (11, 3829)	
Y	−0.032*** (17, 6124)	0.123*** (21, 8465)

注：样本量调和平均数 N=5529；括号外为基于测量误差修正后的总体相关系数；括号内的两个数字分别为效应值数量 k 和样本量 N；***表示 p<0.01

（三）开展多组分析

利用 Mplus、LISREL 或者其他结构方程模型软件进行多组分析，检验图 10.7 中两组中介效应系数的差异、前半段系数的差异及后半段系数的差异。如果中介效应系数差异显著，且前半段系数差异显著，则属于前半段被调节的中介效应（图 10.4b）；如果中介效应系数差异显著，且后半段系数差异显著，则属于后半段被调节的中介效应（图 10.4c）；如果中介效应系数差异显著，且前后两段系数差异均显著，则属于前后两段被调节的中介效应（图 10.4d）。

三、被调节的中介效应元分析结果

（一）通过 Mplus 软件开展被调节的中介效应元分析结果

通过 Mplus 软件开展多组分析的程序如表 10.8 所示。该代码中 MED1（a1×b1）和 MED2（a2×b2）分别代表第一组和第二组的中介效应系数，DIF、DIF1 和 DIF2 分别代表了中介效应系数差异（a2×b2–a1×b1）、前半段系数差异（a2–a1）和后半段系数差异（b2–b1）。如果 DIF、DIF1 参数显著而 DIF2 参数不显著，则被调节的中介效应成立，且调节变量仅调节了前半段。如果 DIF、DIF2 参数显著而 DIF1 参数不显著，则被调节的中介效应成立，且调节变量仅调节了后半段。如果 DIF1 和 DIF2 参数均显著，则被调节的中介效应成立，且调节变量既调节了前半段也调节了后半段。如果 DIF 参数不显著，则被调节的中介效应不成立。

表 10.8　Mplus 被调节的中介效应元分析代码

代码	解释
DATA:	**数据命令**
FILE IS " C:\C10–3–MPLus.txt MPLUS.txt " ;	界定文件位置
TYPE is CORRELATION;	界定数据类型为相关矩阵
NOBSERVATIONS = 5814 5529;	界定各组样本量
NGROUPS=2;	界定组数
VARIABLE:	**变量命令**
NAMES ARE X M Y;	界定变量名称
ANALYSIS:	**分析命令**
TYPE = GENERAL;	界定类型
ESTIMATOR = ML;	估计方法
MODEL:	**模型命令**
Y ON M;	界定 *Y* 对 *M* 的回归
Y ON X;	界定 *Y* 对 *X* 的回归
M ON X;	界定 *M* 对 *X* 的回归
MODEL g1:	第一组模型命令
Y ON M (b1);	界定 *Y* 对 *M* 的回归，系数记为 b1
Y ON X (c1);	界定 *Y* 对 *X* 的回归，系数记为 c1
M ON X (a1);	界定 *M* 对 *X* 的回归，系数记为 a1
MODEL g2:	第二组模型命令
Y ON M (b2);	界定 *Y* 对 *M* 的回归，系数记为 b2
Y ON X (c2);	界定 *Y* 对 *X* 的回归，系数记为 c2
M ON X (a2);	界定 *M* 对 *X* 的回归，系数记为 a2
MODEL CONSTRAINT:	估计系数运算命令
NEW(MED1 MED2 DIF DIF1 DIF2);	界定新变量名称
MED1 = a1*b1;	界定第一组间接效应
MED2 = a2*b2;	界定第二组间接效应
DIF = MED2- MED1;	界定两组间接效应差异

续表

代码	解释
DIF1 = a2-a1;	界定两组前半段系数差异
DIF2 = b2-b1;	界定两组后半段系数差异
OUTPUT:	输出命令
STD;	输出标准化估计结果

注：该表格数据对应本书配套数据 C10-3-MPLUS.txt；该表格程序电子版可从本书配套程序 C10-1-MPLUS-MODMED.txt 获取

两组样本路径系数的估计结果分别如图 10.8 和图 10.9 所示。

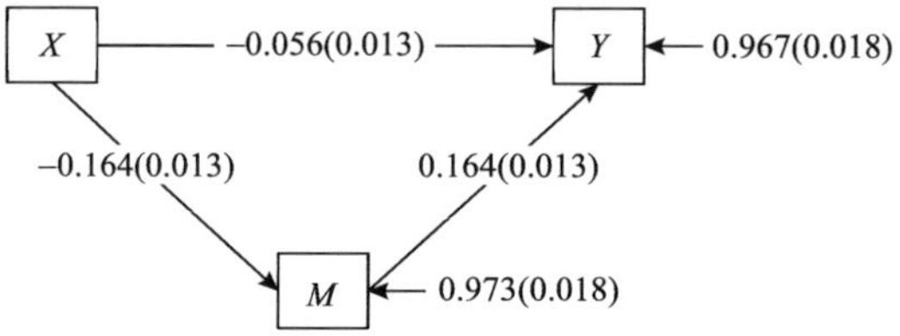

图 10.8　第一组样本路径系数估计结果

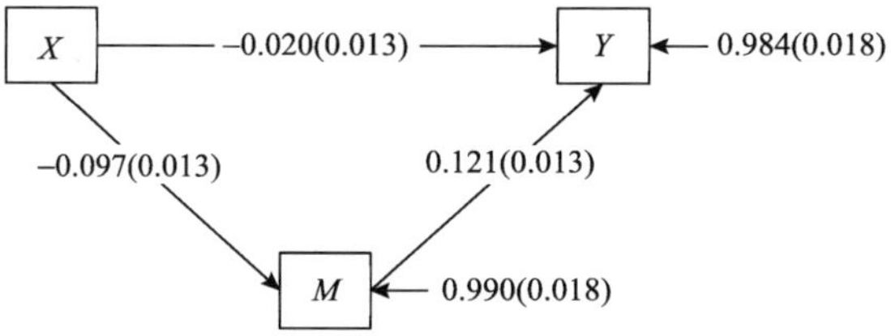

图 10.9　第二组样本路径系数估计结果

在 Mplus 软件的输出结果中，可以找到“New/Additional Parameters”字样的参数估计值，如表 10.9 所示。由表 10.9 可知，DIF、DIF1 和 DIF2 均显著，说明被调节的中介效应成立，且属于前后两段都被调节的中介效应。

表 10.9　被调节的中介效应元分析结果（Mplus 软件）

变量	系数估计值	系数标准误	*Z* 值	显著性水平
G1_MED	−0.027	0.003	−8.912	0.000
G2_MED	−0.012	0.002	−5.652	0.000
DIF	0.015	0.004	4.132	0.000
DIF1	0.067	0.019	3.599	0.000
DIF2	−0.043	0.019	−2.285	0.022

（二）通过 LISREL 软件开展被调节的中介效应元分析结果

LISREL 软件进行多组分析的思路与 Mplus 软件类似，不过程序稍微复杂一些。如果读者掌握了第七章和第九章的 LISREL 代码，此处的代码看上去也将很简单，主要是两个样本重复了两次，并界定了两组系数差异的计算。LISREL 软件需要 NG 界定组数，AP 界定要估计的新参数个数。具体代码如表 10.10 所示。本例中，PA(1)和 PA(4)分别代表第一组和第二组的中介效应系数，PA(5)、PA(6)和 PA(7)分别代表了中介效应系数差异（a2×b2–a1×b1）、前半段系数差异（a2–a1）和后半段系数差异（b2–b1）。

表 10.10　LISREL 被调节的中介效应元分析代码

代码	新增代码解释
Group1: g1	第一组样本命名为 **g1**
DA NG=2 NI=3 NO=5814 MA=KM **AP=7**	NG=样本组数，NI=变量数，NO=样本量，AP=新生成的参数数量
LA; 'Y' 'M' 'X'	LA 界定变量名称
KM SY	相关矩阵（因变量在前，自变量在后）
1.000	第一组样本相关矩阵第一行
0.173 1.000	第一组样本相关矩阵第二行
-0.083 -0.164 1.000	第一组样本相关矩阵第三行
MO NX=1 NY=2 GA=FU,FI BE=FU,FI	NX=自变量个数，NY=因变量个数
FR GA 1 1 GA 2 1	GA 界定第几个因变量受第几个自变量影响
FR BE 1 2	BE 界定第几个因变量受第几个因变量影响
CO PA(1)=GA 2 1 * BE 1 2	界定第一组样本的中介效应 a1×b1
CO PA(2)=GA 2 1	记录第一组样本前半段的系数 a1
CO PA(3)=BE 1 2	记录第一组样本后半段的系数 b1
PD	出图命令
OU SS SC ND=3	结果输出命令
Group2: g2	第二组样本命名为 **g2**
DA NO=5529	界定第二组的样本量
KM SY	第二组相关矩阵
1	第二组样本相关矩阵第一行
0.123 1	第二组样本相关矩阵第二行
-0.032 -0.097 1	第二组样本相关矩阵第三行
MO GA=IN BE=IN	GA、BE 与第一组一致
FR GA 1 1 GA 2 1	GA 界定第几个因变量受第几个自变量影响
FR BE 1 2	BE 界定第几个因变量受第几个因变量影响
CO PA(4)=GA 2 1 * BE 1 2	界定第二组样本的中介效应 a2×b2
CO PA(5)=GA 2 1 * BE 1 2 - PA(1)	界定两组样本中介效应的差异 a2×b2-a1×b1
CO PA(6)=GA 2 1 - PA(2)	界定两组样本前半段系数的差异 a2 - a1
CO PA(7)=BE 1 2 - PA(3)	界定两组样本后半段系数的差异 b2- b1
PD	出图命令
OU SS SC ND=3	结果输出命令

注：其他代码的具体含义可参考第七章第三节、第九章第二节和第三节；该表格程序电子版可从本书配套程序 C10-2-LISREL-MODMED.txt 获取

由于上面代码输入了 PD 命令，所以点击运行后，大家首先看到的是 LISREL 软件估计的路径系数图，与 Mplus 软件的结果是一致的，见图 10.8 和图 10.9。读者可以在 LISREL 软件输出图形界面的左上部“Group”下拉菜单中切换 g1 或者 g2 组的路径系数图。

读者可以在数据结果中找到“ADDITIONAL PARAMETERS”栏目，里边列出了新估计的参数值，如表 10.11 所示。这些数据证实了有调节的中介效应是成立的，且前后两段的中介效应都受到了调节。

表 10.11　被调节的中介效应元分析结果（LISREL 软件）

参数	PA(1)	PA(2)	PA(3)	PA(4)	PA(5)	PA(6)	PA(7)
含义	a1×b1	a1	b1	a2×b2	a2×b2–a1×b1	a2–a1	b2–b1
系数	–0.027	–0.164	0.164	–0.012	0.015	0.067	–0.043
标准误	0.003	0.013	0.013	0.002	0.002	0.013	0.013
t 值	–8.910	–12.675	12.527	–5.651	7.278	5.005	–3.189
与 Mplus 软件比较	相同	相同	相同	相同	有差异	有差异	有差异

然而，与 Mplus 软件分析结果相比，虽然 LISREL 软件估计的路径系数值、中介效应值及它们的显著性水平与 Mplus 软件相同，但 PA(5)、PA(6)和 PA(7)三组系数差异的标准误和显著性水平与 Mplus 软件并不相同。这是因为 LISREL 软件计算两个系数差异的方法与 Mplus 软件的运算方法不同所造成的。Mplus 软件用的检验两个系数差异的统计量为 Z，两个系数的差异对应的 Z 统计量可以通过两个系数（β_1、β_2）及其标准误（SE_1、SE_2）来计算，具体公式为

$$Z=\frac{\beta_2-\beta_1}{\sqrt{SE_2^2+SE_1^2}}$$

然而，LISREL 使用的是 t 统计量来检验两个系数的差异，其计算公式较为复杂，且与 Z 统计量存在一定的差异，感兴趣的读者可以参考网页 http://core.ecu.edu/psyc/wuenschk/docs30/CompareCorrCoeff.pdf。

最后，研究者也可以根据第九章表 9 的 R 程序来估计被调节的中介效应结果的蒙特卡罗置信区间（图 10.10）。从图 10.10 中可以看到，两组样本中介效应之差的 95%蒙特卡罗置信区间为[–0.022, –0.008]，不包含零，因此被调节的中介效应成立。如果采用蒙特卡罗置信区间法来估计被调节的中介效应，Mplus 和 LISREL 的估计结果是相同的，因为这两个软件输出的点估计结果是相同的。

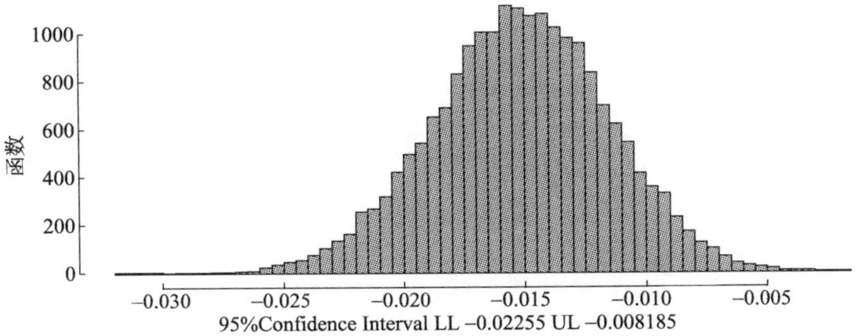

图 10.10　被调节的中介效应蒙特卡罗置信区间

注：本图对应的 R 程序电子版可从本书配套程序 C10-3-R-MODMED-MM.txt 获取

第十一章　基于多水平模型的元分析

多水平模型是 20 世纪 90 年代形成并逐渐得到广泛应用的统计分析技术。多水平模型主要用来处理具有嵌套性质的数据，这是传统回归分析的一个盲区。由于部分元分析数据也具有嵌套性质，所以多水平模型一经提出，就受到了元分析研究者的关注。在元分析领域，研究者多通过多水平模型来处理不同研究异质性的问题，即通过调节变量来识别效应值存在不一致的潜在原因。除此之外，也有少部分元分析研究者使用多水平模型来估计总体效应值。本章内容主要阐述基于多水平模型元分析的基本原理，并介绍通过 HLM 软件开展多水平元分析的实例。

第一节　多水平模型简介

一、嵌套数据

现实中的数据往往具有嵌套的性质，如员工从属于某个组织、组织从属于某个地区（图 11.1）、地区又从属于某个国家。这种嵌套数据往往能够产生自上而下的影响，即国家文化会影响到该国各个地区的文化，地区文化会影响其辖区内的组织文化，组织文化又会影响到组织内部的每一名员工。传统回归分析在处理嵌套数据时往往面临一个问题，即对于国家、地区、组织和员工四个层面的数据，我们应当在哪一层面分析数据，才能得到更合理的估计结果。

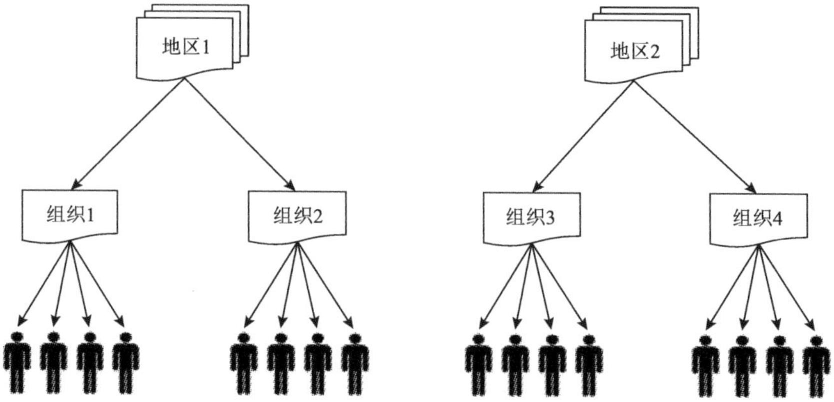

图 11.1　多水平模型的嵌套数据结构

假定我们的样本涵盖 30 个地区，这 30 个地区包含 900 个组织，这些组织又包含 27 000 名员工。如果在员工层面进行数据处理，我们需要人为地将 30 个地区特征、900 个组织特征分配给 27 000 名员工，这种处理忽略了员工嵌套于组织的情况，也忽视了组织嵌套于地区的情况，会造成估计的标准误太小，进而增加犯一类错误的概率（Raudenbush and Bryk，2007）。如果在地区层面分析数据，我们需要将 27 000 名员工数据汇总为 30 个地区的特征，这会造成估计精度的下降，也会产生估计偏差。

为了分析这类嵌套数据之间的关系，研究者提出了多水平模型（multilevel model），又被称为多层线性模型/分层线性模型（hierarchical linear model）或者跨层模型（cross-level model）。这类模型侧重关注高层变量对低层变量的影响。

二、多水平模型

多水平模型通常将低层变量的分析结果作为高层分析的参数，从而实现对嵌套数据的估计。因此，使用多水平建模时，研究者只需要看最后一层方程的估计结果即可。

（一）零模型

零模型（null model）是最简单的多水平模型，即没有任何预测变量的模型。通过零模型，研究者可以开展方差成分分析（variance component analysis），即估计低层因素和高层因素分别可以在多大程度上解释因变量的方差(张雷等，2003)。比如，我们现在拥有 30 个地区、900 个组织、27 000 名员工的薪酬数据，如果没有预测变量，传统回归分析无法做任何的预测模型，更不能对薪酬的方差成分进行分析。然而，多水平模型却可以根据上述数据告诉我们，员工薪酬在多大程度上取决于个人因素，在多大程度上取决于组织因素，又在多大程度上取决于地区因素。笔者曾经用零模型分析了 2012 年中国沪深两市 A 股上市公司高管的薪酬数据，结果发现，个人层面因素可以解释高管薪酬方差的 34.121%，公司层面因素可以解释高管薪酬方差的 63.348%，地区层面因素可以解释高管薪酬方差的 2.531%。这是多水平模型与传统回归模型的一个显著不同，也是多水平模型的一个显著优势。

最简单的两水平零模型的方程表达式为

Level-1：$Y=\beta_0+\varepsilon$

Level-2：$\beta_0=\gamma_{00}+\zeta_0$

其中，β_0 为组内均值；γ_{00} 为组间均值；ε 为第一层的抽样误差；ζ_0 为第二层的抽样误差。这种表述可能很抽象，我们接下来举个例子加以阐释。如果我们拥有 50 家公司 10 000 名员工的薪酬数据，第一层的方程意味着我们首先求出每家公司员工的平均薪酬，得到 50 个 β_0；第二层的方程意味着我们将 50 家公司的平均薪酬 β_0 再次求平均，从而得到 γ_{00}，其代表了这些公司所有员工的平均薪酬，即 Y 的总均值。如果将 Level-1 和 Level-2 的方程式合并起来，则合并后的表达式为

$$Y=\gamma_{00}+\zeta_0+\varepsilon$$

其中，γ_{00} 为 Y 的总均值；ε 和 ζ_0 分别为 Level-1 和 Level-2 的抽样误差。我们将第一层抽样误差 ε 的方差记为 σ^2，将第二层抽样误差 ζ_0 的方差记为 τ_2^2，则 Y 的方差等于两层方差之和，即 $\tau_2^2+\sigma^2$。由此，我们可以计算出各个层面因素对因变量 Y 方差的解释程度。对于两水平模型，我们通常将第二层因素解释的方差成分称为跨级相关系数（intraclass correlation coefficient，ICC），即

$$\text{ICC}=\frac{\tau_2^2}{\tau_2^2+\sigma^2}$$

研究者可以根据 ICC 得分计算设计效应（design effect），该效应是判断数据是否适合做多水平模型的重要指标（Hox，2010；Peugh，2010）。设计效应的计算公式为

$$\text{design effect}=1+\left(n_C-1\right)\text{ICC}$$

其中，ICC 为跨级相关系数；n_C 为组内平均样本量。比如，50 家公司 10 000 名员工的组内平均样本量是 200（即平均每家公司拥有多少名员工）。在教育学领域，研究者普遍认为设计效应需要大于 2，否则没有必要开展多水平建模（Maas and Hox，2005；Peugh，2010）。不过，蒙特卡罗仿真研究表明，当研究者更加关心高层预测变量时，或者当组内样本量小于 10 时，设计效应大于 2 的准则并不适用（Lai and Kwok，2014）。

（二）具有低层预测变量的模型

如果我们想检验 50 家公司 10 000 名员工学历（X）与员工创新（Y）之间的关系，也可以构建具有低层预测变量的两水平模型，具体公式为

Level-1：$Y=\beta_0+\beta_1X+\varepsilon$

Level-2：$\beta_0=\gamma_{00}+\zeta_0$

$\beta_1=\gamma_{10}+\zeta_1$

其中，第一层的方程意味着我们首先用每家公司的数据做 Y 对 X 的回归，我们会得到 50 个 β_1 回归系数；第二层的方程意味着我们对 50 个 β_1 求平均，得到 X 对 Y 产生影响的平均回归系数，即 γ_{10}。如果回归系数 γ_{10} 显著为正，则表明员工学历与创新之间具有正相关的关系。由于加入了预测变量，因变量 Y 在第一层的方差将会被 X 解释一部分，即 Y 在第一层的方差将会减少。减少的方差比例即我们常说的 R^2，其代表了 X 在第一层面对因变量 Y 的解释程度。如果我们将本例第一层抽样误差 ε 的方差记为 σ_1^2，将零模型第一层抽样误差 ε 的方差记为 σ^2，则加入第一层预测变量员工学历（X）后，第一层模型 R^2 的计算公式为

$$R^2_{\text{Level-1}} = \frac{\sigma^2 - \sigma_1^2}{\sigma^2}$$

（三）具有高层预测变量的模型

接下来，假定我们还想检验公司 CEO 学历（M）是否会对员工创新（Y）产生跨层影响（图 11.2）。此时，CEO 学历（M）可以看作公司层面的变量。我们可以构建具有高层预测变量的两水平模型，具体公式为

Level-1：$Y=\beta_0+\beta_1 X+\varepsilon$

Level-2：$\beta_0=\gamma_{00}+\gamma_{01}M+\zeta_0$

$\beta_1=\gamma_{10}+\zeta_1$

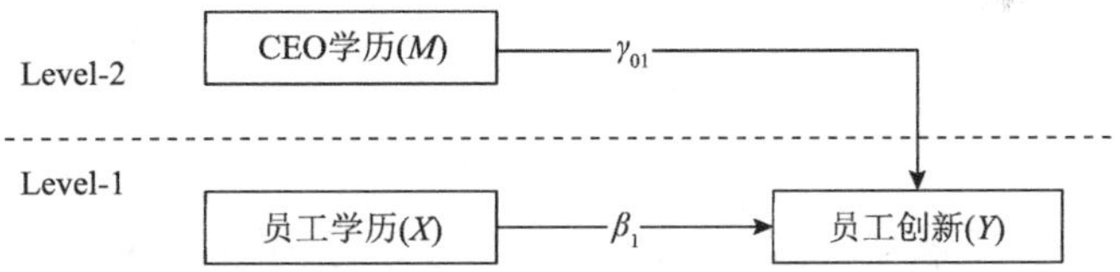

图 11.2　具有低层和高层预测变量的多水平模型

其中，如果回归系数 γ_{01} 显著，则表明 CEO 学历（M）的确会对员工创新（Y）产生显著的跨层影响。由于加入了高层预测变量，因变量 Y 在第二层的方差将会被 M 解释一部分，即 Y 在第二层的方差将会减少。减少的这部分方差代表了 M 在第二层面对因变量 Y 的解释程度。如果我们将本例第二层抽样误差 ζ_0 的方差记为 τ_{21}^2，将上一个模型第二层抽样误差 ζ_0 的方差记为 τ_{20}^2，则加入第二层预测变量 CEO 学历（M）后，第二层模型 R^2 的计算公式为

$$R^2_{\text{Level-2}} = \frac{\tau_{20}^2 - \tau_{21}^2}{\tau_{20}^2}$$

（四）具有高层调节变量的模型

假定我们接下来还想检验公司 CEO 学历是否会对员工学历与员工创新的关系产生调节作用（图 11.3）。我们可以在前一个模型的基础上增加高层调节变量，并构建具有高层调节变量的两水平模型，具体公式为

Level-1：$Y=\beta_0+\beta_1X+\varepsilon$

Level-2：$\beta_0=\gamma_{00}+\gamma_{01}M+\zeta_0$

$\beta_1=\gamma_{10}+\gamma_{11}M+\zeta_1$

其中，M 不仅会对 Y 产生跨层影响，还影响了 X 与 Y 的系数 β_1，如果 γ_{11} 系数显著，则可以证明 CEO 学历（M）对员工学历（X）与员工创新（Y）的关系具有跨层调节作用。

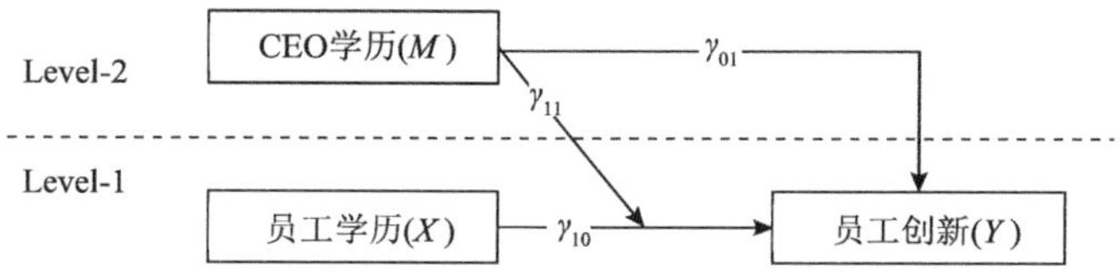

图 11.3　具有调节变量的多水平模型

因此，利用多水平模型开展数据分析，需要构建零模型，计算跨级相关系数 ICC 和设计效应，判断数据是否适合进行多水平建模；如果设计效应满足要求，则可以在零模型基础上加入第一层和第二层的预测变量，也可以在预测模型基础上增加调节变量，分析跨层调节作用（Hox，2010；Peugh，2010）。

第二节　基于多水平模型元分析的原理和步骤

元分析的数据也具有嵌套性质。对于元分析研究者而言，每个实证研究的参与者从属于特定的研究样本，每个研究样本又从属于特定的国家或者年份，从而形成如图 11.4 所示的嵌套结构。与传统多水平模型不同的是，实证研究的受访者数据是原始数据，元分析研究者无法获得这些原始数据，只能获得每个研究样本汇总的效应值，这就需要元分析研究者做一些特殊处理。在基于多水平模型的元分析中，研究者多将效应值作为因变量，因此效应值往往位于多水平模型的第一层。用于元分析的多水平模型的方程表达式与传统的多水平模型是完全相同的。不过，各个实证研究效应值的抽样方差是已知的，故用于元分析的多水平模型不再需要估计第一层的抽样误差方差。研究者将其称为第一层方差已知（variance known, V-known)的多水平模型(Cheung, 2015; Hox, 2010; Raudenbush and Bryk, 2007)。本节将详细介绍基于多水平模型的元分析方法。

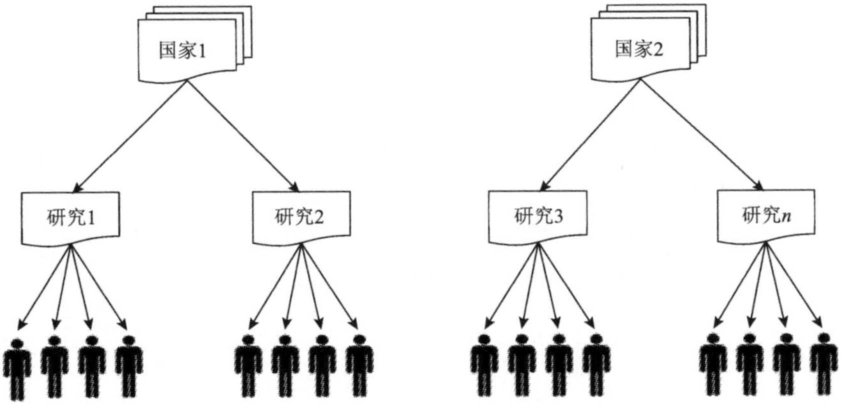

图 11.4　元分析数据的嵌套结构

一、方差已知的多水平模型

（一）方差已知的两水平模型

我们首先来看一个传统的两水平模型。假设我们想检验公司规模（M）对员工薪酬（X）与绩效（Y）关系的调节作用。我们对 50 家公司开展了调研，每家公司收集了 200 名员工，并构建了如图 11.5 所示的两水平模型，其方程表达式为

Level-1：$Y=\beta_0+\beta_1X+\varepsilon$

Level-2：$\beta_0=\gamma_{00}+\zeta_0$

$\beta_1=\gamma_{10}+\gamma_{11}M+\zeta_1$

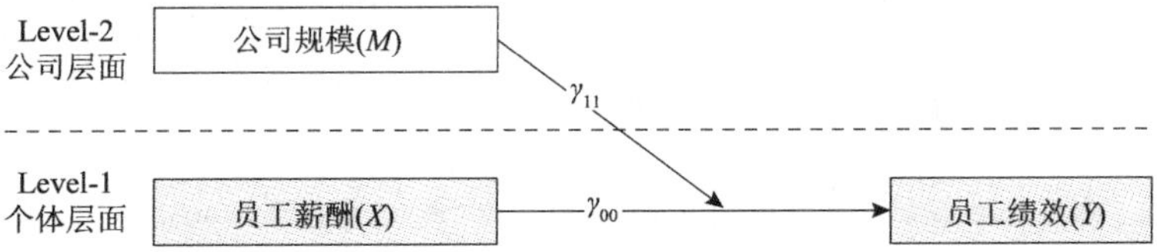

图 11.5　两水平模型

在检验图 11.5 的多水平模型时，研究者首先需要求出每家公司 200 名员工薪酬（X）与员工绩效（Y）的关系，得到 50 个 β_1；其次，在公司层面求 50 个 β_1 与 50 个公司规模（M）之间的关系 γ_{11}。如果 γ_{11} 显著，则可以证明公司规模调节了员工薪酬与员工绩效的关系。如果我们将图 11.5 中员工薪酬（X）与绩效（Y）

关系看作一个参数 ρ，则图 11.5 的研究模型可以转化成图 11.6 的等价形式，其方程式为

Level-1：$\rho=\beta_0+\varepsilon$

Level-2：$\beta_0=\gamma_{00}+\gamma_{01}M+\zeta_0$

也就是说，对于每一名员工而言，他的薪酬与绩效的关系是既定的 ρ。在检验图 11.6 的多水平模型时，我们首先需要求出每家公司所有员工 ρ 的均值 β_0，得到 50 个 β_0；其次，在公司层面求 50 个 β_0 与 50 个公司规模（M）之间的关系。若该关系显著，则可以证明公司规模的跨层调节效应。

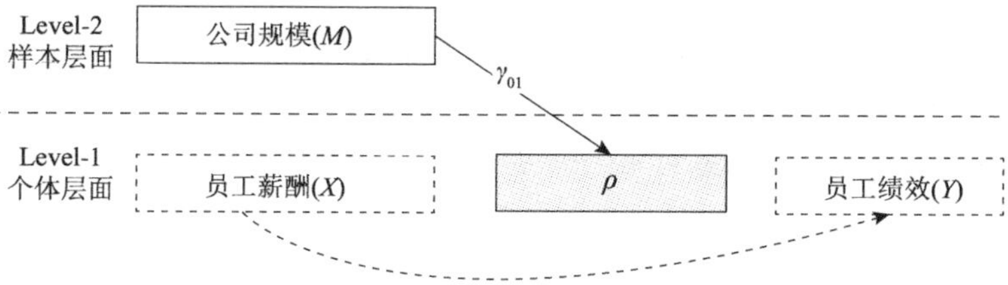

图 11.6　具有调节效应的两水平元分析模型

对于多数研究者而言，开展图 11.5 的研究并不容易，这意味着研究者要收集一万名员工数据。然而，对于多数研究者而言，收集 50 个关注员工薪酬与绩效关系（ρ）的实证研究数据是相对容易的。虽然缺乏个体层面的研究数据，但图 11.6 中的 ρ（即每个实证研究报告的效应值）和 Var(ε)（即每个实证研究效应值的抽样误差方差）是已知的。因此，我们可以非常容易计算出 50 个 β_0，并计算 50 个 β_0 与 50 个公司规模数据之间的关系 γ_{01}。如果系数 γ_{01} 显著，则调节效应也可以得到验证。研究者将这种用于元分析的多水平模型称为第一层方差已知的多水平模型（Cheung，2015；Hox，2010；Raudenbush and Bryk，2007），这是因为每个实证研究效应值的抽样误差方差 Var(ε)（可根据效应值和样本量求出）是已知的。

（二）方差已知的三水平模型

下文主要介绍三水平模型的例子。假设研究者想关注高绩效工作系统（X）与企业绩效（Y）之间的关系，并考察国家文化特征（M）对上述关系的调节作用。这是一个庞大的研究设想，仅靠一两个研究者是不可能完成的。为了提升样本的代表性和研究的外部效度，我们希望能够在 50 个国家开展研究，每个国家有 10 位研究者独立开展调研，而每位研究者需要调研 100 家企业。考虑到不同研究者所抽取的样本可能会有所不同，我们希望检验每位研究者所抽取样本的特征对上述关系的调节作用。如果能够顺利完成这项调查，我们将收集到 50 个国家、500

个样本、50 000 家企业的一手数据。这是一个典型的三层嵌套结构，可以构建如图 11.7 所示的三水平模型。

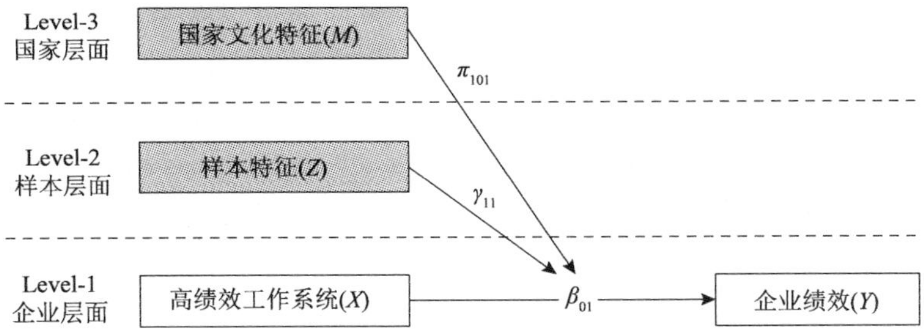

图 11.7　三水平模型

如果不考虑任何预测变量或者调节变量，则本例三层嵌套模型的方程表达式（即零模型）为

Level-1：$Y=\beta_0+\varepsilon$

Level-2：$\beta_0=\gamma_{00}+\zeta_0$

Level-3：$\gamma_{00}=\pi_{000}+e_{00}$

其中，β_0 为每个样本的企业绩效均值；γ_{00} 为每个国家的企业平均绩效；π_{000} 为所有国家被调查企业的绩效均值；ε 为第一层的抽样误差；ζ_0 为第二层的抽样误差；e_{00} 为第三层的抽样误差。第一层的方程意味着我们首先求出每个样本 100 家企业的平均绩效，由此可得到 500 个 β_0 值；第二层的方程意味着我们将每个国家 10 个样本的平均绩效 β_0 再次求平均，得到每个国家被调查企业的平均绩效，经过此步处理，我们可以得到 50 个 γ_{00}；第三层的方程意味着我们将这 50 个国家的企业绩效均值 γ_{00} 再次求平均，从而得到 π_{000}，其代表了这 50 个国家 50 000 家被调查企业的平均绩效，即 Y 的总均值。

如果我们在零模型基础上加入图 11.7 的预测变量和调节变量，可以得到的方程式

Level-1：$Y=\beta_0+\beta_1 X+\varepsilon$

Level-2：$\beta_0=\gamma_{00}+\zeta_0$

$\beta_1=\gamma_{10}+\gamma_{11}Z+\zeta_1$

Level-3：$\gamma_{00}=\pi_{000}+e_0$

$\gamma_{10}=\pi_{100}+\pi_{101}M+e_{10}$

$\gamma_{11}=\pi_{110}+e_{11}$

然而，在现实中，完成一项涉及 50 个国家、500 个样本、50 000 家企业的调查研究几乎是不可能的。大多数研究者只能完成一个国家数百个企业的调查。那么，这是不是意味着我们不能开展此类主题的研究？答案是否定的。当上述主题的研究数量足够多的时候，如 50 个国家的 500 个研究者围绕特定主题发表了 500 项实证研究，此时我们也可以使用多水平模型来验证图 11.7 的假设，不过此时的分析策略也发生了变化。由于我们只能收集到这 500 个实证研究中高绩效工作系统与企业绩效的相关系数（即效应值 ρ），不能获得这 50 000 家企业高绩效工作系统与企业绩效的原始数据，因此企业层面的变量关系分析将会被舍去（图 11.8 中的虚线部分），取而代之的是 X 与 Y 关系的估计值 ρ。此时，我们只需要验证样本特征（Z）和国家文化特征（M）是否会对效应值（ρ）产生显著影响，就能够证明高绩效工作系统与企业绩效的关系是否受到了样本特征和国家特征的跨层调节。

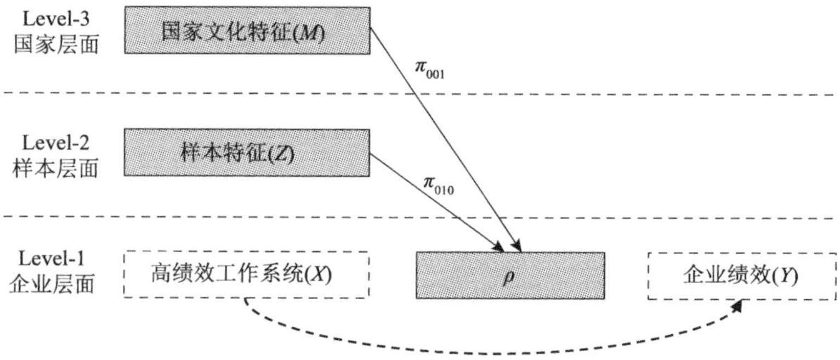

图 11.8　具有调节效应的三水平元分析模型

图 11.8 所示的研究模型的方程式为

Level-1：$\rho=\beta_0+\varepsilon$

Level-2：$\beta_0=\gamma_{00}+\gamma_{01}Z+\zeta_0$

Level-3：$\gamma_{00}=\pi_{000}+\pi_{001}M+e_{00}$

$\gamma_{01}=\pi_{010}+e_{01}$

同样，第一层抽样误差 ε 的方差是已知的，我们可以将其称为第一层方差已知的三水平模型。我们可以根据实证研究提供的效应值等数据计算出 β_0，进而在研究样本层面计算样本特征 Z 对 β_0 的影响（γ_{01}），其代表了样本特征对 X 与 Y 关系的调节作用；同理，我们也可以计算出国家文化特征 M 对 X 与 Y 关系的调节作用（π_{001}）。

二、常见的基于多水平模型的元分析形式

由于多水平模型通常将低层变量的分析结果作为高层分析的参数，所以多水平模型中低层方程的变量都是中间参数，最终的估计参数都会出现在最高一层的方程中。下文，我们将讲解常见的多水平元分析形式。

（一）零模型

在进行元分析的时候，我们无法获取每个实证研究的原始数据，只能从每一个实证研究中找到自变量 X 和因变量 Y 的关系 ρ。因此，我们可以构建以 ρ 为因变量的多水平模型。当元分析模型中没有任何预测变量的时候，我们可以构建最简单的零模型。零模型的主要目的是计算基于多水平模型的整合效应值。

传统的双变量关系元分析都可以通过两水平零模型来计算整合效应值，其表达式为

Level-1：$\rho=\beta_0+\varepsilon$

Level-2：$\beta_0=\gamma_{00}+\zeta_0$

其中，ρ 为每个实证研究样本的效应值；β_0 为每个实证研究所代表总体的真实效应值；γ_{00} 为所有实证研究效应值的均值，即总体效应值均值；ε 为已知的第一层抽样误差；ζ_0 为第二层的抽样误差。

如果实证研究还可以聚类，如依据国家或者年份进行聚类，则可以形成三水平模型。不考虑任何预测变量的三水平零模型表达式为（Cheung，2015）

Level-1：$\rho=\beta_0+\varepsilon$

Level-2：$\beta_0=\gamma_{00}+\zeta_0$

Level-3：$\gamma_{00}=\pi_{000}+e_{00}$

其中，ρ 为每个实证研究的效应值；β_0 为每个实证研究所代表总体的真实效应值；γ_{00} 为每一聚类或者分组（如某一国家或者某一年份）实证研究效应值的均值；π_{000} 为所有聚类或者分组效应值的均值，即总体效应值均值；ε 为方差已知的第一层抽样误差；ζ_0 为第二层的抽样误差；e_{00} 为第二层的抽样误差。

（二）Level-2 拥有调节变量的模型

如果我们认为实证研究的样本特征（Z）会对效应值产生影响，则可以在零模型的基础上增加第二层的调节变量。假设我们的元分析想探索企业薪酬水平（Z）

对高绩效工作系统与企业绩效关系（ρ）的调节作用，且收集到了 50 个国家的 500 个实证研究效应值（ρ）及每个实证研究中企业薪酬水平的平均得分（Z）。接下来，我们就可以构建第二层（Level-2）拥有调节变量的两水平模型表达式为

Level-1：$\rho=\beta_0+\varepsilon$

Level-2：$\beta_0=\gamma_{00}+\gamma_{01}Z+\zeta_0$

其中，γ_{00} 为控制了第二层的调节变量 Z 之后的整合效应值。如果 γ_{01} 显著，则跨层调节效应成立，即企业薪酬水平（Z）能够调节高绩效工作系统与企业绩效的关系（ρ）。

如果研究者依据实证样本所属的国家或者年份进行聚类，则可以形成三水平模型。研究者可以在三水平模型基础上增加 Level-2 的调节变量，其表达式为

Level-1：$\rho=\beta_0+\varepsilon$

Level-2：$\beta_0=\gamma_{00}+\gamma_{01}Z+\zeta_0$

Level-3：$\gamma_{00}=\pi_{000}+e_{00}$

$\gamma_{01}=\pi_{010}+e_{01}$

其中，π_{000} 为控制了第二层的调节变量 Z 之后的整合效应值；π_{010} 为检验调节变量 Z 对效应值的影响程度。如果 π_{010} 显著，则第二层的跨层调节效应成立。

（三）Level-3 拥有调节变量的模型

我们也可以在三水平模型的第三层模型中增加调节变量。第三层的调节变量都是实证研究聚类后的变量，如国家文化、发表年份等。比如，我们想探索 50 个国家的制度弹性（M）对 500 个实证研究中高绩效工作系统与企业绩效关系的调节作用，则可以通过多水平模型来实现。第三层（Level-3）拥有调节变量的两水平模型的表达式为

Level-1：$\rho=\beta_0+\varepsilon$

Level-2：$\beta_0=\gamma_{00}+\zeta_0$

Level-3：$\gamma_{00}=\pi_{000}+\pi_{001}M+e_{00}$

其中，π_{000} 为控制了第三层的调节变量 M 之后的整合效应值。如果 π_{001} 显著，则第三层的调节效应成立，即国家的制度弹性（M）能够调节高绩效工作系统与企业绩效的关系（ρ）。

（四）Level-2 和 Level-3 均拥有调节变量的模型

如果我们的元分析既要检验企业薪酬水平（Z）对高绩效工作系统与企业绩效关系（ρ）的调节作用，也要检验国家制度弹性（M）对高绩效工作系统与企业绩效关系的调节作用，我们可以构建如图 11.8 所示的三水平模型。该模型的表达式为

Level-1：$\rho=\beta_0+\varepsilon$

Level-2：$\beta_0=\gamma_{00}+\gamma_{01}Z+\zeta_0$

Level-3：$\gamma_{00}=\pi_{000}+\pi_{001}M+e_{00}$

$\gamma_{01}=\pi_{010}+e_{01}$

其中，π_{000} 为控制了第二层的调节变量 Z 和第三层的调节变量 M 之后的整合效应值。如果 π_{001} 显著，则第三层的跨层调节效应成立，即国家的制度弹性（M）能够调节高绩效工作系统与企业绩效的关系（ρ）；如果 π_{010} 显著，则第二层的跨层调节效应成立，即企业薪酬水平（Z）能够调节高绩效工作系统与企业绩效的关系（ρ）。

在检验调节效应的时候，本章所讲的多水平模型与第八章元回归的思想是类似的，但这两种方法的分析策略却存在很大差异。在元回归分析中，我们并未考虑数据的嵌套结构。比如，我们想探索国家制度弹性对高绩效工作系统与企业绩效关系的调节作用，我们一共检索到了 50 个国家的 500 个实证研究效应值。元回归首先将这 50 个国家的制度弹性数据分配给 500 个实证研究，然后在实证研究层面做 500 个制度弹性得分与 500 个实证研究效应值的回归分析。这种忽视了数据嵌套结构的处理方法，会造成标准误估计偏低，增加犯一类错误的概率。然而，基于多水平模型的元分析则是分三步来做回归，第一步是利用方差已知模型进行实证研究内部的分析，得到每个实证研究所代表总体的真实效应值 β_0；第二步是实证研究层面的分析，即计算每个国家所包含实证研究效应值的均值 γ_{00}；第三步是国家层面的分析，估计 50 个国家制度弹性得分与 50 个 γ_{00} 之间的关系 π_{001}，进而检验国家层面特征的调节效应。显然，多水平模型通常将低层变量的分析结果作为高层分析的参数，从而实现对嵌套数据的估计。该模型始终是同一层面数据的回归分析，可以避免生态谬误的问题。

元回归是传统的回归分析方法，没有考虑元分析数据的嵌套结构，而基于多水平模型的元分析对数据进行了分层，更适合处理具有嵌套结构的数据。由于多水平模型是“回归的回归”模型，即开展了多次回归分析，因此，其对样本量的要求比较高。研究发现，对于传统的多水平模型，只有预测变量没有调节变量的

模型，至少需要 10 个分组；对于有调节变量的模型，至少需要 30 个分组；当分组少于 50 的时候，将会导致对高层标准误的有偏估计（Bowman，2012；Maas and Hox，2004, 2005）。不过组内的观测数对最终结果的影响并不严重（Bowman，2012）。因此，当研究者使用多水平模型开展双变量关系元分析研究时，至少需要有 10 个研究，50 个以上为佳；当研究者希望检验研究层面特征对效应值关系的调节作用时，也至少需要 10 个研究，这与元回归的最低要求是一致的；当研究者希望检验实证研究聚类层面特征对效应值的调节作用时，至少需要有 10 个分组（如 10 个国家或者 10 个年份）。

三、基于多水平模型元分析的步骤

（一）收集多水平嵌套数据

在开展多水平建模之前，研究者先需要收集各个层面的数据。Level-1 通常是实证研究层面的数据，研究者需要收集实证研究名称、效应值、变量信度、样本量等数据；Level-2 通常是调节变量（如样本特征）数据；Level-3 通常需要收集实证研究分类后的高层变量特征数据，如国家特征、年份等。

（二）计算多水平模型元分析中每项研究的研究内抽样误差方差

由于元分析中每一个实证研究效应值抽样误差的方差是可以基于效应值和样本量数据进行计算的，所以研究者认为多水平元分析 Level-1 的抽样误差方差是已知的，即第一层方程式 $\rho=\beta_0+\varepsilon$ 中的抽样误差 ε 的方差是已知的。Raudenbush 等将其称之为第一层方差已知模型，并建议在多水平建模时将抽样误差的方差作为已知结果纳入分析（Raudenbush and Bryk，2007）。因此，研究者需要计算多水平模型元分析中每项研究内的抽样误差方差。

如果研究者的效应值为相关系数形式，则第 i 个实证研究的研究内抽样误差方差为（Borenstein et al.，2009；Hunter and Schmidt，2004）

$$\sigma_i^2=\frac{\left(1-\rho_i^2\right)^2}{n_i-1}$$

其中，n_i 为第 i 个研究的样本量；ρ_i 为第 i 个研究的效应值。

如果研究者的效应值为 Fisher's Z 形式（即 Hedges 和 Olkin 策略），则第 i 个研究的研究内抽样误差方差为（Borenstein et al.，2009；Rabl et al.，2014）

$$\sigma_i^2=\frac{1}{n_i-3}$$

（三）多水平建模分析

接下来研究者可以依次构建零模型及调节效应模型。零模型主要用于检验主效应，并且分析各个层面的方差成分。第一层抽样误差 ε 的方差（σ^2）需要研究者手动计算，其计算公式为（Cheung，2015）

$$\sigma^2 = \frac{k}{\sum_{i=1}^{k} \frac{1}{\sigma_i^2}}$$

其中，k 为实证研究数量，即效应值数量；σ_i^2 为步骤二中每个实证研究的抽样误差方差。由于基于多水平模型的元分析中的第一层方程没有预测变量，所以第一层抽样误差的方差是恒定不变的。零模型中第二层抽样误差方差（τ_2^2）和第三层的抽样误差方差（τ_3^2）则可以由软件（如 HLM）自动计算。接下来研究者可以计算效应值的总方差（$\sigma^2+\tau_2^2+\tau_3^2$），并计算各个层面的方差占总方差的比例（Cheung，2015）。该比例代表了各个层面因素对效应值变动的解释比例（I^2）。三个层面因素对效应值方差的解释比例分别为

$$I_{\text{Level-1}}^2 = \frac{\sigma^2}{\sigma^2 + \tau_2^2 + \tau_3^2}$$

$$I_{\text{Level-2}}^2 = \frac{\tau_2^2}{\sigma^2 + \tau_2^2 + \tau_3^2}$$

$$I_{\text{Level-3}}^2 = \frac{\tau_3^2}{\sigma^2 + \tau_2^2 + \tau_3^2}$$

在构建调节效应模型后，研究者除了查看调节变量的回归系数之外，还需要进行各个层面的方差成分分析。如果研究者加入了第二层的调节变量，则第二层的方差（τ_2^2）将会减少，其减少的比例代表了调节变量在第二个层面的解释比例，计算公式为

$$R_{\text{Level-2}}^2 = \frac{\tau_{20}^2 - \tau_{21}^2}{\tau_{20}^2}$$

其中，τ_{20}^2 为加入第二层调节变量前第二层模型的方差；τ_{21}^2 为加入第二层调节变量后第二层模型的方差。

如果研究者加入了第三层的调节变量，则第三层的方差（τ_3^2）将会减少，其

减少的比例代表了调节变量在第三个层面的解释比例，计算公式为

$$R^2_{\text{Level-3}} = \frac{\tau_{30}^2 - \tau_{31}^2}{\tau_{30}^2}$$

其中，τ_{30}^2 为加入第三层调节变量前第三层模型的方差；τ_{31}^2 为加入第三层调节变量后第三层模型的方差。

第三节　基于多水平模型的元分析实例

本节将展示用 HLM 软件开展多水平元分析的实例。该软件是目前最为流行的多水平建模软件之一，且内嵌了针对方差已知数据的建模设置。本例的效应值 ρ 指的是高绩效工作系统与企业绩效之间的关系，一共收集到了 29 个国家的 156 篇实证论文。本例的目的有三个（分析模型见本章第二节的图 11.8）：一是通过多水平模型来估计整合效应值，并考察研究层面因素和国家层面因素对效应值方差的贡献比例；二是检验企业薪酬水平对高绩效工作系统与企业绩效关系 ρ 的调节作用；三是检验国家层面的制度弹性对高绩效工作系统与企业绩效关系 ρ 的调节作用。

一、基于多水平模型的双变量关系元分析实例

HLM 软件是菜单式操作的多水平建模软件，无须编程即可实现多水平模型分析。HLM 学生版是免费使用的，该版本对于变量数和样本量有一定的约束，但完成一般的元分析是足够的。HLM 软件内嵌了方差已知模型的相关设置。

（一）数据整理

构建符合 HLM 范式的数据文件是开展多水平调节变量元分析的前提。本例是一个三水平模型的元分析实例（分析模型见图 11.8），研究者也可以参考本例的操作步骤构建两水平模型（即只基于表 11.1 的 Level-1 数据和表 11.2 的 Level-2 数据构建两水平模型即可）。

HLM 软件需要 Level-1、Level-2 和 Level-3 的数据文件分开编辑。本例中所用的数据文件分别如表 11.1、表 11.2 和表 11.3 所示。请读者注意，HLM 软件需要将表 11.1 到表 11.3 的数据保存成 SPSS 数据格式（.sav）。

表 11.1 为 Level-1 数据。第一列为第二层的 ID 变量，在本例中为各个实证研究的编号，它是匹配第一层企业数据与第二层实证研究数据的关键。第二列为第三层的 ID 变量，在本例中为国家编号，它是匹配第一层企业数据与第三层国家数

据的关键。从表 11.1 中可以看到，ID 需要按照顺序来排列。第三列是效应值数据，第四列是样本量数据。除了这 ID2、ID3、*r* 和 *N* 这四列数据外，研究者还需要计算抽样误差方差变量，并放入表格中。研究者可以根据 *N* 和 *r* 计算出每项研究的抽样误差方差，计算公式详见本章第二节。

表 11.1　HLM 软件第一层（Level-1）数据

ID2	ID3	*r*	*N*	ID2	ID3	*r*	*N*	ID2	ID3	*r*	*N*	ID2	ID3	*r*	*N*
1	1	0.40	104	30	7	0.12	137	59	18	0.20	153	88	24	0.35	73
2	2	0.29	181	31	7	0.27	271	60	18	0.30	136	89	24	0.25	133
3	2	0.07	416	32	7	0.68	275	61	18	0.21	137	90	24	0.68	65
4	2	0.39	62	33	8	0.19	61	62	19	0.50	61	91	24	0.47	208
5	3	0.53	76	34	9	0.10	37	63	20	0.52	101	92	25	0.43	115
6	4	0.37	307	35	9	0.11	37	64	21	0.77	190	93	25	0.58	124
7	4	0.02	96	36	10	0.36	197	65	21	0.40	170	94	26	0.00	1,389
8	4	0.00	115	37	10	0.81	178	66	22	0.32	138	95	27	0.42	167
9	4	0.19	98	38	11	0.26	49	67	22	0.15	361	96	27	0.29	223
10	4	0.18	406	39	11	0.26	227	68	22	0.32	661	97	27	0.26	366
11	4	0.26	138	40	11	0.46	138	69	22	0.39	46	98	27	0.12	87
12	4	0.01	2942	41	11	0.19	220	70	22	0.06	249	99	27	0.42	92
13	5	0.50	62	42	11	0.37	253	71	22	0.16	153	100	27	0.48	70
14	5	0.20	135	43	12	0.21	76	72	22	0.29	129	101	27	0.15	145
15	5	0.36	139	44	12	0.24	439	73	22	0.58	162	102	27	0.31	70
16	5	0.14	241	45	12	0.29	84	74	23	0.25	758	103	27	0.27	169
17	5	0.15	463	46	13	0.27	132	75	23	0.18	226	104	27	0.23	32
18	5	0.18	138	47	13	0.38	111	76	23	0.10	87	105	27	0.63	61
19	5	0.38	324	48	13	0.35	165	77	23	0.26	183	106	27	0.45	52
20	5	0.63	600	49	14	0.16	111	78	23	0.24	163	107	27	0.02	1224
21	5	0.53	192	50	15	0.30	75	79	23	0.28	26	108	28	0.31	255
22	5	0.39	78	51	15	0.12	312	80	23	0.13	965	109	28	0.17	25
23	5	0.26	81	52	15	0.26	76	81	23	0.08	83	110	28	0.37	260
24	5	0.29	600	53	15	0.39	76	82	23	0.08	263	111	28	0.22	97
25	5	0.20	223	54	16	0.43	42	83	23	0.07	233	112	28	0.33	123
26	5	0.38	110	55	17	0.05	132	84	23	0.27	143	113	28	0.17	1584
27	5	0.30	127	56	17	0.20	171	85	23	0.43	198	114	28	0.34	1212
28	5	0.55	179	57	17	0.21	175	86	23	0.56	102	115	28	0.10	23
29	6	0.33	76	58	17	0.32	53	87	24	0.24	160	116	28	0.50	78

续表

ID2	ID3	r	N	ID2	ID3	r	N	ID2	ID3	r	N	ID2	ID3	r	N
117	28	0.31	52	127	28	0.22	106	137	28	0.49	180	147	28	0.19	209
118	28	0.42	136	128	28	0.16	202	138	28	0.21	105	148	28	0.05	93
119	28	0.38	78	129	28	0.15	816	139	28	0.20	108	149	28	0.15	325
120	28	0.11	132	130	28	0.19	628	140	28	0.55	71	150	28	0.22	366
121	28	0.26	191	131	28	0.22	547	141	28	0.56	21	151	28	0.18	375
122	28	0.39	350	132	28	0.14	293	142	28	0.12	215	152	28	0.43	45
123	28	0.18	174	133	28	0.24	50	143	28	0.29	73	153	28	0.19	208
124	28	0.24	93	134	28	0.23	120	144	28	0.25	74	154	28	0.32	208
125	28	0.31	131	135	28	0.04	148	145	28	0.29	113	155	28	0.41	97
126	28	0.17	146	136	28	0.02	206	146	28	0.19	167	156	29	0.48	137

注：该表格数据来自本书配套数据 C11-1.xlsx

表 11.2 为 Level-2 数据。第一列为第二层的 ID 变量，即各个实证研究的编号，它是匹配第一层企业数据与第二层实证研究数据的关键。第二列为第三层的 ID 变量，即国家编号，它是匹配第二层研究数据与第三层国家数据的关键。由表 11.2 可知，ID 需要按照顺序来排列。第三列是调节变量数据，即每一个实证研究相关矩阵中提供的企业薪酬水平均值（Z）。

表 11.2　HLM 软件第二层（Level-2）数据

ID2	ID3	Z	ID2	ID3	Z	ID2	ID3	Z	ID2	ID3	Z
1	1	26.32	17	5	8.33	33	8	0	49	14	13.85
2	2	12.50	18	5	15.38	34	9	27.59	50	15	12.50
3	2	16.67	19	5	7.14	35	9	8.11	51	15	23.75
4	2	10.42	20	5	40.00	36	10	16.67	52	15	23.33
5	3	40.00	21	5	15.02	37	10	19.84	53	15	15.48
6	4	7.14	22	5	12.50	38	11	18.06	54	16	20.00
7	4	28.57	23	5	7.41	39	11	11.11	55	17	25.00
8	4	9.09	24	5	8.33	40	11	0	56	17	18.18
9	4	28.57	25	5	0	41	11	20.00	57	17	0
10	4	29.17	26	5	0	42	11	28.57	58	17	0
11	4	10.00	27	5	5.00	43	12	0	59	18	10.00
12	4	16.67	28	5	13.33	44	12	6.67	60	18	27.27
13	5	9.09	29	6	25.00	45	12	16.67	61	18	25.00
14	5	6.67	30	7	8.33	46	13	11.11	62	19	12.50
15	5	18.18	31	7	8.33	47	13	18.75	63	20	6.67
16	5	29.17	32	7	15.38	48	13	21.43	64	21	33.33

续表

ID2	ID3	Z	ID2	ID3	Z	ID2	ID3	Z	ID2	ID3	Z
65	21	25.00	88	24	23.81	111	28	33.33	134	28	33.33
66	22	11.11	89	24	20.00	112	28	25.00	135	28	8.33
67	22	28.57	90	24	12.00	113	28	31.25	136	28	18.18
68	22	14.29	91	24	12.50	114	28	16.67	137	28	0
69	22	14.29	92	25	10.00	115	28	12.50	138	28	39.29
70	22	23.08	93	25	10.00	116	28	20.82	139	28	23.81
71	22	19.05	94	26	0	117	28	25.00	140	28	25.00
72	22	50.00	95	27	0	118	28	25.00	141	28	25.00
73	22	5.26	96	27	8.33	119	28	22.92	142	28	7.41
74	23	17.65	97	27	27.08	120	28	22.66	143	28	0
75	23	25.00	98	27	9.52	121	28	15.38	144	28	10.00
76	23	0	99	27	0	122	28	0	145	28	10.00
77	23	25.00	100	27	16.67	123	28	22.22	146	28	10.00
78	23	14.29	101	27	26.92	124	28	22.22	147	28	36.67
79	23	15.79	102	27	0	125	28	11.11	148	28	36.67
80	23	25.00	103	27	0	126	28	10.00	149	28	16.67
81	23	0	104	27	0	127	28	13.33	150	28	28.57
82	23	14.29	105	27	0	128	28	9.09	151	28	28.57
83	23	14.29	106	27	0	129	28	18.06	152	28	22.22
84	23	23.08	107	27	0	130	28	31.25	153	28	19.76
85	23	13.79	108	28	0	131	28	37.50	154	28	11.44
86	23	11.11	109	28	27.27	132	28	7.14	155	28	33.33
87	24	22.22	110	28	10.00	133	28	0	156	29	30.67

注：该表格数据来自本书配套数据 C11-1.xlsx

表 11.3 为 Level-3 数据，第一列为 ID 变量，它是三层数据相互匹配的关键，可以看到该列数据的排序方式与表 11.1 和表 11.2 是一致的。第二列为国家和地区名称，在实际分析中不需要，第三列为国家的制度弹性特征，这些数据来自全球竞争力报告（Global Competitiveness Report）。

表 11.3　HLM 软件第三层（Level-3）数据

ID3	国家与地区	制度弹性（*M*）	ID3	国家与地区	制度弹性（*M*）
1	Australia	0.30	4	Canada	2.13
2	Belgium	3.04	5	China	1.65
3	Brazil	3.29	6	Croatia	1.80

续表

ID3	国家与地区	制度弹性（M）	ID3	国家与地区	制度弹性（M）
7	France	1.33	19	Oman	2.54
8	Germany	3.48	20	Russia	0.67
9	Ghana	0.06	21	Singapore	6.20
10	Greece	3.78	22	South Korea	0.57
11	Cnhk	6.13	23	Spain	3.24
12	India	0.09	24	Cntw	2.12
13	Ireland	1.78	25	Turkey	0.46
14	Italy	3.82	26	Ukraine	0.62
15	Japan	0.12	27	UK	1.08
16	Malaysia	1.86	28	USA	2.44
17	Netherlands	2.32	29	Vietnam	0.70
18	New Zealand	1.51			

注：该表格数据来自本书配套数据 C11-1.xlsx

（二）软件操作

HLM 软件的具体操作路程如下。

（1）打开 HLM 软件，依次点击主菜单“File”→子菜单“Make new MDM file”→子菜单“Stat package input”。软件将会弹出“Select MDM type”窗口，勾选“HLM3”即可（图 11.9）。HLM3 代表三层嵌套模型，HLM3 和 HLM4 则代表两层和四层嵌套模型。如果仅检验双变量关系的主效应或者检验研究层面特征的调节作用，可以选择 HLM2 构建两水平模型。

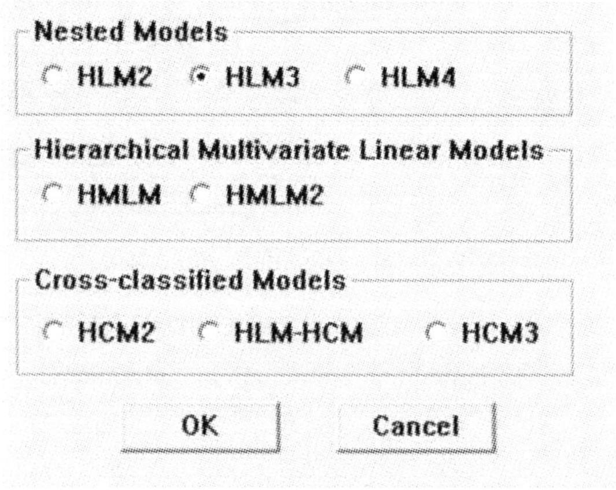

图 11.9　HLM 软件模型选择

（2）在“Make MDM-HLM3”界面（图 11.10），分别点击“Level-1 Specification”、“Level-2 Specification”和“Level-3 Specification”下的“Browse”按钮，分别为 Level-1、Level-2 和 Level-3 选择数据文件（必须是.sav 格式，即 SPSS 数据格式）。

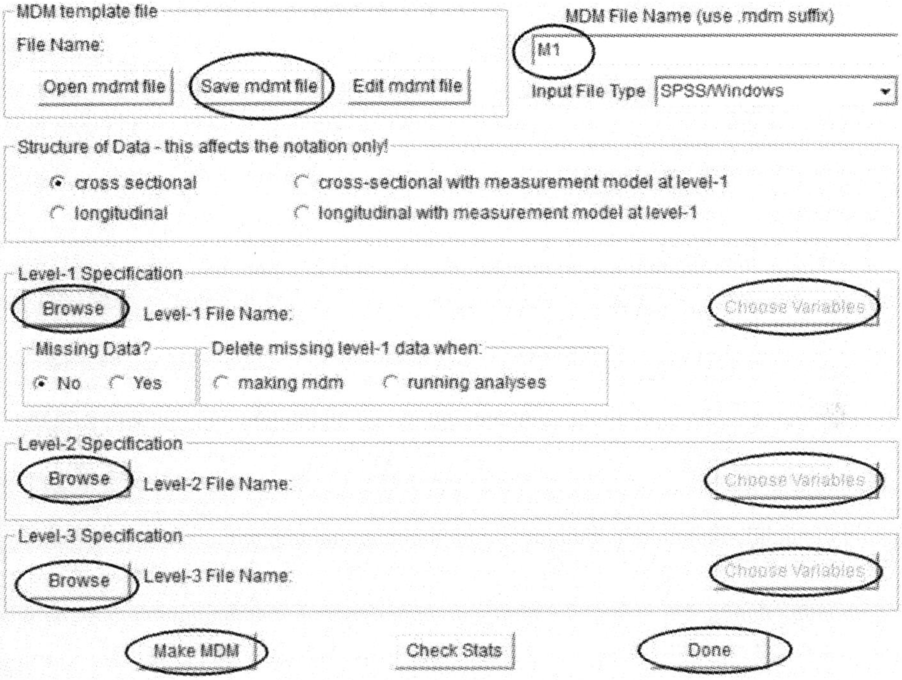

图 11.10　数据文件和变量设置界面

注：读者可以选取本书配套数据 C11-1-L1.sav、C11-1-L2.sav 和 C11-1-L3.sav

分别点击 Level-1、Level-2 和 Level-3 右边的“Choose Variables”按钮，为第一层、第二层和第三层模型选择变量。图 11.11 是 Level-1 的“Choose Variables”示例，我们需要为第二层的 ID 变量勾选“L2id”，为第三层的 ID 变量勾选“L3id”，为效应值变量（本例为 R）、方差变量（本例为 VI）勾选“in MDM”。选择完毕后，点击“OK”按钮。点击 Level-2 的“Choose Variables”后，研究者需要识别第二层的 ID 变量（ID2-勾选“L2id”）、第三层的 ID 变量（ID3-勾选“L3id”）、第二层的调节变量（Z-勾选“in MDM”）。点击 Level-3 的“Choose Variables”后，研究者需要识别第三层的 ID 变量（ID3-勾选“L3id”）、第三层的调节变量（M-勾选“in MDM”）。

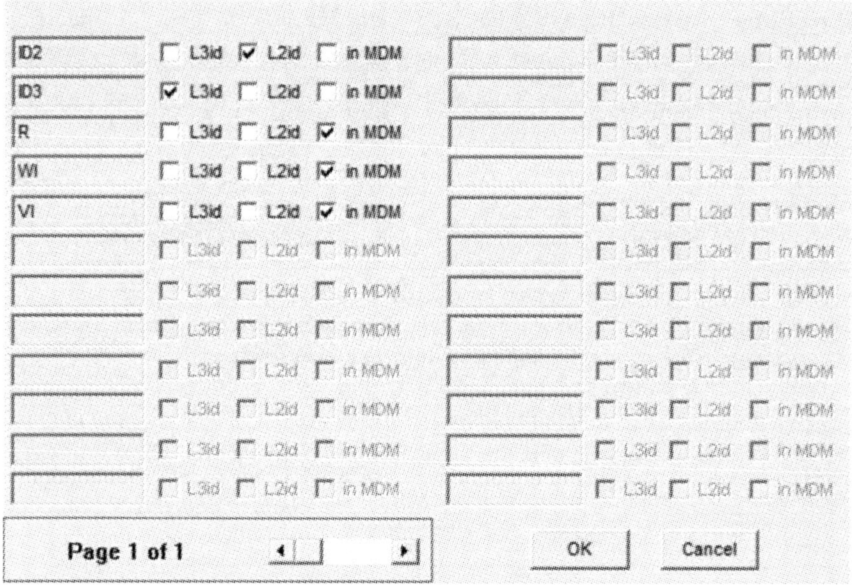

图 11.11　Level-1 变量选择界面

在 MDM File Name 一栏填写文件名称，点击“Save mdmt file”输入保存名称。然后依次点击“Make MDM”按钮→“Check Stats”→“Done”，即可进入 HLM 模型构建界面。

（3）在 HLM 模型构建界面（图 11.12），首先构建无任何预测变量的零模型。点击“Level-1”按钮下的效应值变量（R），选择为“Outcome variable”。研究者会在空白区域看到零模型的方程式。

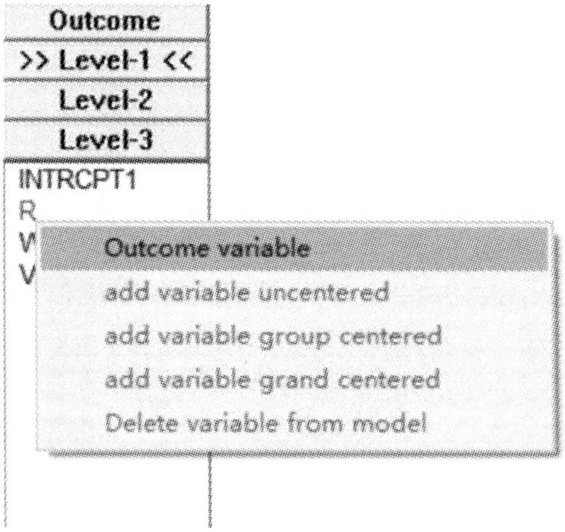

图 11.12　模型构建界面

（4）在 HLM 软件中依次点击主菜单“Other Settings”→子菜单“Estimation Settings”，点击“Specify Weighting”选项，在“Known variance (sets sigma^2 to 1.0)”选项中选择第一层的方差变量（VI）（图 11.13），点击“OK”按钮。选择已知方差后，你会发现图 11.13 中的“Fix sigma^2 to specific value”中的取值从“computed”变成了“1.000000”。“computed”代表了第一层的方差是随机的，需要软件估计；而设定为“1”代表了方差是固定的，即设定为已知方差值（VI）。再点击“OK”按钮，你会回到分析界面。你会看到 HLM 的零模型发生了变化，原来第一层方程中的抽样误差消失，多了一个方差已知的方程式“σ^2=VI(Known)”，说明你的设置已经成功。

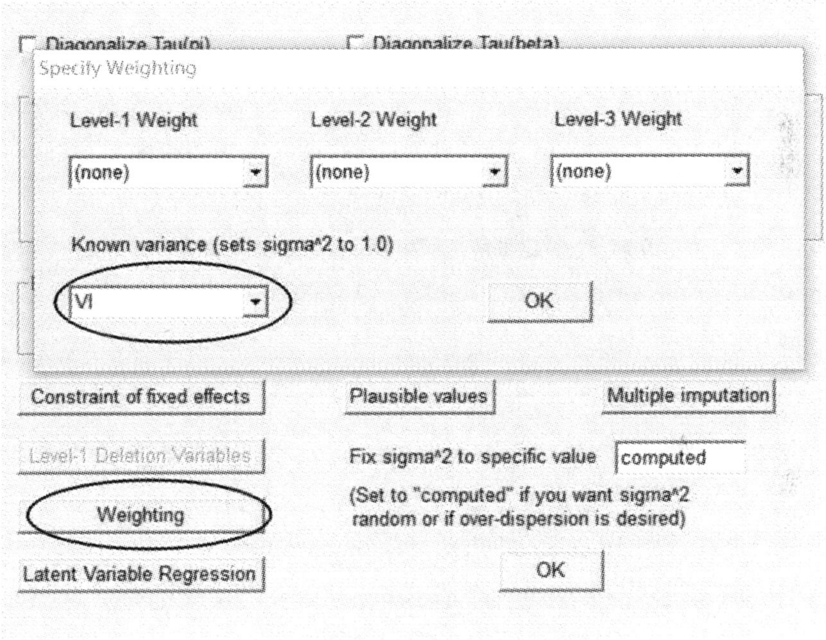

图 11.13　已知方差设置界面

接下来点击“Run analysis”菜单，将会弹出保存界面，选择“Save as and Run”选项，输入文件名称，即可得到零模型的运算结果。

（三）零模型分析结果

读者可以找到三组数据，分别为“Final estimation of fixed effects (with robust standard errors)”、“Final estimation of level-1 and level-2 variance components”和“Final estimation of level-3 variance components”，这三组数据分别为回归系数、第一层/第二层方差成分和第三层方差成分估计结果。

表 11.4 列出了回归系数 γ_{000} 的估计结果，该系数为总体效应值 ρ 的估计结果。可以看到，γ_{000} 显著性水平为 $p<0.001$，说明高绩效工作系统（X）与企业绩效（Y）是显著正相关的关系（ρ=0.311 66，t=13.888，p<0.001）。

表 11.4　零模型效应值估计结果

固定效应	系数	标准误	t 值	自由度	p 值
For INTRCPT1, π_0 第一层截距	—	—	—	—	—
For INTRCPT2, β_{00} 第二层截距	—	—	—	—	—
INTRCPT3, γ_{000} 第三层截距	0.311 66	0.022 44	13.888	28	< 0.001

表 11.5 给出了第一层和第二层的方差成分估计结果。由于本例使用的是第一层方差已知模型，所以 HLM 软件仅估计第二层的抽样误差方差 τ_2^2 为 0.018 69，而第一层的方差成分 σ^2 需要我们自己计算。我们可以使用本章第二节的 σ^2 计算公式，算出第一层的抽样误差方差为 0.003 426。

表 11.5　零模型第一层和第二层方差估计结果

随机效应	标准差	方差成分	自由度	卡方	p 值
INTRCPT1,r_0 第二层截距方差	0.1367	0.018 69	127	992.4027	< 0.001

表 11.6 给出了第三层的方差成分估计结果。由表 11.6 可知，第三层抽样误差方差 τ_3^2 为 0.005 93。根据本章第二节的公式，我们可以计算出三个层面因素对效应值变异的解释度分别为 12.22%（$I^2_{\text{Level-1}}$）、66.64%（$I^2_{\text{Level-2}}$）、21.14%（$I^2_{\text{Level-3}}$）。这说明研究层面（Level-2）因素是本例效应值异质性的主要原因。

表 11.6　零模型第三层估计结果

随机效应	标准差	方差成分	自由度	卡方	p 值
INTRCPT1/INTRCPT2,u_{00} 第三层截距方差	0.076 99	0.005 93	28	60.551 52	< 0.001

除了以上结果之外，HLM 软件还在输出结果的最后部分给出了偏差（deviance）统计量的估计结果，偏差统计量是–2 倍的对数似然函数的值（–2 times the log likelihood）。在本例中，偏差统计量为 694.758 731（df=3）。我们可以通过两个模型偏差统计量的差值（即 $\triangle\chi^2$）来判断模型解释力是否得到显著改善，这在随后的调节效应分析中会用到，这种做法类似于传统回归方法中的 $\triangle F$。

二、基于多水平模型的调节效应元分析实例

上一部分内容仅仅是零模型分析过程的展示。本例将在第二节分析的基础上，增加调节变量。本例所采用的数据和模型与第二节是相同的。

（一）软件操作

1. 构建 Level-2 调节效应模型

将变量 Z 选择为第二层的预测变量。点击“Level-2”按钮下的调节变量（Z），选择为“add variable grand centered”，对第二层的调节变量进行总平均中心化。选择了第二层的调节变量之后，就会看到我们所建构的方程式，默认的是固定效应模型，即第三层最后一个方程的随机抽样误差为灰色。固定效应模型代表固定斜率，该模型假定在不同国家中，调节变量 Z 对效应值的影响是相同的。双击第三层最后一个方程的灰色误差项，则变成黑色，此时为随机效应模型，其假定在不同国家中，调节变量 Z 对效应值的影响是不同的（本例选择的是随机效应模型）。完成以上操作后，点击“Run analysis”菜单保存并运行结果。

2. 构建 Level-3 调节变量模型

将变量 M 选择为第三层的预测变量。点击“Level-3”按钮下的调节变量（M），选择为“add variable grand centered”，即对第三层的调节变量进行总平均中心化。此时，HLM 软件显示的完整三层模型如下。

Level-1 Model：$R=\pi_0$

$\sigma^2=\text{VI (Known)}$

Level-2 Model：$\pi_0=\beta_{00}+\beta_{01}Z+r_0$

Level-3 Model：$\beta_{00}=\gamma_{000}+\gamma_{001}M+u_{00}$

$\beta_{01}=\gamma_{010}+u_{01}$

点击“Run analysis”菜单，保存后就会呈现分析结果。

（二）分析结果及解释

表 11.7 是加入第二层调节变量 Z 后的系数估计结果。由表 11.7 可知，在控制了调节变量 Z 之后，截距项（即效应值 ρ 的加权均值）依然是显著的（$\gamma_{000}=0.314$，$t=15.143$，$p<0.001$），说明在控制了样本层面的企业薪酬水平之后，高绩效工作系统（X）与企业绩效（Y）依然呈显著的正相关关系。然而，调节变量 Z 对效应值 ρ 的影响并不显著（$\gamma_{010}=0.002$，$t=1.097$，$p=0.282$），说明企业薪酬水平并未调

节高绩效工作系统（X）与企业绩效（Y）之间的关系。

表 11.7　加入第二层调节变量的模型系数估计结果

固定效应	系数	标准误	t 值	自由度	p 值
For INTRCPT1, π_0 第一层截距	—	—	—	—	—
For INTRCPT2, β_{00} 第二层截距	—	—	—	—	—
INTRCPT3, γ_{000} 第三层截距	0.314	0.021	15.143	28	< 0.001
For Z, β_{01} 调节变量 Z	—	—	—	—	—
INTRCPT3, γ010 Z 的斜率的截距	0.002	0.002	1.097	28	0.282

HLM 软件默认的估计方法是约束最大似然法（restricted maximum likelihood, REML），研究者经常使用似然比检验（likelihood ratio）来判断两个 REML 模型的方差是否有显著变化（Peugh，2010）。似然比检验即两个模型的偏差统计量之差，这个差值服从卡方（χ^2）分布。表 11.8 和表 11.9 分别列出了第二层和第三层的方差成分估计结果。由表 11.8 可知，第二层的抽样误差方差 τ_2^2 为 0.017，与零模型的 0.019 相比，方差下降了 6.63%。这说明加入企业薪酬水平变量后，第二层模型的解释力并未得到显著改善（$\Delta R^2_{\text{Level-2}}$=6.63%，$\chi^2(3)$= 4.687，$p$=0.196>0.05）。

表 11.8　加入第二层调节变量的模型方差成分估计结果（Level-1/Level-2）

随机效应	标准差	方差成分	自由度	卡方	p 值
INTRCPT1,r_0 第二层截距方差	0.132	0.017	108	611.029	< 0.001

表 11.9　加入第二层调节变量的模型方差成分估计结果（Level-3）

随机效应	标准差	方差成分	自由度	卡方	p 值
INTRCPT1/INTRCPT2,u_{00} 第三层截距方差	0.070	0.005	17	40.711	0.001
INTRCPT1/ Z,u_{01} Z 的斜率方差	0.005	0	17	35.152	0.006

表 11.10 是加入第三层调节变量 M 后的系数估计结果。由表 11.10 可知，在控制了调节变量 Z 和 M 之后，截距项（即效应值 ρ 的加权均值）依然是显著的（γ_{000}=0.313，t=15.322，p<0.001），说明在控制了样本层面的企业薪酬水平和国

家层面的制度弹性变量之后，高绩效工作系统（X）与企业绩效（Y）依然呈显著的正相关关系。此外，在控制了第三层调节变量 M 之后，调节变量 Z 对效应值 ρ 的影响并不显著（γ_{010}=0.002，t=1.130，p=0.268），说明企业薪酬水平并未调节高绩效工作系统（X）与企业绩效（Y）之间的关系。最后，M 对效应值的影响并不显著（γ_{001}=0.003，t=0.264，p=0.794），说明制度弹性并没有调节高绩效工作系统（X）与企业绩效（Y）之间的关系。

表 11.10 加入第三层调节变量的模型系数估计结果

固定效应	系数	标准误	t 值	自由度	p 值
For INTRCPT1, π_0 第一层截距	—	—	—	—	—
For INTRCPT2, β_{00} 第二层截距	—	—	—	—	—
INTRCPT3, γ_{000} 第三层截距	0.313	0.020	15.322	27	< 0.001
M, γ_{001} 调节变量 M	0.003	0.011	0.264	27	0.794
For Z, β_{01} 调节变量 Z					
INTRCPT3, γ_{010} Z 的斜率的截距	0.002	0.002	1.130	28	0.268

表 11.11 和表 11.12 分别列出了第二层和第三层的方差成分估计结果。从表 12 中可以看到，第三层模型截距项的抽样误差方差 τ_3^2 为 0.005，与上一个模型的 0.005 相比，方差下降了 4.72%。本例的偏差统计量为 690.037（df=7），较零模型下降了 0.034，自由度下降了 1。查卡方表之后，$\chi^2(1)$= 0.034 对应的显著性水平为 p=0.853。这说明加入国家制度弹性变量后，第三层模型的解释力并没有得到显著改善（$\Delta R^2_{\text{Level-3}}$=4.72%，$\chi^2(1)$= 0. 034，$p$=0.853）。

表 11.11 加入第三层调节变量的模型方差成分估计结果（Level-1/Level-2）

随机效应	标准差	方差成分	自由度	卡方	p 值
INTRCPT1,r_0 第二层截距方差	0.132	0.017	108	611.069	< 0.001

表 11.12 加入第三层调节变量的模型方差成分估计结果（Level-3）

随机效应	标准差	方差成分	自由度	卡方	p 值
INTRCPT1/INTRCPT2,u_{00} 第三层截距方差	0.068	0.005	16	41.187	< 0.001

续表

随机效应	标准差	方差成分	自由度	卡方	p 值
INTRCPT1/ Z,u_{01} Z 的斜率方差	0.005	0.000	17	34.998	0.006

研究者可以将零模型的例子与调节效应分析的结果（表 11.4 到表 11.12）合并为一个表格，展示整个多水平元分析的结果，如表 11.13 所示。表 11.13 不仅展示了回归系数结果，也展示了方差成分的估计结果。模型 1 是不包含任何预测变量的零模型，模型 2 是在零模型基础上增加 Level-2 调节变量 Z 的模型，模型 3 是在模型 2 基础上增加 Level-3 调节变量 M 的模型。由模型 1 可以看出，高绩效工作系统（X）与企业绩效（Y）显著正相关（β=0.312，t=13.882，p<0.001），且方差成分显示企业层因素、研究层因素和国家层因素对二者关系变异的解释度分别为 12.22%（$I^2_{\text{Level-1}}$）、66.64%（$I^2_{\text{Level-2}}$）、21.14%（$I^2_{\text{Level-3}}$）。由模型 2 可以看出，企业薪酬水平（Z）并未调节高绩效工作系统（X）与企业绩效（Y）的关系（β=0.002，t=1.097，p=0.282），且增加了调节变量企业薪酬水平（Z）后，第二层模型的解释度并未显著提升（$\Delta R^2_{\text{Level-2}}$=6.63%，$\chi^2(3)$=4.687，$p$=0.196）。由模型 3 可以看出，国家制度弹性（M）对高绩效工作系统（X）与企业绩效（Y）关系的调节作用不成立（β=0.003，t=0.264，p=0.794），第三层模型的解释力也没有明显改善（$\Delta R^2_{\text{Level-3}}$=4.72%，$\chi^2(1)$= 0.034，$p$=0.853）。

表 11.13　基于多水平模型元分析的整合结果

变量与参数	模型 1 零模型	模型 2 Level-2 跨层调节模型	模型 3 Level-3 跨层调节模型
回归系数			
第一层（企业层）			
截距项	0.312 (0.022)***	0.314 (0.021)***	0.313 (0.020)***
第二层（研究层）			
企业薪酬水平		0.002 (0.002)	0.002 (0.002)
第三层（国家层）			
国家制度弹性			0.003 (0.011)
方差成分			
第一层截距方差	0.003	0.003	0.003
第二层截距方差	0.019	0.017	0.017
第三层截距方差	0.006	0.005	0.005

续表

变量与参数	模型 1 零模型	模型 2 Level-2 跨层调节模型	模型 3 Level-3 跨层调节模型
Z 斜率方差		0.000	0.000
$R^2_{\text{Level-2}}$		6.63%	
$R^2_{\text{Level-3}}$			4.72%
偏差统计量	694.759	690.071	690.037
估计参数个数（*df*）	3	6	7
似然比检验		4.687	0.034

注：***表示 $p<0.001$；表格中回归系数为非标准化回归系数，括号中的数字为标准误；表格中的数据仅保留了三位小数，但方差成分分析中的 R_2 是基于原始数据计算而来

第十二章　横断历史元分析

横断历史元分析（cross-temporal meta-analysis）是近年来元分析方法的新发展。本书前面章节所讲的元分析主要关注微观变量之间的关系，在组织与管理研究领域，多是员工心理层面变量或者公司层面变量的关系。这些研究把不同年代的研究直接进行整合，忽视了年代之间存在的差异。比如，员工的满意度和幸福感是否会随着时间的推进而发生变化？女性员工的地位是否会随着时间的推进而不断提升？组织员工多元化对组织绩效的影响是否会随着时间的推进而不同？为了解决此类问题，研究者提出并发展了横断历史元分析的方法，致力于拓展变量随年代的变化趋势及年代对变量关系的影响。实际上，横断历史元分析将以往每个年份的零散研究看作当年总体的抽样，然后再进行跨年份的比较，通过更为宏观的视角来审视以往偏微观的组织管理问题，有助于深化组织与管理研究中微观问题的宏观意义。

第一节　横断历史元分析概述

一、横断历史元分析的概念与原理

圣地亚哥州立大学的 Twenge 教授首先提出并发展了横断历史元分析的方法（Twenge and Campbell，2001）。她首先应用该方法分析了人们关于女性态度的变化（Twenge，1997a）及阳刚和阴柔特质随时间变化的趋势（Twenge，1997b），随后她将这种方法命名为横断历史元分析。横断历史元分析较好地继承了元分析的精髓，即把以往的每一个实证研究结果看作非常有用的二手数据。这些二手数据是从总体中抽样而来的，可以看作总体的随机抽样，我们可以通过这些样本变量特征的发展趋势来判断总体的变化趋势。因此，横断历史元分析是采用跨时间（cross-temporal）或者纵贯（longitudinal）的思想来分析实证研究变量特征或者变量关系随时间变化的元分析方法。

国内辛自强教授于 2008 年首次在中文期刊对横断历史元分析进行了系统介绍（辛自强和池丽萍，2008），开启了该方法在国内应用的先河。图 12.1 展示了国内横断历史元分析的文献数量，可以看出该方法近年呈快速增长态势。目前，该方法在国内社会学和心理学领域应用较为广泛，但在管理学研究中的应用则比较少，只有寥寥几篇。

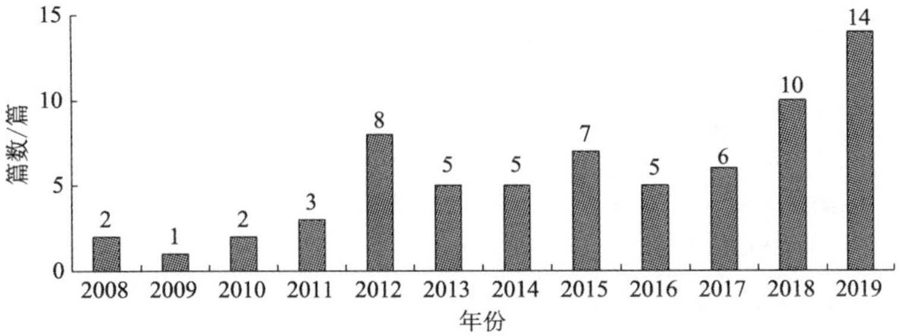

图 12.1　国内横断历史元分析文献数量统计

虽然横断历史元分析收集原始数据的方式与传统元分析技术相同，但是横断历史元分析的重心不在于计算整合效应值（Twenge and Campbell，2001）。该方法侧重收集样本中核心变量的均值（如样本员工幸福感的均值）和研究数据的采集年份。当然，研究者可以根据自己的需要，收集其他相关的样本数据。随后，研究者可以通过加权回归分析方法对年份和样本均值关系进行分析（图 12.2），从而了解核心变量随年份的变化趋势。

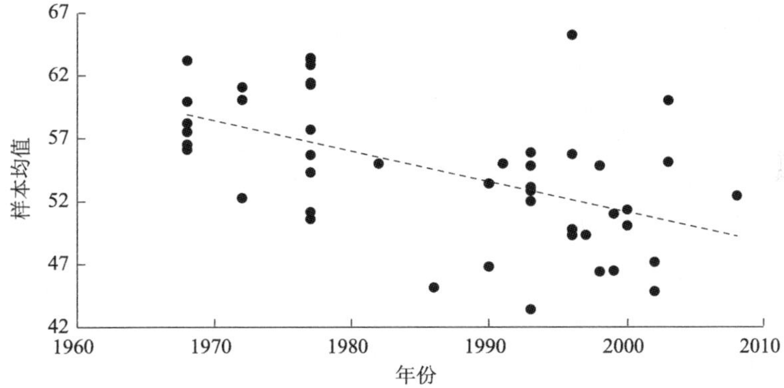

图 12.2　年份对变量的影响

在实际操作过程中，横断历史元分析所考虑的因素不再局限于变量均值和年份。一些研究者将年份所蕴含的其他特征也考虑了进来，如经济增速、消费者价格指数（consumer price index，CPI）、基尼系数、失业率等宏观统计数据（Xin et al.，2010；侯佳伟等，2015；张建卫等，2019）。此外，如果研究者需要估计年份对双变量关系的影响，即年份的调节作用，此时可以采用第八章元回归的方法来实现。比如，Luo 等（2012）通过元分析的方法检验了中国政商关系对组织绩效的影响。他们认为，随着中国与世界的接轨，中国本土的关系因素对组织绩效的影响可能会随着时间的推移而逐步削弱，并通过元回归的方法验证了他们的这一设想。横断历史元分析不仅可以分析某个变量随年份变化的趋势，也可以分析某个变量随年龄变化的趋势。

横断历史研究在发展心理学、工业与组织心理学、组织行为和人力资源管理领域得到了广泛的应用（Twenge and Campbell，2001；Wegman et al.，2018；霍伟伟和罗瑾琏，2011；辛自强和池丽萍，2008）。在这些领域，横断历史研究通常用来处理年龄-时期-同辈效应（age-period-cohort effects，APC）问题，其核心假定是个体或者群体的差异是同一年龄、同一时期或者同一年份相似的背景特征造成的，而不是其他因素。从方法难度上来讲，横断历史元分析比传统元分析更为简单，对专业元分析软件的要求也不高。该方法之所以被纳入元分析的范畴，主要有两个原因。首先，元分析是一种定量文献综述的方法，横断历史元分析的确通过统计手段对以往实证文献结果进行了二次加工，其符合元分析的基本界定。其次，横断历史元分析采用了元分析中的样本加权思想，即大样本应当被赋予更大的权重，而小样本应当被赋予较小的权重，从而确保分析结果的合理性。需要指出的是，横断历史元分析纳入的研究数量也不能太少，有研究者认为 70 个子样本是下限（侯佳伟等，2015）。

横断历史元分析的用途主要表现在如下五个方面（辛自强和池丽萍，2008）：①考察变量随时间变化的趋势，如员工幸福感是否会随时间推移而逐步提升；②对比重大事件前后组织管理实践及员工心理特征的变化（霍伟伟和罗瑾琏，2011），如金融危机前后员工满意度是否有显著不同；③通过滞后分析来检验变量间的因果关系，如前一年的员工满意度是否可以预测下一年的员工离职率；④考察聚合的微观特征与社会和经济运行的关系（Xin et al.，2010；张建卫等，2019），如前一年的组织承诺水平是否能够预测下一年的经济发展，也可以考察上一年的基尼系数是否能够预测下一年的员工满意度；⑤考察变量关系随时间的变化趋势，如组织关系实践与组织绩效的关系是否会随着时间推移而逐步减弱（Luo et al.，2012）。

当然，学术界也有一些对横断历史元分析的批判。研究者认为横断历史元分析存在生态谬误（ecological fallacy）的问题，混淆了分析的层次，即个体变量的关系与个体数据聚合成更高层次变量的关系是不同的。蒙特卡洛仿真结果显示，横断历史元分析在估计 APC 效应时可能会产生不正确的估计。尽管存在这些缺陷，但横断历史元分析也有着它独有的优点，至少在面对大量文献的时候，该方法的估计结果比定性文献综述者的主观判断要准确得多。

二、横断历史元分析的样本加权方法

由于不同研究的样本量存在较大差异，研究者在使用横断历史元分析时，不能直接分析样本变量均值与年份之间的关系，而需要采用加权最小二乘法估计变量均值与年份之间的关系。因此，加权最小二乘法分析中的权重问题成为横断历史元分析顺利进行的关键。目前，横断历史元分析研究者较为常用的样本加权方法有两种。第一种是直接将样本量作为权重，这种操作较为简单，且每个研究的样本量数据几乎不会缺失（Twenge and Campbell，2001；Xin et al.，2010）。第二种则是吸纳了传统元分析的加权思路。该加权方法将权重界定为各样本核心变量组内方差（within-study variance）的倒数（Borenstein et al.，2009），并根据变量的样本均值、标准差及样本量来确定权重的具体值，计算公式为

$$w_i = \frac{1}{v_i} = \frac{1}{\frac{\mathrm{SD}_i^2}{n_i}}$$

其中，w_i为第 i 个研究样本的权重；v_i为第 i 个研究核心变量的组内方差；SD_i为第 i 个研究报告的核心变量标准差；n_i为第 i 个研究报告的样本量。可以看到，v_i是标准差 SD_i的平方除以样本量 n_i（Borenstein et al.，2009）。该方法的缺点是，SD_i可能会存在缺失，需要插补缺失值，有研究者通过所有样本 SD_i的均值来替代缺失值（Wegman et al.，2018）。

部分研究者在进行横断历史元分析的时候，会同时报告样本加权和 w_i加权两种方法的结果。由于 w_i权重是样本量的函数，所以该方法与直接使用样本量进行加权的结果差异并不是特别大。

第二节　横断历史元分析实例

横断历史元分析本质上是一种二手数据分析方法。该方法首先收集以往实证研究样本中的数据，其次通过统计分析来关注变量随时间变化的趋势。本节将重点关注横断历史元分析的步骤、过程和结果解释。

一、横断历史元分析步骤

（一）文献检索与编码

采用元分析的基本流程展开文献检索和数据编码（详见第三章）。为了避免将“苹果”与“橘子”进行混合，与传统元分析一样，横断历史元分析也强调变量测量工具的一致性或者相似性（侯佳伟等，2015）。除了收集研究者关心的核心变量的均值、标准差、样本量、发表时间、数据收集的年份等数据外，还可以

收集可能存在关联的变量及宏观数据等。需要指出的是，并不是所有的研究都交代数据收集的年份。对于那些没有交代数据收集年份的研究，也有研究者使用发表时间减去 2 来近似代替数据收集的时间（Twenge and Campbell，2001；Wegman et al.，2018；Xin et al.，2010）。比如，一篇文章发表在某期刊 2020 年第 3 期，这篇文章没有交代数据收集的年份，此时研究者可以用 2018 年作为该篇文章的数据收集年份。此外，部分期刊交代了已发表论文的投稿日期，我们也可以依据该日期估计数据收集时间。

（二）计算权重并形成编码表

依据本章第一节的加权公式计算每一个研究的权重值。表 12.1 列出了 46 个研究的数据收集年份（Year）、样本量（N）、变量均值（Mean）、变量标准差（SD）及权重值（W），读者可以根据前面的公式自行练习。请读者注意该表并不是最终的编码表，而只是编码表的一部分。编码表的完整实例可参考本书第三章的内容。

表 12.1 横断历史元分析数据

ID	年份	N	Mean	SD	W	ID	年份	N	Mean	SD	W
1	1968	587	57.50	12.00	4.08	20	1982	150	54.98	9.75	1.58
2	1968	263	59.90	11.40	2.02	21	1986	401	45.14	11.59	2.98
3	1968	227	63.20	11.40	1.75	22	1990	153	46.80	12.70	0.95
4	1968	231	56.10	11.80	1.66	23	1990	136	53.40	12.00	0.94
5	1968	166	56.50	10.80	1.42	24	1991	131	54.98	11.35	1.02
6	1968	113	58.20	10.50	1.02	25	1993	22	52.82	14.20	0.11
7	1972	20	60.05	11.77	0.14	26	1993	21	55.86	12.11	0.14
8	1972	25	61.04	8.30	0.36	27	1993	51	54.80	12.00	0.35
9	1972	24	52.25	13.19	0.14	28	1993	38	53.10	15.20	0.16
10	1977	31	61.40	9.60	0.34	29	1993	33	43.40	10.40	0.31
11	1977	188	54.30	9.80	1.96	30	1993	42	52.00	15.20	0.18
12	1977	8	63.25	7.41	0.15	31	1996	732	49.27	11.72	5.33
13	1977	12	57.67	11.63	0.09	32	1996	65	49.73	11.17	0.52
14	1977	12	62.83	10.84	0.10	33	1996	226	55.71	12.67	1.41
15	1977	8	63.38	9.11	0.10	34	1996	24	65.20	9.03	0.29
16	1977	6	55.67	7.68	0.10	35	1997	173	49.30	12.18	1.16
17	1977	14	51.14	12.74	0.09	36	1998	103	46.40	12.70	0.64
18	1977	4	61.25	11.44	0.03	37	1998	197	54.80	11.60	1.46
19	1977	16	50.56	12.26	0.11	38	1999	107	46.45	10.57	0.95

续表

ID	年份	N	Mean	SD	W	ID	年份	N	Mean	SD	W
39	1999	300	50.97	11.12	2.42	43	2002	132	47.15	7.38	2.42
40	2000	147	51.31	11.10	1.19	44	2003	58	59.98	9.28	0.67
41	2000	537	50.02	15.06	2.37	45	2003	209	55.10	13.00	1.23
42	2002	135	44.84	7.67	2.29	46	2008	518	52.41	13.18	2.98

注：该表格数据对应本书配套数据 C12-1.sav

（三）加权最小二乘回归分析

使用 SPSS 软件中的加权最小二乘回归分析开展横断历史元分析。首先，打开 SPSS 软件，依次点击主菜单“分析”→子菜单“回归”→子菜单“线性回归”，就可以看到如图 12.3 所示的对话框。在对话框中，在自变量、因变量和 WLS 权重选择各自对应的变量，点击“确定”按钮，就可以看到 WLS 回归分析结果了。

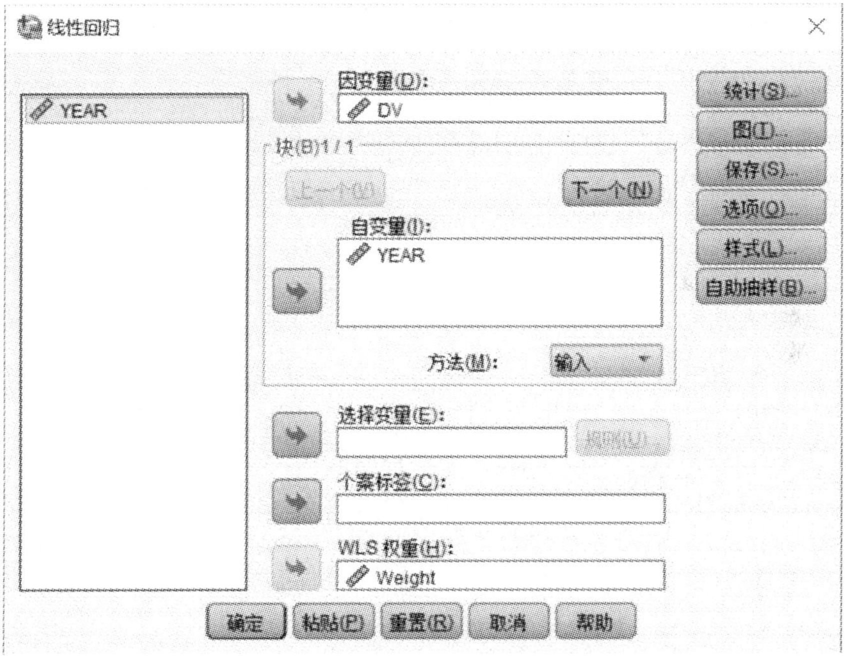

图 12.3　加权最小二乘回归分析界面

（四）绘制散点图

在进行横断历史元分析时，研究者通常也会附上自变量（年份）与因变量的散点图，可以在 Excel 或者 SPSS 软件的“图形”功能进行绘制。

二、横断历史元分析结果

表 12.2 和表 12.3 分别展示了 w_i 加权的 WLS 回归分析结果和样本量 N 加权的 WLS 回归分析结果。从表中可以看到，年份与因变量的关系是显著的，w_i 加权下的标准化回归系数为–0.629（$p<0.001$），N 加权下的标准化回归系数为–0.604（$p<0.001$），说明因变量的确随时间的推移而逐步下降。该例的散点图详见图 12.2。

表 12.2　WLS 回归分析结果（w_i 加权）

模型		未标准化系数		标准化系数	t	显著性
		B	标准误差	Beta 系数		
1	(常量)	513.720	85.908		5.980	0.000
	Year	–0.232	0.043	–0.629	–5.366	0.000

表 12.3　WLS 回归分析结果（N 加权）

模型		未标准化系数		标准化系数	t	显著性
		B	标准误差	Beta 系数		
1	(常量)	466.971	82.310		5.673	0.000
	Year	–0.208	0.041	–0.604	–5.032	0.000

第三节　多水平横断历史元分析实例

对于组织与管理研究者而言，横断历史元分析可能会存在生态谬误的问题。比如，我们想关注员工幸福感随时间变化的趋势，但传统的横断历史元分析无法获取员工幸福感的原始数据，只能收集到各个实证样本员工幸福感的均值，并将该均值与数据收集年份进行回归。这种处理混淆了分析的层次，即年份对个体变量的影响与年份对个体变量的聚合值的影响是不同的。这一问题可以通过多水平模型加以解决。

一、多水平横断历史元分析简介

假定研究者希望观察员工幸福感随时间变化的趋势，该研究者计划每年在中国 30 个地区进行跟踪调查，每个省份每年调查 200 名员工，跟踪时间为 10 年。我们可以构建如图 12.4 所示的三水平模型。由图 12.4 可以看出，员工幸福感除了受到时间的影响外，也可能会受到样本特征和员工自身特征的影响。这是一个典型的嵌套结构，即员工从属于每个样本，而每一年的调查样本又从属于年份。若研究者有足够的资源，开展这样一项研究非常有意义。然而，每年调查 30 个地区的 6000 名受访者，持续跟踪 10 年时间，这对任何一位研究者都是非常有挑战的。

借鉴横断历史元分析的思想，以往所有关于员工幸福感的实证研究都是非常有用的样本数据。比如，我们检索近十年的员工幸福感论文是相对容易的，从这些论文中获取员工幸福感的均值、标准差、样本量数据是相对容易的。因此，我们可以将多水平模型与横断历史元分析进行结合，通过现有的实证研究来检验员工幸福感随年份变化的趋势。我们只需要将第十一章多水平元分析中的效应值数据换成本例中的员工幸福感数据，使用第一层方差已知的多水平模型来开展横断历史元分析，就可以非常好地解决传统横断历史元分析的生态谬误问题。

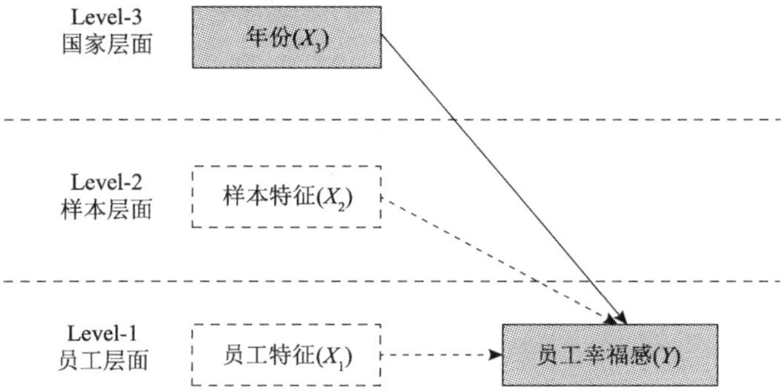

图 12.4　三水平横断历史元分析模型

由于横断历史元分析最主要的目的是关注变量随时间的变化趋势，因此研究者可以只关注图 12.4 中的实线变量的关系，即 X_3 对 Y 的影响。该模型的方程表达式为

Level-1：$Y=\beta_0+\varepsilon$

Level-2：$\beta_0=\gamma_{00}+\zeta_0$

Level-3：$\gamma_{00}=\pi_{000}+\pi_{001}X_3+e_{00}$

其中，第一层方程中的 Y 为员工的幸福感得分；β_0 为每一个样本员工幸福感的平均值；第一层抽样误差 ε 的方差是已知的，我们可以根据实证研究提供的样本员工幸福感均值等数据计算出 β_0 和 ε。第二层方程中的 γ_{00} 为每一年份所包含实证研究样本的员工幸福感均值。第三层方程中的 π_{001} 为年份数据与每一年员工幸福感均值关系的估计值，代表了员工幸福感随年份变化的趋势，π_{000} 为控制了年份之后员工幸福感的均值。

二、多水平横断历史元分析实例与结果

我们使用本章第二节的实例数据来演示多水平横断历史元分析的分析结果。多水平横断历史元分析的基本步骤与第二节基本相同，我们首先需要检索文献并收集样本量、均值、标准差、年份等数据，接下来计算第一层的方差，然后按照第十一章第三节的内容开展多水平元分析。本例第二层没有调节变量，故只需要构建两个分析模型即可。首先，研究者需要构建零模型；接下来研究者需要在零模型基础上增加第三层的预测变量（即年份），估计年份对因变量的影响。表 12.4 给出了各个层面前 10 条的示例数据。

表 12.4　多水平模型中各个层面的数据示例

Level-1 数据示例				Level-2 数据示例			Level-3 数据示例	
ID2	ID3	Mean	VI	ID2	ID3	NULL	ID3	Year
1	1	57.50	0.25	1	1	0	1	1968
2	1	59.90	0.49	2	1	0	2	1972
3	1	63.20	0.57	3	1	0	3	1977
4	1	56.10	0.60	4	1	0	4	1982
5	1	56.50	0.70	5	1	0	5	1986
6	1	58.20	0.98	6	1	0	6	1990
7	2	60.05	6.93	7	2	0	7	1991
8	2	61.04	2.76	8	2	0	8	1993
9	2	52.25	7.25	9	2	0	9	1996
10	3	61.40	2.97	10	3	0	10	1997

注：完整数据请参考本书配套数据 C12-2.xlsx 或者 C12-2-L1/L2/L3.sav；VI 为第一层已知方差；第二层数据的 NULL 变量无任何意义，因为 HLM 软件要求每一层面必须有一个非 ID 变量，所以本表增加了 NULL 变量；在实际建模过程中，研究者的第二层模型中无须添加 NULL 为预测变量

表 12.5 列出了本例的分析结果，模型 1 是不包含任何预测变量的零模型，模型 2 是在零模型基础上增加 Level-3 年份变量的模型。从模型 1 的方差成分可以计算出个体层因素、研究层因素和年份层因素对因变量的解释度分别为 3.24%（$I^2_{\text{Level-1}}$）、59.75%（$I^2_{\text{Level-2}}$）、37.00%（$I^2_{\text{Level-3}}$），说明年份对因变量的影响是较大的。从模型 2 可以看到，年份对因变量产生了显著的负向影响（β=–0.237，t=–4.813，p<0.001），第三层模型的解释力也明显改善（$\Delta R^2_{\text{Level-3}}$=99.82%，$\chi^2(1)$=9.257，$p$=0.002<0.01），即年份几乎解释了第三层面所有的变异。

与基于 WLS 的横断历史元分析结果（非标准化 β=–0.232，t=–5.366，p<0.001）相比，基于多水平模型的横断历史元分析结果的方向保持一致，估计值有一定的变化，但多水平横断历史元分析却能够较好的避免生态谬误问题。

表 12.5　基于多水平模型元分析的整合结果（保留三位小数）

变量与参数	模型 1 零模型	模型 2 年份模型
回归系数		
第一层（个体层）		
截距项	53.080 (1.080)***	53.110 (0.781)***
第二层（研究层）		
第三层（年份层）		
年份		–0.237 (0.049)***
方差成分		
第一层截距方差	0.889	0.889
第二层截距方差	16.384	18.460
第三层截距方差	10.146	0.019
$R^2_{\text{Level-3}}$		99.82%
偏差统计量	256.568	247.311
估计参数个数（*df*）	3	4
似然比检验		9.257**

注：**表示 p<0.01；***表示 p<0.001；表格中回归系数为非标准化回归系数，括号中的数字为标准误

第十三章　元分析研究报告

目前，PRISMA 标准（preferred reporting items for systematic reviews and meta-analyses ）是元分析领域最具影响力的报告标准。在撰写元分析报告时，研究者可以与这些标准中所列的要素清单进行比对，以避免遗漏报告的重要内容。在组织与管理研究领域，元分析论文结构与常见的实证研究论文结构并无太大差异。一般都需要包括标题、摘要、引言、理论基础与文献综述、研究假设、研究方法、结果、讨论、结论和参考文献等部分。不过，由于元分析方法的特殊性，研究者在研究方法、结果及参考文献部分与传统的实证研究有一定的差异。本章将着重介绍这三方面内容的报告。

第一节　元分析方法报告

本书第三章已经详细介绍了文献检索和编码过程，第四章介绍了发表偏差问题，第五章第一节介绍了固定效应模型和随机效应模型，第五章第二节交代了效应值整合策略，这些过程需要研究者在方法部分详细报告。与前面章节注重理论介绍不同，本章更加注重上述内容在研究论文中的报告和陈述方式。读者可以将本章内容与上述章节结合阅读。

一、研究样本

几乎所有的实证研究论文在方法的第一个部分会介绍样本的相关信息，包括研究样本来自哪些数据库、检索过程及入选最终样本的标准。

（一）文献检索周期

研究者需要报告自己的元分析关注的是哪一个时期的研究及选择该时期的原因。我们可以从某个研究领域第一篇文献的发表日期开始检索，也可以从上一个元分析的截止日期开始检索，这些检索周期的理由都比较容易讲清楚。如果选择的是近十年、二十年这类检索周期，一定要给出如此限定的理由，否则可能会遭到审稿人的质疑。在 *AMJ*、*AMR*、*ASQ*、*JAP*、*JIBS*、*JOM*、*OS*、*ORM*、

PP、*SMJ* 十种期刊于 2014 年 1 月至 2019 年 5 月发表的元分析论文中（图 13.1），检索文献的平均时间跨度为 29.32 年，中位数为 25。这个时间周期可供大家参考。

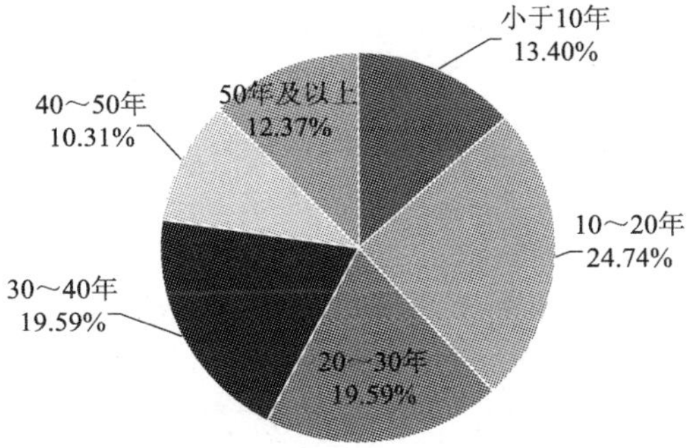

图 13.1　顶级期刊元分析论文的时间跨度统计

（二）文献检索数据库

研究者需要在研究报告中介绍文献检索的数据库。常见的数据库包括中国知网、万方、维普、Web of Science、Google Scholar、Elsevier/ScienceDirect、Springer、Wiley、EBSCO、ProQuest、Taylor & Francis、Sage、Oxford、JSTOR、INFORMS、Cambride 等。

（三）文献检索关键字

研究者需要在研究论文的方法部分交代文献检索过程中用到的中英文关键词。这些关键词往往不止一个，涉及相似的表达。

（四）文献检索过程

研究者需要交代文献检索工作由几名研究人员进行，以及检索的程序是怎样的。此外，研究者还需要交代补充文献的过程，如一些综述论文或者实证论文的参考文献也是重要的补充来源。在此阶段，一些研究者会提供清晰的文献检索流程图，以增强元分析的规范性和完整性。

（五）文献纳入标准

研究者必须提供清晰的纳入元分析的文献标准：①是否关注核心变量关系；②是否是实证研究；③是否提供了效应值；④是否符合自己所关注的样本范围；⑤是否跟其他样本有重复。

（六）文献检索结果

研究者需要交代初步检索到的文献数，经过各个步骤的筛选后分别剩余多少文献，最终纳入的参考文献是多少篇。同时，还需要交代这些文献的样本特征（如中文、英文各多少篇）及效应值数量等。

二、变量编码

（一）变量编码过程

除了交代有几名编码者、招募和培训编码者的过程、预编码和正式编码过程之外，研究者通常需要描述每一个变量的具体含义并阐明元分析包含哪些变量关系的效应值，还需要交代中介和调节变量的数据收集策略，确保每位编码者对效应值关系的理解是正确的。

（二）关键计算过程

1. 效应值类型及转换

研究者需要交代选取效应值的类型（如相关系数、均值/标准差、d、t、F、η^2）及效应值间的转化公式（表 13.1），这些公式的具体含义详见本书第三章第三节。

表 13.1　组织与管理研究领域常见的效应值转化公式

转化形式	转化公式
均值/标准差→d	$d=\frac{M_E-M_C}{\sqrt{\frac{(n_E-1)\mathrm{SD}_E^{\ 2}+(n_C-1)\mathrm{SD}_C^{\ 2}}{n_E+n_C-2}}}$ 或者 $d=\frac{M_E-M_C}{\sqrt{\frac{\mathrm{SD}_E^{\ 2}+\mathrm{SD}_C^{\ 2}}{2}}}$
d→r	$r=\frac{d}{\sqrt{d^2+\frac{(n_E+n_C)^2}{n_En_C}}}$ 或者 $r=\frac{d}{\sqrt{d^2+4}}$
t→r	$r=\frac{t}{\sqrt{t^2+N-2}}$
η^2→r	$r=\sqrt{\eta^2}$
F→r	$r=\sqrt{\frac{F}{F+N-2}}$

2. 测量误差修正策略

研究者还要交代是否进行信度测量误差的修正、修正的策略及对缺失信度的处理方法，这些内容在本书第三章第二节已经进行了详细的介绍。比如，研究者通常

通过相关公式将研究中的样本相关系数 r 转化为真实相关系数 ρ，具体计算公式为

$$\rho = \frac{r}{\sqrt{\alpha_x \times \alpha_y}}$$

在 *AMJ*、*AMR*、*ASQ*、*JAP*、*JIBS*、*JOM*、*OS*、*ORM*、*PP*、*SMJ* 十种期刊于 2014 年 1 月至 2019 年 5 月发表的元分析论文中，73.1%的论文进行了测量误差修正，同时报告了修正前的样本相关系数和修正后的真实相关系数（总体相关系数）。

3. 同一研究多个效应值的合并策略

当研究中某个变量存在多种测量方法的时候，研究相关矩阵中将包含多个相似效应值，研究者不能将它们作为独立的效应值纳入元分析，而是需要通过组合效应值或者平均效应值进行合并（详见本书第三章第二节）。在元分析报告中，研究者需要交代同一研究多个效应值合并的策略。其中，Hedges 和 Olkin（1985）对组合效应值的处理策略为：先将相关系数转化为 Fisher's Z 后求平均，再将 Z 值转化为相关系数；而 Hunter 和 Schmidt（2004）给出的组合效应值的计算公式为（含义请参考第三章第二节的解释）

$$r_{xy} = \frac{\sum r_{x_i y_j}}{\sqrt{m + m(m-1)\overline{r}_{xx}}\sqrt{n + n(n-1)\overline{r}_{yy}}}$$

（三）编码一致性检验

由于元分析编码通常由多人完成，多人之间的一致性就显得尤为重要。研究者需要报告多名编码者之间的一致性程度。常见的编码者一致性指标有百分比、kappa 系数、评定者间相关系数等，读者可以参考本书第三章第二节相关内容。当然，一致性检验结果不是终点，研究者还需要在研究报告中交代对于不一致结果的处理办法，以及最终是否达成一致。在 *AMJ*、*AMR*、*ASQ*、*JAP*、*JIBS*、*JOM*、*OS*、*ORM*、*PP*、*SMJ* 十种期刊于 2014 年 1 月至 2019 年 5 月发表的元分析论文中，67.6%的论文提供了编码一致性检验结果。在这些提供检验结果的文章中，绝大多数报告的是评定者间一致性百分比或者 kappa 系数。

三、分析模型

（一）效应值合并策略

研究者需要在研究论文的方法部分交代使用的是 Hunter 和 Schmidt（2004）的方法，还是 Hedges 和 Olkin（1985）的方法，或是其他方法。这些方法的介绍可以参考本书第五章第二节。CMA 软件采用的是 Hedges 和 Olkin（1985）的效应

值合并策略。

（二）元分析软件

在 *AMJ*、*AMR*、*ASQ*、*JAP*、*JIBS*、*JOM*、*OS*、*ORM*、*PP*、*SMJ* 十种期刊于 2014 年 1 月至 2019 年 5 月发表的元分析论文中，50.4%的文章没有报告使用何种元分析软件，剩下的文章中提及的软件包括 R、LISREL、SPSS、MPLUS、CMA、HLM、SAS、AMOS 等。其中，除了 CMA 是专业的元分析软件外，其他软件都是常见的统计软件。R、LISREL、MPLUS 和 AMOS 是常见的结构方程模型软件，可以实现基于结构方程模型的元分析；HLM 是多水平建模软件，其主要是利用跨层分析技术来估计整合效应值或者识别元分析中的调节变量。

（三）随机效应模型与固定效应模型

固定效应模型与随机效应模型的基本假定是不同的。固定效应模型假定不同研究的效应值来自同一个总体，其真实效应值应当是固定不变的；而随机效应模型则假定不同研究的效应值可能来自不同的总体，其真实效应值是随机的。这两种模型的估计结果可能存在非常大的差异，因此研究者在进行元分析报告时，必须明确指出自己的选择。

CMA 软件的编撰者所出版的图书中推荐使用随机效应模型，他们认为随机效应模型在多数情形中是合理的（Borenstein et al.，2009）。同时，他们不主张通过异质性检验结果来决定使用固定效应模型还是随机效应模型的做法。在 *AMJ*、*AMR*、*ASQ*、*JAP*、*JIBS*、*JOM*、*OS*、*ORM*、*PP*、*SMJ* 十种期刊于 2014 年 1 月至 2019 年 5 月发表的元分析论文中，直接使用随机效应模型的论文占比为 84%。读者可以阅读本书第五章第一节来进一步了解这两个模型。

四、发表偏差

正如本书第四章第二节介绍的那样，常见的发表偏差评判方法包括漏斗图、线性回归法、秩相关法、失安全系数及剪补法五种，研究者需要在元分析论文中说明自己选取了哪种或者哪几种评判发表偏差的方法，相关的统计指标及其含义，并说明自己研究发表偏差问题的严重程度（相关内容详见第四章第二节）。此外，也有不少研究将漏斗图在该部分列出来，而将具体的统计检验结果放在元分析结果报告部分。在 *AMJ*、*AMR*、*ASQ*、*JAP*、*JIBS*、*JOM*、*OS*、*ORM*、*PP*、*SMJ* 十种期刊于 2014 年 1 月至 2019 年 5 月发表的元分析论文中，报告发表偏差的论文仅占 27.6%，说明在这方面的规范度还有待提升。在这不足三成的论文中，使用本书所讲五种方法进行发表偏差检验的文章占比为 94.7%。这五种方法使用频次的排序依次为剪补法、漏斗图、失安全系数、Egger's 线性回归法和 Begg's 秩相关法（图 13.2）。

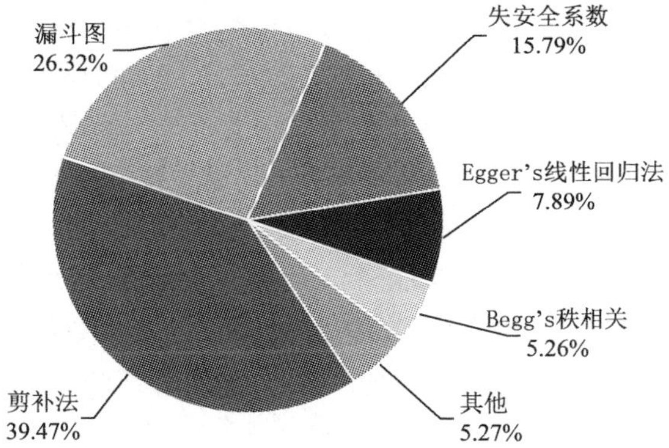

图 13.2　部分顶级期刊发表偏差检验方法统计

总之，在呈现元分析方法过程时，研究者需要尽可能还原文献检索、样本纳入、变量编码、模型选择等过程，对这个过程的解释越清晰，越能体现元分析报告的严谨性。

第二节　元分析结果报告

一、双变量关系元分析结果报告

常见的双变量关系元分析结果会呈现描述性结果、效应值结果、异质性结果、发表偏差结果四个部分，同时要对表格中的符号进行解释（表 13.2）。

表 13.2　双变量关系元分析结果报告示例

描述			效应值							异质性		发表偏差
变量	k	N	r	ρ	SD_ρ	95%CI		80%CV		Q_W	I^2	fail-safe N
X	20	6246	0.074	0.097***	0.291	0.072	0.122	–0.287	0.481	544.087***	96.508	238

注：***表示 $p<0.001$；k 为效应值个数；N 为样本量；r 为未经测量误差修正的样本平均相关系数；ρ 为经测量误差修正的真实相关系数；SD_ρ 为真实相关系数的标准差（τ）；95%CI 为 ρ 的 95%置信区间；80%CV 为 ρ 的 80%可信区间；Q_W 和 I^2 为异质性检验统计量；fail-safe N 为失安全系数

（一）描述性结果报告

在描述性结果中，我们通常要呈现三个要素：首先要展示我们关心的核心变量与哪个变量发生了关联，然后将这个变量的名称标出来；其次要展示效应值的数量 k；最后要展示的是 k 个研究样本的汇总样本量 N。

（二）效应值结果报告

在效应值结果中，我们通常要呈现效应值的估计值、标准差、置信区间及显著性水平。根据组织与管理研究的惯例，研究者需要同时报告未经过测量误差修正的相关系数 r 及经过测量误差修正的真实相关系数 ρ。在报告效应值标准差、置信区间和显著性水平的时候，多数研究者呈现的是真实相关系数 ρ 的标准差（SD_ρ）、置信区间（95%CI）和显著性水平（用星号表示）。在心理学领域的元分析论文中，研究者还会报告 80%的可信区间或者预测区间的结果，简写为 80% CV 或者 80%PI。这些是贝叶斯统计的相关内容，代表了效应值的实际分布范围。关于可信区间计算的相关内容，可参考本书第六章第二节的内容。

（三）异质性结果报告

研究者常报告的异质性指标包括 Q_W统计量和 I^2统计量，Q 统计量还需要标出其显著性水平，作为是否存在潜在调节变量的重要参考依据。关于异质性内容的介绍，详见本书第五章第三节、第八章第二节和第三节。

（四）发表偏差结果报告

在元分析结果表格中，研究者可以呈现的发表偏差检验指标包括：失安全系数、Egger's 线性回归法的检验结果和 Begg's 秩相关法的检验结果。关于这些结果的解释，详见本书第四章。研究者可以在结果分析部分解释发表偏差结果，也可以在方法部分解释发表偏差结果。

二、多变量关系元分析结果报告

（一）基于结构方程模型的元分析结果报告

在基于结构方程模型的元分析中，研究者通常要呈现四个关键数据并进行相应的描述。首先，研究者需要报告效应值相关矩阵。虽然该矩阵不需要像双变量关系元分析呈现的那样详细，但整合效应值 ρ、效应值的数量 k 和样本量 N 是相关矩阵中必不可少的三个要素。如果相关矩阵中涵盖的变量不是很多，建议研究者也可以将相关系数的置信区间和显著性等指标在效应值矩阵中报告出来。其次，研究者需要报告变量关系的路径系数图，绝大多数结构方程模型软件都提供该图，不过这些图多数情况下不够美观，建议研究者根据软件的输出结果自行画图。再次，在结果描述的时候，研究者还需要报告结构方程模型的整体拟合程度，如 RMSEA、CFI、NNFI 等拟合指标是否达到了学者推荐的标准。最后，也是最重要的，研究者需要报告变量间的路径系数及其显著性水平，以检验自己的研究假设是否得到验证。

（二）调节效应元分析结果报告

调节效应分析一般是在双变量关系分析即主效应分析结束之后开展。如果是离散型调节变量元分析，研究者可以通过分组比较分析或者元回归的方法来进行检验。研究者需要在表 13.2 的基础上增加组间异质性检验统计指标 Q_B 的值及其显著性，以检验不同分类之间的效应值是否有显著差异。如果是连续型调节变量元分析，研究者需要进行元回归，并报告元回归的系数及其显著性水平。如果是被中介的调节效应，研究者需要报告调节效应是如何被中介的。如果是通过多水平元分析检验调节效应，研究者除了报告回归系数之外，还要进行方差成分的分析。这些内容可以参考第八章、第十章和第十一章的内容。

（三）中介效应元分析结果报告

中介效应本质上是基于结构方程模型的元分析，因此除了效应值相关矩阵、路径系数图、拟合指标和路径系数之外，研究者还要估计自变量通过中介变量对因变量产生影响的间接效应值及其蒙特卡罗置信区间，并根据其显著性水平或置信区间是否包含零，来判断中介效应是否得到验证。如果是被调节的中介效应，研究者需要报告当调节变量取不同值的时候，中介效应之间的差异是否显著。这些内容详见第七章、第九章和第十章。

第三节　元分析参考文献与附录

目前，国外期刊和国内心理学期刊多要求研究者提供纳入元分析的文献清单，而国内管理学期刊一般在审稿过程中需要研究者附上文献清单，但是在排版的时候可能会将其删除。不过，随着国内期刊规范程度的提升，相信会有越来越多的管理学期刊在出版的时候会附上完整的文献清单。

一、元分析参考文献报告

由于元分析涉及的文献量较多，本书推荐大家采用 Endnote 等文献管理软件来辅助整理文献。这些文献管理软件能够在国标、美国心理学会、哈佛著录法或者期刊要求的特定文献格式之间自由切换，能够自动实现文献按照文中出现顺序排序或者按照作者首字母排序，并且可以从当前主流的数据库导入文献，极大地提升了元分析文献管理的效率。

目前，元分析论文常用的文献报告形式有两种：一种是星号标注法，这是目前组织与管理研究领域最常见的文献报告形式；另一种是表格列举法，即在表格中注明作者姓名和年份等，好处是能够节省版面。

（一）星号标注法

星号标注法是指参考文献中不但要列出正文中引用的文献，还要把那些纳入元分析的论文放到参考文献中，并在纳入元分析的参考文献前面标注星号（见下面的示例）。该方法是目前组织与管理领域普遍采用的文献标注方法，国内心理学期刊也都遵循了这种范式。

注：*代表纳入元分析的文献

*王五, 赵六. (2019). 题目. 期刊, 11(9), 11-18.

张三, 李四. (2019). 题目. 期刊, 19(3), 24-33.

*Wang, W., Li, S., & Zhang, S. (2020). Title. Journal, 29(2), 1-10.

*Zhang, S., Li, S., & Wang, W. (2018). Title. Journal, 48(1), 72-90.

（二）表格列举法

然而，由于国内很多管理学期刊采用国标的文献引用和标注方式，参考文献多按照文中出现的顺序进行标号，且不允许列举正文中没有引用的参考文献。因此，一些学者也采取了表格的形式将这些文献的简化形式列举出来，如在正文中将编码表放到正文或者附录中（表 13.3），或者在附录中通过表格简单列举作者姓名和年份。通过这种方式，其他读者也可以快速还原整个元分析文献清单，还可以大幅节约版面。

表 13.3　表格列举法示例

作者（年份）	N	r	CI 信度	CV 信度	行业	文献类型
张三（2018）	389	0.25	0.71	0.91	制造业	期刊
李四（2018）	256	0.11	0.86	0.80	制造业	期刊
……	……	……	……	……	……	……

二、元分析附录

元分析附录主要用于解释正文中不便放入的内容，如完整的编码表、文中元分析技术的说明、文献清单简表或者其他有助于读者了解元分析过程的文件或者文字说明。

第十四章　元分析与理论创新

当你坚持阅读到本章，我想你对元分析的认识已经有了质的变化。你可能会发现元分析技术似乎也没有那么难。不过本章内容想跟大家强调的是理论创新的问题。组织与管理领域的研究不单单是停留在显著性检验上，更重要的是能够形成一套行之有效的思想，用这种思想来指导管理实践。这种有用的管理思想往往需要研究者进行理论上的创新。然而，元分析这种基于以往实证研究结果进行二次统计分析的方法是否能够在理论上进行突破？如何进行突破？本章将给大家提供一些思路。

第一节　关于元分析的几点思考

一、思想高于方法

在组织与管理研究领域，做元分析比较忌讳的是“心急”。由于晋升和发表的压力，有不少研究者抱着功利的目的做元分析。我们经常看到一个领域还没积累多少实证文献，就已经有人做元分析，甚至有非专业领域的研究者做的元分析。这种元分析要么缺乏理论方面的创新，要么会得出有偏的结论，有的甚至可能会误导一个学科的发展方向。做元分析，很重要的一个目的是进行理论创新与理论整合。

我们在审稿的过程中也碰到不少元分析稿件，里边有不少优秀的元分析论文，但缺乏创新、缺乏深度思考的元分析论文也非常多。事实上，元分析的难点不在于方法，而在于一个好的思想和理论框架。本书将在第二节谈一些理论创新的路径，但这些只是笔者的一些经验总结，并不全面。很多时候，研究者需要有较好的研究经验积累和对某个领域较为独到和深刻的看法之后，再通过元分析来验证自己的这些见解。不过，我还是希望，研究者在做元分析的时候，要不断地反问自己：我的元分析创新在哪里？我想验证的核心理念和思想是什么？

二、源于过去，但要高于过去

元分析方法虽然是对过去数据的整合，但元分析结果给人的启示却应当高于过去，应当对未来实践有指导意义。如果一个领域的研究结果非常一致，我们开展元分析所产生的新贡献将会非常小，我们无非将过去的结果汇总了一下，告诉读者若干个变量之间的关系是怎样的。然而，这样做的意义何在呢？好的元分析之所以能够形成巨大的影响力，就是因为它能够基于过去的数据，对以往的实证文献进行非常好的梳理，为未来研究者提出具有前瞻性的建议。

第二节　使用元分析实现理论创新

研究者尝试用元分析的方法还原总体，并期望能够得到一个足够可靠和稳定的研究结论。元分析往往是从双变量关系开始入手的，也就是我们常说的主效应。当主效应不显著时，即双变量关系的整合效应值不显著的时候，我们不要断然得出这两个变量之间不存在关系的结论。因为主效应不显著可能是基于多种原因的。首先，当主效应之间存在调节变量的时候，主效应可能会因为不同情形正负关系相互抵消而不显著。其次，当主效应中间可能存在两个方向相反的间接效应，导致这两个间接效应正负抵消而不显著（Cheung，2015）。再次，主效应不显著也可能是存在曲线关系而造成的。当两个变量呈现正 U 形或者倒 U 形关系时，它们之间的主效应也可能是不显著的。最后，当我们考虑更多变量之间的共变关系，并将这些变量通过结构方程模型的方法整合在一个分析模型的时候，原来不显著的双变量关系可能会因为考虑更多因素后而变得显著。这些都是我们做理论创新的机会点。当主效应显著的时候，我们更不能放弃做理论探索的理念，如何解释理论上的矛盾，如何探索理论中的“黑箱”，如何拓展理论的边界，甚至如何利用元分析构建新的理论，都是开展元分析的研究者需要思考的。

一、通过调节效应元分析整合相矛盾的理论

矛盾是科学研究不可避免的，组织与管理领域的研究也不例外。研究者对反常规反直觉的研究结论更感兴趣，如多数研究认为情绪智力会促进个体成功，但如果你的研究发现二者是负相关的，并且能够给出合理解释，其发表的概率将会大大提升。再比如，多数研究认为领导的不当督导或者辱虐管理对员工绩效会产生负面影响，而你的研究却发现领导的辱虐管理能够提升员工的绩效，且能够给出合理的逻辑推演过程，也会引发研究者极大的兴趣。

更为常见的矛盾存在于不同的研究流派中，这也是我们开展元分析进行理论整合的机会。比如，在团队断层领域，存在两个截然相反的理论——社会分类理论和信息加工理论。团队断层通常是指团队成员依据彼此特征的相似程度而产生分化，多个特征类似的团队成员会结盟形成子群体。这些子群体内部高度同质，子群体之间高度异质。社会分类理论通常认为团队断层会让子群体归入不同的社

会分类。这种社会分类会引发不同子群体之间的敌对和排斥，引发子群体之间的关系冲突和摩擦。这会让团队过分关注关系上的对立，不利于任务的完成和绩效的提升。与之相反，信息加工理论则认为不同的子群体往往会持有不同的观点。由于同一子群体特征的相似性，他们往往能够快速达成群内一致，然后再向其他子群体展示自己的独有观点。这一过程无疑会加快团队关键信息交换与整合的速度。因此，信息加工理论认为子群体可以促进团队绩效的提升。

这两个理论都有大量的实证研究支撑，说明它们均具有一定的合理之处，但也说明这两个理论可能存在一定的边界和局限性。为了调和这两个理论，卫旭华等（2018）通过元分析的方法对这两个理论进行了整合。他们首先对团队断层进行了分类，将团队断层分成了任务型断层（即基于学历、任期和职能背景特征形成的断层）和关系型断层（即基于性别和年龄特征形成的断层）。随后，他们提出社会分类理论更适合用来解释关系型断层的后果，而信息加工理论更适合用来解释任务型断层的后果，并通过元分析方法检验了断层类型对团队断层与团队过程和结果关系的调节作用。研究结果也证实了这种设想。因此，通过将核心构念分类，检验这个分类的调节作用，或者直接检验某个调节变量的调节作用，就能够把两个看似矛盾的理论整合起来了（图 14.1）。

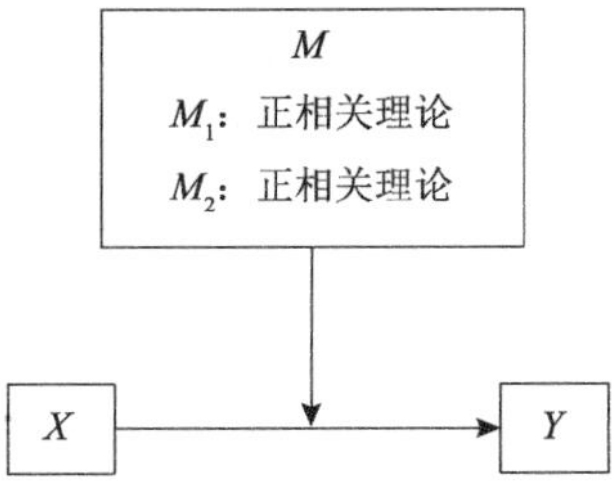

图 14.1　通过调节效应元分析整合矛盾理论

除了对核心构念进行分类来调和相矛盾的理论之外，研究设计或者样本特征或许是研究者最常用的调节变量。比如，研究者经常将研究设计（如实验研究、调查研究）、参与者类型（如企业员工、高校学生）、任务特征（如常规任务、非常规任务）（de Wit et al.，2012）、变量测量方式（如客观测量、主观测量）（卫旭华等，2015）、文献类型（如期刊、会议、学位论文、工作论文）、发表时间（Luo et al.，2012）、样本回收率（刘咏梅等，2014）、所属行业、所属国家（卫旭华，2016；卫旭华等，2015）等因素作为调节变量。不过，正是因为这些方法类调节因素太过常见，可能会让审稿人和读者产生审美疲劳。试想，当你读了或者审了十篇元分析，发现都是检验调查和实验设计对变量关系影响的时候，你可能会觉得专业理论方面的收获会比较小。

二、通过曲线效应元分析整合相矛盾的理论

事实上，整合矛盾理论的方法不止调节效应一种，曲线效应往往也是整合矛盾理论的重要思路，如图 14.2 所示。由图 14.2a 可知，存在两种相矛盾的理论，一种认为自变量与因变量呈正相关，而另外一种认为自变量与因变量呈负相关。如果我们认为当自变量取值较低的时候，自变量与因变量呈正相关，即更适合用正相关理论来解释；而自变量取值比较高的时候，自变量与因变量呈负相关，即更适合用负相关理论来解释。此时我们可以认定自变量与因变量存在倒 U 形关系，如图 14.2b 中的粗实线所示。当然，我们对前半段和后半段的假定也可以恰好相反，这样就会形成正 U 形关系，如图 14.2b 中的虚线所示。因此，我们可以通过如图 14.2b 所示的曲线思路来整合相矛盾的理论。

Ridge 等（2015）就曾用这种思想将锦标赛理论和社会比较理论进行了整合。社会比较理论认为，如果薪酬差距过大，人们会将这种过大的差距看作不公平，进而引发不良后果。锦标赛理论则认为，设置差距较大的薪酬层级，有助于激励员工以更高的薪酬层级为奋斗目标，进而产生积极的结果。这两个理论看似是矛盾的，但笔者认为社会比较理论有一个前提假定，即人们跟其他人比较的时候，往往选择的是那些与自己职位比较接近的员工。这就决定了社会比较理论更加适合解释薪酬差距比较小的同岗位员工的薪酬差距。锦标赛理论则不同，它的前提假定是，人们会去跟不同层级的人们对比，进而以更高层级的员工为标杆。由于锦标赛理论涉及不同的层级，这就决定了锦标赛理论更加适合解释薪酬差距比较大的跨层级薪酬差距。综上，作者认为社会比较理论更加适合解释薪酬差距与结果变量的前半段，而锦标赛理论更加适合解释薪酬差距与结果变量的后半段，从而形成了正 U 形关系（如图 14.2b 的虚线所示）。接下来，如果我们采用元分析的方法对这一整合理论进行检验，无疑是一种创新。

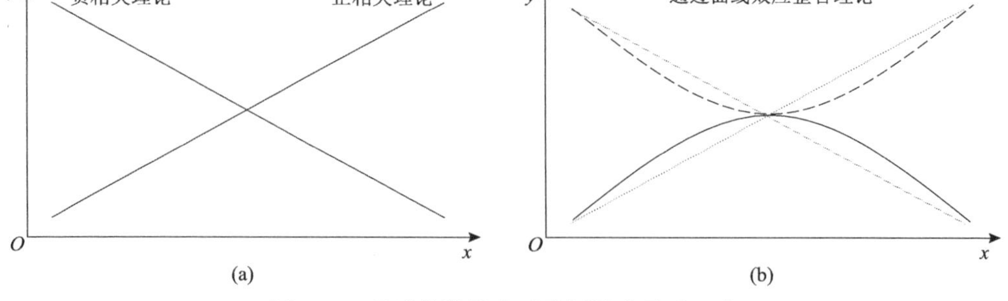

图 14.2　通过曲线效应元分析整合矛盾理论

三、通过中介效应元分析揭示理论的黑箱

组织与管理研究者在开展创新性的研究工作时，总是会提出一些质疑，为什么 X 与 Y 之间有关联？它们是怎样发生关联的？如果不把 X 是如何影响 Y 的中间过程解释清楚，那么理论上的说服力往往是不够的。因此，研究者需要开展中介效应元分析来解释 X 与 Y 发生关联的中间机制，进而打开 X 与 Y 关系理论的黑箱。早期的元分析论文主要关注的是双变量关系，比如检验核心变量的前因或者后果。然而，随着结构方程模型技术引入元分析中，越来越多的元分析研究者开始使用这种方法来检验中介效应。

除了简单的中介效应之外，研究者可能还会发现以往 X 与 Y 关系的中间机制并不明确，即有的研究发现 M 中介了 X 与 Y 的关系，而另外一些则发现 M 的中介作用并不存在，或者中介效应有减弱或者增强的趋势。此时，我们可以考虑被调节的中介机制，即 X 通过 M 间接影响 Y 的过程被另外一个调节变量调节了。本书第十章已经对被调节的中介机制元分析进行了详细介绍。这些元分析通常需要研究者对某个领域的实证文献有着非常深刻的认识，对理论方面的矛盾点也有着较为清晰的理解，这样才更有可能去拓展理论“黑箱”。也就是说，做出理论创新应当“站在巨人的肩膀上”。

四、通过多变量关系元分析突出增益贡献

目前还有相当一部分元分析只关注双变量关系。然而，现实中很多变量是相互联系的，仅考虑两个变量之间的关系，忽视其他潜在的关联因素，会降低模型的生态效度。为了提升理论模型的稳健性，研究者通常需要控制一些其他重要的因素，并证明我们研究所关注的核心自变量能够在控制因素基础上产生额外的解释力，即产生增益效度（incremental validity）（Mackay et al.，2017）。这就需要我们开展基于结构方程模型的元分析，来拓展控制某些因素后核心自变量与因变量的关系，或者直接拓展多个变量之间的关系。

在管理学研究中，与简单的双变量关系分析相比，当研究者控制了一些重要的影响因素之后，研究结论可能会产生非常大的差异。比如，卫旭华（2016）通过双变量关系元分析发现垂直薪酬差距与企业绩效之间呈现出了非常显著的正相关关系，但与企业创新和离职的关系并不显著。同时，垂直薪酬差距与另外两个与薪酬有关的变量高度相关，即水平薪酬差距和平均薪酬水平。当他通过结构方程模型控制了水平薪酬差距和平均薪酬水平之后，结果显示垂直薪酬差距对企业绩效的正向促进作用消失了，且垂直薪酬差距对创新产生了非常负面的抑制作用，并对离职率产生了明显的促进作用。可以看到，当我们控制了一些因素之后，双变量关系分析结果与多变量关系结果出现了较大的差异。

在解释潜在原因的时候，前文已经指出垂直薪酬差距与平均薪酬水平较高的相关性可能是造成上述结果的重要原因。因为平均薪酬水平与企业绩效高度相关，而垂直薪酬差距与平均薪酬水平高度相关，进而导致垂直薪酬差距分享了平均薪酬水平的解释力。如果我们不控制平均薪酬水平，我们会得出垂直薪酬差距与企业绩效正相关的结论（图 14.3 中的深色阴影部分，即垂直薪酬差距与企业绩效的交叉部分），但是当控制了平均薪酬水平之后，我们会发现垂直薪酬差距并没有在平均薪酬水平之上产生新的增益解释力（图 14.3 中的深色阴影隶属于平均薪酬水平与企业绩效的交叉部分），进而导致它与企业绩效的关系不再显著。这一结论的一个重要启示就是，今后的薪酬差距研究中，研究者必须控制平均薪酬水平，证明薪酬差距的确能够在平均薪酬之上产生增益解释度，研究才有价值。

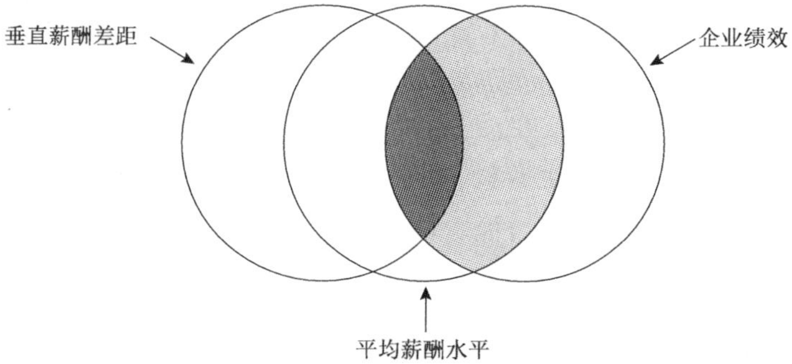

图 14.3　多变量关系元分析示例

当然，增益效度和额外解释力仅仅是多变量元分析的一个功能。有时研究者还希望将某一类变量放到一个模型中，以对比它与其他变量关系的差异。比如，周文霞等（2015）使用基于结构方程模型的元分析技术来解释人力资本、社会资本和心理资本对职业成功的影响及其中潜在的中间机制。这样的研究模型，显然比只关注一种人力资本与职业成功关系的元分析贡献要大得多，能够让研究者站在一个更为全面的视角审视各类职业资本的影响机制。

五、通过基于控制变量的元分析构建新理论

探索性研究是具有较高层次创新的研究，那么元分析是否可以做探索性研究呢？答案是肯定的，原因是每一个实证研究都涉及大量的控制变量。这些控制变量就是我们做探索性元分析的重要数据来源。对于多数实证研究者而言，控制变量并非他们研究的核心变量，所以他们对控制变量的关注度和解释度较为有限。然而，这些控制变量并非不重要，当某个控制变量积累到一定程度之后，或许将能够成为验证我们新想法的重要样本库。比如，当实证研究者都在研究某一变量的后果时，我们是否可以用这些研究的控制变量来梳理该变量的前因。不过，通

过控制变量来开展元分析的时候，一个弊端是我们通过关键词很难精准定位文献。这就需要我们做更多的前期文献检索工作，以减少发表偏差问题。

六、通过横断历史元分析拓展理论的宏观意义

实践中，研究者也不能忽视横断历史元分析的潜在优点。与利用控制变量展开元分析的思想类似，横断历史元分析将以往的研究看作大量的抽样数据。我们可以对这些抽样数据进行二次分析，检验核心变量随年龄、年份、时期而变化的趋势，或者是检验员工心理机制与经济发展、环境污染、社会变革之间的关系，从而提升组织与管理微观研究的宏观意义。目前，组织与管理领域采用横断历史研究法的研究并不多，但相信该方法有着较为广阔的应用空间。

本章仅仅是作者根据自己的经验提出的一些通过元分析开展理论创新的路径。在实际操作过程中，读者也需要结合自己的经验不断总结适合自己研究领域的理论创新路径。这些经验源于读者从已有实证文献中不断总结和提炼。

参 考 文 献

陈晓萍. 2018. 研究的起点：提出研究问题[A]//陈晓萍，沈伟. 组织与管理研究的实证方法[C]. 3版. 北京：北京大学出版社.

段锦云，张晨，徐悦. 2016. 员工建言行为的人口统计特征元分析[J]. 心理科学进展，24(10): 1568-1582.

郭春彦，朱滢，王全珍. 2002. 差数显著性 t 检验与元分析方法的模拟对比[J]. 心理学报，34(2): 155-159.

侯佳伟，辛自强，黄四林，等. 2015. 横断历史元分析的原理、方法及人口学应用[J]. 人口研究，39(1): 104-112.

霍伟伟，罗瑾琏. 2011. 领导行为与员工创新研究之横断历史元分析[J]. 科研管理，32(7): 113-121.

刘咏梅，车小玲，卫旭华. 2014. 基于 IPO 模型的团队多样性-冲突-绩效权变模型的元分析[J]. 心理科学, 37(2): 425-432.

沐守宽，周伟. 2011. 缺失数据处理的期望-极大化算法与马尔可夫蒙特卡洛方法[J]. 心理科学进展, 19(7): 1083-1090.

石修权，曹博玲. 2012. 用失安全系数判断发表偏倚的效果及对策[J]. 中国医学创新，9(26): 134-136.

王心青. 1990. 运动所致 ST 段压低在多支冠状动脉病变诊断中的价值：荟萃分析[J]. 国外医学・心血管疾病分册,(4): 229-230.

王永贵，张言彩. 2012. 元分析方法在国内外经济管理研究中的应用比较[J]. 经济管理，(4): 182-190.

王震，孙健敏，赵一君. 2012. 中国组织情境下的领导有效性：对变革型领导、领导-部属交换和破坏型领导的元分析[J]. 心理科学进展, 20(2): 174-190.

卫旭华. 2016. 薪酬水平和薪酬差距对企业运营结果影响的元分析[J]. 心理科学进展，24(7): 1020-1031.

卫旭华，刘咏梅，陈思璇. 2015. 团队人口统计特征多元化与绩效关系的元分析[J]. 心理学报，47(9): 1172-1187.

卫旭华，王傲晨，江楠. 2018. 团队断层前因及其对团队过程与结果影响的元分析[J]. 南开管理评论, 21(5): 139-149, 187.

卫旭华，张亮花. 2019. 单题项测量：质疑、回应及建议[J]. 心理科学进展, 27(7): 1194-1204.

温忠麟，叶宝娟. 2014a. 有调节的中介模型检验方法：竞争还是替补?[J]. 心理学报，46(5): 714-726.

温忠麟，叶宝娟. 2014b. 中介效应分析：方法和模型发展[J]. 心理科学进展, 22(5): 731-745.

温忠麟，张雷，侯杰泰. 2006. 有中介的调节变量和有调节的中介变量[J]. 心理学报，38(3):

448-452.

辛自强, 池丽萍. 2008. 横断历史研究: 以元分析考察社会变迁中的心理发展[J]. 华东师范大学学报(教育科学版), 26(2): 44-51.

邢最智. 1990. "META 分析"——现代教育统计中的一个新分支[J]. 华南师范大学学报(社会科学版), (1): 85-91.

叶宝娟, 温忠麟. 2013. 有中介的调节模型检验方法: 甄别和整合[J]. 心理学报, 45(9): 1050-1060.

张建卫, 周洁, 李海红, 等. 2019. 员工组织承诺水平变迁的横断历史元分析: 2004—2014[J]. 商业经济与管理, 29(5): 26-38.

张雷, 雷雳, 郭伯良. 2003. 多层线性模型应用[M]. 北京: 教育科学出版社.

赵宁, 俞顺章. 1994. 乙型肝炎、黄曲霉毒素与肝癌关系的前瞻性研究综合分析[J]. 肿瘤, (4): 225-227, 235.

郑昊敏, 温忠麟, 吴艳. 2011. 心理学常用效应量的选用与分析[J]. 心理科学进展, 19(12): 1868-1878.

周文霞, 谢宝国, 辛迅, 等. 2015. 人力资本、社会资本和心理资本影响中国员工职业成功的元分析[J]. 心理学报, 47(2): 251-263.

朱玲湘. 2014. Meta 分析中发表偏倚的校正方法研究[D]. 广州: 南方医科大学博士学位论文.

Borenstein M, Hedges L V, Higgins J P, et al. 2013. Meta 分析导论[M]. 李国春, 吴勉华, 余小金译. 北京: 科学出版社.

Raudenbush S W, Bryk A S. 2007. 分层线性模型: 应用于数据分析方法 [M]. 郭志刚译. 北京: 社会科学文献出版社.

Allen N J, Meyer J P. 1990. The measurement and antecedents of affective, continuance and normative commitment to the organization [J]. Journal of Occupational Psychology, 63(1): 1-18.

Bachrach D G, Lewis K, Kim Y, et al. 2019. Transactive memory systems in context: A meta-analytic examination of contextual factors in transactive memory systems development and team performance [J]. The Journal of Applied Psychology, 104(3): 464-493.

Badura K L, Grijalva E, Newman D A, et al. 2018. Gender and leadership emergence: A meta-analysis and explanatory model [J]. Personnel Psychology, 71(3): 335-367.

Baker M. 2016. 1,500 scientists lift the lid on reproducibility [J]. Nature News, 533(7604): 452.

Baraldi A N, Enders C K. 2010. An introduction to modern missing data analyses [J]. Journal of School Psychology, 48(1): 5-37.

Barkema H G, Chen X P, George G, et al. 2015. West meets east: New concepts and theories [J]. Academy of Management Journal, 58(2): 460-479.

Bell S T, Villado A J, Lukasik M A, et al. 2011. Getting specific about demographic diversity variable and team performance relationships: a meta-analysis [J]. Journal of Management, 37(3): 709-743.

Bond F W, Flaxman P E, Bunce D. 2008. The influence of psychological flexibility on work redesign: mediated moderation of a work reorganization intervention [J]. The Journal of Applied Psychology, 93(3): 645-654.

Borenstein M, Hedges L V, Higgins J P, et al. 2009. Introduction to meta-analysis [M]. Chichestervk:

John Wiley & Sons, Ltd.

Borenstein M, Higgins J P T. 2013. Meta-analysis and subgroups [J]. Prevention Science, 14(2): 134-143.

Bowman N A. 2012. Effect sizes and statistical methods for meta-analysis in higher education [J]. Research in Higher Education, 53(3): 375-382.

Brophy A L. 1986. An algorithm and program for calculation of Kendall's rank correlation coefficient [J]. Behavior Research Methods, Instruments & Computers, 18(1): 45-46.

Cheung M W L. 2015. Meta-analysis: A structural equation modeling approach [M]. Chichester: John Wiley & Sons.

Colquitt J A, Zapata-Phelan C P. 2007. Trends in theory building and theory testing: a five-decade study of the academy of management journal [J]. Academy of Management Journal, 50(6): 1281-1303.

Curran T, Hill A P. 2019. Perfectionism is increasing over time: a meta-analysis of birth cohort differences from 1989 to 2016 [J]. Psychological Bulletin, 145(4): 410-429.

Dalton D R, Aguinis H, Dalton C M, et al. 2012. Revisiting the file drawer problem in meta - analysis: an assessment of published and nonpublished correlation matrices [J]. Personnel Psychology, 65(2): 221-249.

de Wit F R, Greer L L, Jehn K A. 2012. The paradox of intragroup conflict: a meta-analysis [J]. The Journal of Applied Psychology, 97(2): 360-390.

Dickersin K, Chan S, Chalmersx T, et al. 1987. Publication bias and clinical trials [J]. Controlled clinical trials, 8(4): 343-353.

Duval S, Tweedie R. 2000. Trim and fill: A simple funnel-plot-based method of testing and adjusting for publication bias in meta-analysis [J]. Biometrics, 56(2): 455-463.

Edwards J R, Lambert L S. 2007. Methods for integrating moderation and mediation: a general analytical framework using moderated path analysis [J]. Psychological Methods, 12(1): 1-22.

Fagard R H, Staessen J A, Thijs L. 1996. Advantages and disadvantages of the meta-analysis approach [J]. Journal of Hypertension, 14(2): S9-S13.

Fritz C O, Morris P E, Richler J J. 2012. Effect size estimates: current use, calculations, and interpretation [J]. Journal of Experimental Psychology: General, 141(1): 2-18.

Gilbert D T, King G, Pettigrew S, et al. 2015. Comment on "Estimating the reproducibility of psychological science" [J]. Science,351(6251): 1037.

Glass G V. 1976. Primary, secondary, and meta-analysis of research [J]. Educational Researcher, 5(10): 3-8.

Haans R F J, Pieters C, He Z-L. 2016. Thinking about U: Theorizing and testing U-and inverted U-shaped relationships in strategy research [J]. Strategic Management Journal, 37(7): 1177-1195.

Hedges L, Olkin I. 1985. Statistical methods for meta-analysis [M]. London: Academic Press.

Higgins J P, Green S. 2008. Cochrane handbook for systematic reviews of interventions [M]. Chichestervk: John Wiley & Sons, Ltd.

Higgins J P, White I R, Wood A M. 2008. Imputation methods for missing outcome data in meta-analysis of clinical trials [J]. Clinical Trials, 5(3): 225-239.

Hox J. 2010. Multilevel analysis: techniques and applications (2nd ed.) [M]. New York: Routledge Academic.

Hullett C R, Levine T R. 2003. The overestimation of effect sizes from fvalues in meta-analysis: the cause and a solution [J]. Communication Monographs, 70(1): 52-67.

Hunter J E, Schmidt F L. 2004. Methods of meta-analysis: correcting error and bias in research findings [M]. Newbury Park: Sage.

Joshi A, Roh H. 2009. The role of context in work team diversity research: a meta-analytic review [J]. Academy of Management Journal, 52(3): 599-627.

Joshi A, Son J, Roh H. 2015. When can women close the gap? A meta-analytic test of sex differences in performance and rewards [J]. Academy of Management Journal, 58(5): 1516-1545.

Kepes S, Banks G C, McDaniel M, et al. 2012. Publication bias in the organizational sciences [J]. Organizational Research Methods, 15(4): 624-662.

Kong D T, Dirks K T, Ferrin D L. 2014. Interpersonal trust within negotiations: meta-analytic evidence, critical contingencies, and directions for future research [J]. Academy of Management Journal, 57(5): 1235-1255.

Kooij D T A M, Kanfer R, Betts M, et al. 2018. Future time perspective: a systematic review and meta-analysis [J]. Journal of Applied Psychology, 103(8): 867-893.

Lai M H C, Kwok O M. 2014. Examining the rule of thumb of not using multilevel modeling: The “design effect smaller than two” rule [J]. The Journal of Experimental Education, 83(3): 1-17.

Lee K, Carswell J J, Allen N J. 2000. A meta-analytic review of occupational commitment: Relations with person-and work-related variables [J]. The Journal of Applied Psychology, 85(5): 799-811.

Leslie L M, Mayer D M, Kravitz D A. 2014. The stigma of affirmative action: a stereotyping-based theory and meta-analytic test of the consequences for performance [J]. Academy of Management Journal, 57(4): 964-989.

Lin L F, Chu H T. 2018. Quantifying publication bias in meta-analysis [J]. Biometrics, 74(3): 785-794.

Luo Y, Huang Y, Wang S L. 2012. Guanxi and organizational performance: a meta-analysis [J]. Management and Organization Review, 8(1): 139-172.

Maas C J M, Hox J J. 2004. Robustness issues in multilevel regression analysis [J]. Statistica Neerlandica, 58(2): 127-137.

Maas C J M, Hox J J. 2005. Sufficient sample sizes for multilevel modeling [J]. Methodology, 1(3): 86-92.

MacKay M M, Allen J A, Landis R S. 2017. Investigating the incremental validity of employee engagement in the prediction of employee effectiveness: a meta-analytic path analysis [J]. Human Resource Management Review, 27(1): 108-120.

MacKenzie C S, Erickson J, Deane F P, et al. 2014. Changes in attitudes toward seeking mental health services: a 40-year cross-temporal meta-analysis [J]. Clinical Psychology Review, 34(2): 99-106.

MacKinnon D P, Lockwood C M, Williams J. 2004. Confidence limits for the indirect effect: Distribution of the product and resampling methods [J]. Multivariate behavioral research, 39(1):

99-128.

McGrath R E, Meyer G J. 2006. When effect sizes disagree: the case of rand D [J]. Psychol Methods, 11(4): 386-401.

McHugh M L. 2012. Interrater reliability: the kappa statistic [J]. Biochemia Medica, 22(3): 276-282.

Meyer J P, Stanley D J, Herscovitch L, et al. 2002. Affective, continuance, and normative commitment to the organization: a meta-analysis of antecedents, correlates, and consequences [J]. Journal of Vocational Behavior, 61(1): 20-52.

Muller D, Judd C M, Yzerbyt V Y. 2005. When moderation is mediated and mediation is moderated [J]. Journal of Personality and Social Psychology, 89(6): 852-863.

O'Rourke K. 2007. An historical perspective on meta-analysis: Dealing quantitatively with varying study results [J]. Journal of the Royal Society of Medicine, 100(12): 579-582.

Peterson R A, Brown S P. 2005. On the use of beta coefficients in meta-analysis [J]. The Journal of Applied Psychology, 90(1): 175-181.

Peugh J L. 2010. A practical guide to multilevel modeling [J]. Journal of School Psychology, 48(1): 85-112.

Post C, Byron K. 2015. Women on boards and firm financial performance: a meta-analysis [J]. Academy of Management Journal, 58(5): 1546-1571.

Preacher K J, Selig J P. 2012. Advantages of monte carlo confidence intervals for indirect effects [J]. Communication Methods and Measures, 6(2): 77-98.

Rabl T, Jayasinghe M, Gerhart B, et al. 2014. A meta-analysis of country differences in the high-performance work system-business performance relationship: the roles of national culture and managerial discretion [J]. The Journal of Applied Psychology, 99(6): 1011-1041.

Rhoades L, Eisenberger R. 2002. Perceived organizational support: A review of the literature [J]. The Journal of Applied Psychology, 87(4): 698-714.

Ridge J W, Aime F, White M A. 2015. When much more of a difference makes a difference: Social comparison and tournaments in the CEO's top team [J]. Strategic Management Journal, 36(4): 618-636.

Ro H. 2012. Moderator and mediator effects in hospitality research [J]. International Journal of Hospitality Management, 31(3): 952-961.

Rosenthal R. 1979. The file drawer problem and tolerance for null results [J]. Psychological Bulletin, 86(3): 638-641.

Roth P L, Le H, Oh I S, et al. 2018. Using beta coefficients to impute missing correlations in meta-analysis research: Reasons for caution [J]. The Journal of Applied Psychology, 103(6): 644-658.

Scandura T A, Williams E A. 2000. Research methodology in management: current practices, trends, and implications for future research [J]. Academy of Management Journal, 43(6): 1248-1264.

Silver N C, Dunlap W P. 1987. Averaging correlation coefficients: Should Fisher's z transformation be used? [J]. Journal of Applied Psychology, 72(1): 146-148.

Sobel M E. 1982. Asymptotic confidence intervals for indirect effects in structural equation models [J]. Sociological Methodology, 13: 290.

Sterne J A C, Sutton A J, Ioannidis J P A, et al. 2011. Recommendations for examining and interpreting funnel plot asymmetry in meta-analyses of randomised controlled trials [J]. BMJ, 343: d4002.

Tofighi D, MacKinnon D P. 2016. Monte carlo confidence intervals for complex functions of indirect effects [J]. Structural Equation Modeling: a Multidisciplinary Journal, 23(2): 194-205.

Twenge J M. 1997a. Attitudes toward women, 1970-1995: a meta-analysis [J]. Psychology of Women Quarterly, 21(1): 35-51.

Twenge J M. 1997b. Changes in masculine and feminine traits over time: a meta-analysis [J]. Sex Roles, 36(5): 305-325.

Twenge J M, Campbell W K. 2001. Age and birth cohort differences in self-esteem: A cross-temporal meta-analysis [J]. Personality & Social Psychology Review, 5(4): 321-344.

Valentine J C, Pigott T D, Rothstein H R. 2010. How many studies do You need? [J]. Journal of Educational and Behavioral Statistics, 35(2): 215-247.

Viswesvaran C, Ones D S. 1995. Theory testing: combining psychometric meta-analysis and structural equations modeling [J]. Personnel Psychology, 48(4): 865-885.

Vukasović T, Bratko D. 2015. Heritability of personality: a meta-analysis of behavior genetic studies [J]. Psychological Bulletin, 141(4): 769-785.

Webb T L, Sheeran P. 2006. Does changing behavioral intentions engender behavior change? a meta-analysis of the experimental evidence [J]. Psychological Bulletin, 132(2): 249-268.

Weber R. 2003. Editor’s Comments: The problem of the problem[J]. MIS Quarterly, 27(1): 3-9.

Wegman L A, Hoffman B J, Carter N T, et al. 2018. Placing job characteristics in context: Cross-temporal meta-analysis of changes in job characteristics since 1975 [J]. Journal of Management, 44(1): 352-386.

Xin Z Q, Zhang L, Liu D. 2010. Birth cohort changes of Chinese adolescents’ anxiety: a cross-temporal meta-analysis, 1992-2005 [J]. Personality and Individual Differences, 48(2): 208-212.